KB122333

# 일제하 연세학풍과 민족교육

연세학풍연구총서 1

# 일제하 연세학풍과 민족교육

연세학풍사업단 · 김도형 외

**초판 1쇄 발행** 2015년 4월 10일

**펴낸이** 오일주
**펴낸곳** 도서출판 혜안

**등록번호** 제22-471호
**등록일자** 1993년 7월 30일

**주소** ⑨ 121-836 서울시 마포구 서교동 326-26번지 102호
**전화** 3141-3711~2
**팩스** 3141-3710
**이메일** hyeanpub@hanmail.net

ISBN 978-89-8494-526-5 93370

값 24,000 원

연세학풍연구총서 1

# 일제하 연세학풍과 민족교육

### 연세학풍사업단 · 김도형 외

혜안

올해는 우리 대학 창립 130주년이자, 한국의 고등교육과 근대학문의 장을
연 연희전문학교 100주년이 되는 해이다. 그동안 연세는 한국근현대 역사와
그 흐름을 같이 하였다. 연세의 학문 속에는 한말의 근대개혁, 일제 강점
하의 민족운동, 그리고 해방 후의 신국가 건설 등의 숨결이 모두 담겨 있다.

시대가 빠르게 변하고, 더불어 학문 분야가 다양화, 전문화되면서 우리는
점점 대학이 추구해야 할 이념과 가치를 잊어버릴 수 있다. 학문이 수량화되어
대학 평가의 기준이 되는 오늘, 이런 망각은 더욱 심하다. 새로운 지식 개념이
창출되고, 학문 간의 융합이 유행처럼 일어나고 있는 이때에, 우리는 더욱
더 대학의 이념을 잊어서는 안 될 것이다. 그러나 연세가 쌓아온 학문적 성과와
사회적 기여가 적지 않은데 비해 우리는 그동안 우리 역사 과정 속에서 축적된
연세 이념과 자산을 돌아보지 못했다.

마침 2012년에 우리 대학 연구처의 연구진흥 사업의 하나로 추진된 글로벌특
성화 사업의 하나로 '연세학풍' 과제가 설정되었다. 연구비의 규모는 다른
사업에 비해 비록 크지 않지만 연세 역사와 학풍 연구의 필요성을 학교에서도
인정한 것이었다. 그리하여 본인의 제안으로 학교의 역사 부재를 고심하던
십여 명의 교수들이 의기투합하여 연구팀을 만들었다.

참여 교수들은 사전 협의를 통하여 사업단의 이름을 '화충의 연세학 사업단'
으로 정하였다. 학풍이 사회변화 추세에 따라 변하지만, 적어도 일제하부터

해방 직후까지 축적된 연세 교육과 학문을 이끌어간 이념은 1932년 연희전문학교에서 천명한 "동서고근(東西古近) 사상의 화충(和衷)"이라는 사실에 의견을 같이 하였다. 한국의 근대학문은 서양 학문을 수용하고 학습하면서 형성되었지만, 당시 연세의 선배 학자들은 이를 무조건적으로 따라하지 않고 우리의 고유한 학문, 사상과 통합하고자 노력하였던 것이다. 이는 해방 후, 새로운 학문 영역이 자리 잡을 때도 마찬가지였다. 따라서 우리는 이 '화충'을 연세의 학문과 교육, 곧 '연세학'의 핵심으로 보았던 것이다.

이 책은 제1차 년도(2012년) 연구의 성과물이다. 1885년 제중원에서 비롯된 연세 학문의 전통, 그리고 연희전문학교의 학문과 교육을 주로 다루었다. 이 시기 연세 역사와 인물에 대해서는 제법 많은 연구물이 축적되어 있다. 본 연구팀에서는 주제에 따라서는 이를 다시 정리하기도 하였지만, 가능한 잘 알려지지 않은 사실이나 인물을 발굴하여 연세학풍의 외연을 넓히고자 노력하였다.

또한 이 책이 단순히 교내의 연구에 그치지 않고, 한국의 근대학문, 대학교육에 관심을 가진 연구자들이나 일반인들 모두에게 도움이 될 수 있도록 작성하였다. 원고의 내용이나 수준이 일률적이지는 않지만, 가능한 이 원칙을 지키고자 노력하였다.

이 연구를 통하여 우리는 근대의학과 의료체계를 정립한 세브란스는 물론, 연희전문에서 추구한 '동서고근 사상의 화충'이 우리나라 근대학문을 형성한 힘이고 원천임을 확인하였다. 일제 시대부터 지금까지 연세가 '국학'의 본산이 되고, 자연과학의 터전이 되었으며, 실용적인 상경학을 견인했던 것이 바로 이 '화충'의 이념 속에서 나왔음을 다시 살필 수 있었다. 100주년을 맞는 연희전문학교를 자축하기에는 이보다 더 좋은 것이 없으리라 자부한다.

이 책이 출간되는 데는 많은 사람의 노고가 쌓였다. 자신의 전공 연구에 바쁜 여러 교수들이 각각 시간을 내어 공동 발표회에 참여하고, 또 귀한 글을 써주셨다. 필요한 자료를 찾고 출판하는 허드렛일은 박물관의 이원규 박사와 이현희 학예사, 두 선생이 수고하였다. 본 사업단은 연구비에 의해 한시적으로 만들어진 기구이지만 본인이 박물관장직을 맡고 있었기 때문에 대부분의 일들이 이들의 도움으로 이루어졌다. 많지 않은 연구비를 쪼개어 그동안 연희전문학교 시절의 『학교운영보고서』와 교지 『연희』를 출간하고 학교 역사자료도 수집 발간하였는데, 이 작업은 모두 이 두 사람의 노고였다. 학풍 연구의 중요성을 깨닫고 우리 연구의 계기를 마련해 준 본교의 연구처 전임 관계자(연구처장 박태선 교수, 부처장 김상준 교수)께도 감사를 드린다. 또한 전혀 상품성이 없는 이 책을 오직 '연세의 사학도'였다는 이유만으로 좋은 책으로 만들어준 도서출판 혜안의 오일주 사장과 편집진께도 고마움을 전한다.

역사 속에 길이 있다. 새로운 역사를 만들어가는 일은 바로 역사 속에 축적된 전통을 새롭게 창조하는 일에서 시작된다는 교훈을 다시 한번 새겨 본다.

2015년 1월
연세학풍사업단을 대표하여
사학과 교수 김 도 형

# 목 차

# 언더우드의 교육 활동과 '화충의 연세학풍' 전사(前史)

## 1. 머리말

학문은 역사적 소산이다. 시대와 사회의 변화 속에서 새로운 학문이 형성, 발전되었다. 대학은 그런 학문 형성·발전의 근원지였다. 대학은 자신들이 추구하는 이념과 이상 속에서 이를 정립하였고, 그 과정에서 학파나 학풍을 만들어 갔다. 근현대사의 전개 속에서 형성된 한국의 근대학문과 교육도 그러하였다. 1885년 창립한 이후 연세에서 추구한 학문과 교육은 한국 근현대사의 과제를 해결하면서 발전하였고, 연세의 독특한 학풍을 만들었다.

1876년 문호개방 이후, 한국의 근대사는 자주적 근대민족국가를 만들기 위한 과정이었다. 개항 후 서양 문명을 수용하면서 추진한 근대개혁, 일제 지배 하의 민족해방운동, 그리고 해방 직후의 새로운 국가 건설과 남북 분단의 극복 등이 모두 그러하였다. 이런 역사적 과정을 이끌어온 이념은 곧 '문명과 민족'이었다. 서양의 문명을 추구하였고, 그런 가운데서 민족의 자주성을 확보하고자 하였다. 한국 근대사에서 '문명과 민족'에 대한 논의는 매우 다양하였다. 과도한 문명화를 추구하다가 민족을 놓치기도 하였고, 그 반대로 민족(혹은 국가)에 집착하다가 문명화의 대세를 따르지 못하기도 하였다.

'문명과 민족'에 대한 첫 변수는 서양이었다. 서양의 침략 앞에서 나라의 자주성을 획득해야 하였고, 이를 위해서는 거꾸로 서양 문명을 배워야 하였다.

한국의 근대교육은 여기에서 시작되었다. 한국의 대학교육과 근대학문은 서양 문명의 수용과 학습 과정 속에서 이루어졌던 것이다. 이런 점에서 연희전문학교 와 세브란스의전은 한국의 근대학문 형성에 매우 중요한 역할을 담당하였다.[1] 또한 서양학문의 수용과 학습은 당시의 민족문제, 곧 자주·독립을 달성하기 위한 길이었다. 일제가 식민지배를 위해 구축한 '관학(官學)'과는 달랐다. 특히 문과가 설치되어 있던 연희전문의 교육은 일제의 관학에 대항하는 민족적인 성격을 띠었다.

언더우드(H. G. Underwood, 元杜尤, 1859~1916)는 한국에 온 이후 줄곧 대학 설립을 꿈꾸었다. 연세의 출발지였던 제중원(濟衆院)은 의료 사업기관이면서 동시에 교육과 전도 사업의 기지였다. 그 사업 속에서 언더우드는 의과대학이 있는 종합대학을 꿈꾸었던 것이다. 그리하여 마침내 1915년에 이르러 실질적인 대학교육을 시작하였다.

1930년대에 들어 연희전문의 교육과 학문의 원칙은 "동서고근 사상의 화충" 으로 정립되었다. 서양의 근대학문과 조선(동양)의 고전사상을 융합적으로 결합한다는 것이었다. 이런 방침은 1915년 조선기독교대학(Chosen Christian College)을 세우면서 지향하던 노선이었고, 더 나아가서는 1880년대 이래 근대개 혁 과정 속에서 실천된 언더우드의 교육과 계몽 사업에서 비롯된 것이었다.[2] 1885년 내한 이후 전개된 언더우드의 교육 활동은 곧 연희전문 시절 형성한 화충의 학풍을 이룬 '전사(前史)'가 되는 셈이었다.

---

1) 연세대학교 국학연구원 편, 『근대학문의 형성과 연희전문』, 연세대학교 출판부, 2005 참조.
2) 김도형, 「개항 후 한국의 근대개혁과 언더우드」, 『언더우드기념강연집』, 연세대학교 출판부, 2011.

## 2. 1885년, 언더우드 교육 사업의 출발

### 1) 1880년대 개혁 사업과 선교사

(1) 문호개방 이후 조선 정부와 지배층은 서양의 침략과 전근대적 국제질서(화이질서)의 약화 속에서 국권을 유지하기 위해서는 부국강병을 이루어야 하고, 이를 위해서는 부득이 서양의 기술문명을 수용해야 한다고 판단하였다. 조선 정부는 1880년대에 들어 이를 정책으로 시행하였다. 서양문명을 도입하여 부강을 추구하던 중국의 양무운동이나 일본의 메이지 유신에도 주목하고, 서양의 과학, 군사 기술을 받아들이고자 하였다.

서양 기술을 배우기 위해 조선 정부는 일본에 몇 차례 수신사(修信使)나 시찰단('신사유람단')을 파견하였고, 또 청국에도 군사 기술을 배우기 위한 영선사를 파견하였다. 이런 개혁 정책을 추진하기 위한 기구로 통리기무아문(統理機務衙門)을 만들어 안으로는 부강책을, 밖으로는 서양과의 수교를 추진하였다. 서양과의 수교는 더 적극적으로 서양문명을 배우겠다는 의지였다.

1882년 임오군란 이후, 정부의 개혁 원칙은 고종에 의해 명확하게 천명되었다.[3] 임오군란이 정부의 개혁 사업에 대한 반발이었던 점에서, 고종은 임오군란이 종식되자 더 적극적으로 개혁을 추진하고자 하였던 것이다. 그는 먼저 국제 정세의 변동을 지적하였다.

> 근년 이래로 천하의 대세는 옛날과 판이하게 되었다. 구미 제국, 즉 영국·프랑스·미국·러시아 같은 나라에서는 정밀한 기계를 만들고 나라를 부강하게 만드는 일에 최선을 다하며 배나 수레가 온 세상을 두루 돌아다니고 만국(萬國)과 조약을 체결하여 병력으로 서로 대치하고 공법(公法)으로 서로 대치하는 것이 마치 춘추열국(春秋列國)의 시대를 방불케 한다. 그러므로 천하에서 홀로 존귀하다는 중화도 오히려 평등한 입장에서 조약을 맺고, 척양(斥洋)에 엄격하던 일본도 서양과 수호(修

---

3) 『承政院日記』 고종 19(1882). 8. 5.

好)를 맺고 통상을 하고 있으니 어찌 까닭 없이 그렇게 하는 것이겠는가. 참으로 형편상 부득이하기 때문이다.

라고 지적하고, 화의(和議)로 접근해오는 서양을 싸움으로 무조건 배척할 수 없다고 하였다.

그리고 당시의 척사론자들이 서양과 통교를 하게 되면 '사교(邪敎)'가 만연해 질 것이라고 우려하는 것에 대해서도 그렇지 않을 것이라는 자신감을 보였다. "수호(修好)는 수호대로 하고, 금교(禁敎)는 금교대로 할 수 있으며, 조약을 맺어 통상을 하는 것은 다만 만국공법에 의거할 뿐"이며, 내지(內地)에 전교(傳敎) 하는 것은 허락하지 않을 것이며, 그 "교(敎)는 사악한 것이므로 마땅히 음탕한 음악이나 여색(女色)과 같이 멀리하여야 한다"고 하였다. 그러나 다만

> 그 기(器)는 이로우므로 진실로 이용후생(利用厚生)할 수 있으니 농사와 누에치는 일[농상(農桑)], 의약(醫藥), 무기, 배와 수레 같은 것을 제조하는데서 어찌 꺼려하며 하지 않겠는가. 그 교(敎)를 배척하고 기(器)를 본받는 것은 원래 병행하여도 사리에 어긋나지 않는다. 더구나 강약(强弱)의 형세가 이미 현저한데 만일 그들의 기(器)를 본받지 않는다면 무슨 수로 그들의 침략을 막아내며 그들이 넘보는 것을 막겠는가.

라고 하였다. 이와 아울러 전국에 세워놓은 척양비(斥洋碑, 척화비)를 철거하라 고 하였다. 이후 조선 정부는 서양의 여러 나라와 통상조약을 맺고, 서양의 기술문명을 수용하기 위한 정책들을 추진하였다.

정부가 가장 힘을 기울인 부분은 군사, 무기 기술을 배우기 위한 교육 체계를 세우는 일이었다. 그 첫 사업으로 외국어(영어) 교육을 위한 동문학(同文學, 혹은 通辯學校, 1883)을 설치하였다. 이 학교는 통상사무아문의 부속기관으로 통역관을 양성하기 위한 것이었다.

또한 정부는 미국과의 수호조약(1882)과 공사 파견에 대한 답례로 미국에 민영익(閔泳翊)을 정사, 홍영식(洪英植)을 부사로 한 보빙사(報聘使)를 파견하였

다(1883). 후에 갑신정변의 주역이 된 홍영식은 미국 문명을 돌아보는 좋은 기회를 갖게 되었다. 홍영식은 미국의 기계 문명을 비롯하여 정치제도(삼권 분립), 민주제, 신분제, 주택, 상업과 농업 등 사회의 모든 분야의 우수성을 깨달았다. 문명화에 대한 수준을 일본과 비교하는 고종의 물음에 대해서 홍영식은 "미국은 토지가 비후(肥厚)하고, 이원(利源)이 광대하며, 제도와 장치에 속한 모든 것이 일본은 평범하여 이에 미칠 바 못됩니다. 일본 같은 나라는 서법(西法)을 채용한 지 아직 일천하며 비록 약간 모방하였지만, 진실로 (미국에) 견주어 논할 수 없습니다."라고 하고, 조선의 문명화를 위해서는 "기계의 제조 및 주거(舟車), 우전(郵電)" 그리고 "우리가 가장 중요시할 것은 교육에 관한 일인데, 만약 미국의 교육방법을 본받아 인재를 양성해서 백방으로 대응한다면 아마도 어려움이 없을 것이므로 반드시 그 법을 본받아야" 한다고 건의하였다.[4]

보빙사 일행의 건의가 있은 후, 정부에서는 영어 교육을 위해 미국공사를 통하여 교사의 파견을 교섭하였다. 이에 헐버트(H. B. Hulbert), 번커(D. A. Bunker), 길모어(G. W. Gilmore) 등을 교사로 초빙하였으며(1886), 기존의 동문학을 육영공원으로 개편하였다. 이와 아울러 서양인 고문관, 기술자도 고빙하였다. 임오군란 후에 청국 추천으로 독일인 묄렌도르프를 고빙하여 외교, 해관, 세무 등의 일을 담당하게 하였으며, 그 후에도 많은 서양인을 초빙하였다.

이런 분위기 속에서 조선 정부는 1884년 6월, 서울을 탐사 차 방문한 일본주재 미감리회 선교사 매클레이(R. S. Maclay)에게 '병원과 학교 사업'을 허락하였다. 곧 기독교 선교사로는 안되지만, 의사나 교사의 신분으로 해당 사업을 행하는 것은 허용한다는 것이었다. 이에 미국의 감리회, 장로회 선교 본부에서 허가된 두 분야를 통해 선교 사업을 시작할 수 있었다. 의사 알렌(H. N. Allen, 1858~ 1932), 교사 언더우드 등이 내한하였고, 이들은 근대적 의료기관인 제중원을 운영하면서 이를 거점으로 사업을 추진하여 갔다.

---

4) 이에 대해서는 「遣美使節洪英植復命問答記」, 『史學志』 15, 1981, 216쪽.

(2) 정부의 양무개혁사업에 동참하고 있던 김옥균, 박영효 등은 임오군란 이후 적극적인 서양문명 수용을 통한 개혁론으로 생각을 바꾸었다. 이들 개화파는 청국의 간섭을 벗어나고, 또 국가의 자주독립, 문명개화, 부국강병을 지향하였다. 이들 가운데 김옥균, 박영효 등은 일본의 메이지 유신 이후의 국가개혁을 경험하고, 또 홍영식 등은 보빙사(報聘使)로 미국의 문명을 접하면서 이런 구상을 하게 되었다.

개화파 인사들이 서양문명을 이해하고, 문명개화론을 구상하게 된 것에는 서양의 선교사와의 연관도 있었다. 보빙사 일행이 시카고로 가는 기차 안에서 미국 기독교계 지도자 가우처(J. F. Goucher, 1845~1922)를 만났는데,[5] 가우처는 한국 선교의 필요성을 인식하고 이를 위해 노력하였다.[6] 조선에 선교사가 들어올 수 있었던 또 하나의 계기는 김옥균의 노력이었다. 수신사 박영효와 김옥균은 일본에서 요코하마에 있던 기독교 선교사를 만나 이들을 통해 서양문명을 경험하고 기독교에 호의적인 반응을 보였다. 서양문명 수용을 위해서는 기독교 인정이 가장 핵심적인 사안이라고 판단하고, 개화를 위한 방편으로 기독교를 인정하였다. 선교사에게 '병원과 학교 사업'을 인정해 준 것도 김옥균의 주선에 의한 것이었다.[7]

이런 여러 경로를 통하여 김옥균, 박영효, 홍영식, 서광범 등은 문명개화론을 형성하였다. 그리하여 그들은 일본의 메이지 유신을 본보기로 삼고, 조선의 문명개화와 청국으로부터의 '독립'을 달성하기 위해 갑신정변(1884)을 일으켰다. 그러나 갑신정변은 실패하였고, 김옥균, 박영효 등은 일본으로 망명하였다. 망명 기간 중에 서양문명, 특히 기독교 등에 대한 인식은 더 깊어졌다. 이들은

---

5) 한국기독교역사학회, 『한국 기독교의 역사(I)』, 기독교문사, 1992, 173쪽.
6) 가우처는 후에 언더우드의 연합대학 설립을 지지하여, 조선기독교대학 설립에 기여하기도 하였다.
7) 한국기독교역사학회, 앞의 책, 1992 ; 『尹致昊日記』 1884. 윤5. 12.(一, 81쪽). "주상께서 미국 상선의 內海 항해와 미국인들이 병원과 학교를 설립하는 일 및 電信 설치의 일을 허락하시다."

요코하마에서 서양 선교사와 교류하였는데, 이때 한국에 오려고 준비하던 언더우드, 아펜젤러도 만났다. 선교사들은 망명객으로부터 한국어를 배웠다. 더욱이 김옥균은 성경 번역에도 부분적으로 참여하였다.[8] 서재필은 루미스 목사집에 거처하면서 약 3개월 동안 루미스, 헤론에게 한국어를 가르치고, 그 반대로 루미스 한테 영어를 배웠다.[9] 서광범은 미국 선교사 언더우드로 하여금 자신의 모친에게 기독교를 가르쳐줄 것을 부탁하였고, 언더우드는 서광범 등으로부터 한국어를 배우면서, 성경의 한글 번역을 진행하였다. 언더우드는 미국에 가는 그에게 뉴욕에 사는 형 존 언더우드(John T. Underwood)를 소개해 주었다. 또 언더우드는 서재필에게 영어 알파벳과 주기도문을 가르쳤다.[10] 그리하여 개화파들은 기독교 수용을 통한 문명개화의 길을 이해하고, 그 후 문명개화파의 활동도 기독교 선교사와 많은 관련을 가지게 되었다.

## 2) 언더우드 교육 사업의 시작

19세기 후반, 미국은 세계 곳곳에 기독교 선교사를 파견하였다. 미국 북장로회에서도 조선으로 선교사를 파견하기로 하고, 1884년 4월에 의사 헤론(L. W. Heron, 1856~1890)을, 7월에는 언더우드를 선교사로 보내기로 정하였다. 그러나 헤론의 조선행이 미루어지는 가운데, 상해에서 활동하던 의료선교사 알렌이 그해 9월 조선에 먼저 들어왔다. 알렌은 미국 공사관의 의사로 활동하면서 갑신정변에서 부상당한 민영익(왕후의 친정 조카)을 치료하였다. 이 공으로 조선 정부는 알렌의 병원 청원을 받아들여 광혜원(廣惠院)을 세웠다. 광혜원은 갑신정변에 참여하였다 처형된 홍영식의 집에서 시작되었다.

---

8) 옥성득·이만열 편역, 『대한성서공회사 자료집(Ⅰ)』, 2004, 326쪽(루미스 → 길맨 총무, 1883. 9. 20.) ; 360쪽(루미스 → 길맨 박사, 1885. 6. 17.).

9) 金道泰, 『徐載弼博士自敍傳』, 首善社, 1948, 147~148쪽.

10) 이만열·옥성득 편역, 『언더우드자료집(Ⅰ)』(이하 『자료집』), 연세대학교 출판부, 2005, 4쪽, 13~14쪽.

언더우드

언더우드는 1884년 12월, 샌프란시스코를 출발하여 이듬해 1월 25일 일본 요코하마에 도착하였다. 언더우드는 2달 남짓 일본에 머물면서 조선에 들어갈 준비를 하였다. 이때 일본에 망명해온 서광범, 김옥균, 박영효 등과 접촉하고, 그들로부터 한국어를 배우면서 성경도 번역하였다. 그리하여 마침내 언더우드는 4월 5일, 감리교 선교사인 아펜젤러와 함께 제물포에 들어왔다. 그런데 주한 미국공사는 갑신정변 후의 불안한 조선 정국을 이유로 그들에게 일본으로 돌아가라고 권유하였다. 아펜젤러는 일본으로 되돌아갔지만, 언더우드는 이에 따르지 않고 4월 7일 서울에 들어왔다.

이때는 마침 광혜원이 개원하기 직전이었다. 4월 10일 진료를 개시한 광혜원은 제중원(濟衆院)으로 이름이 바뀌었다. 언더우드는 서울에 오자마자 이 병원에서 하루에 대여섯 차례나 수술을 하는 알렌의 조수로 활동하였다. 언더우드가 미국에서 1년 정도 의학을 공부한 것이 도움이 되었음이 분명하다. 그리고 언더우드는 자신의 신분인 교사에 맞는 교육 사업을 시작하였다. 1885년 7월에 언더우드는 제중원에서 벌써 몇 명의 소년에게 영어를 가르치고 있었다.[11] 선교사에 의한 최초의 교육이었다.

언더우드의 교육 사업은 곧 선교의 일환이었다. 언더우드는 "사업 전망은 거의 진전이 없지만, 다만 학교 사업의 방식으로 약간의 일을 할 수 있으리라고

---

11) 언더우드 → 엘린우드, 1885. 7. 6., 서울(『자료집(Ⅰ)』, 12쪽). "매일 오전 몇 명의 소년이 저에게 오는데 저는 그들에게 영어를 가르치고 있습니다. 만일 학교로 쓸 수 있는 건물이 있다면 즉시 그렇게 할 수 있는데, (선교사로서의) 제 존재에 대해 지나친 관심만 야기되지 않는다면 개교 처음부터 학생들이 많이 올 것입니다. 저는 한국어 공부에 참된 도움이 되면서 동시에 좀 더 직접적인 공부로부터 시간을 빼앗기지 않을 정도인 10명 내지 12명의 소년을 골라서 가르칠 계획입니다."

생각되며, 조선 정부가 이런 사업은 적극 환영할 것이 분명"하다고 판단하였고, 당시 조선의 형편을 고려하여, 서울에 버려진 수많은 고아들과 사생아들을 데려다가 양육하는 것이 곧 기독교를 전하는 가장 좋은 길이라고 판단하고 고아학교를 시작하였다.12)

1886년 1월(음), 언더우드는 제중원 의사 알렌, 혜론과 더불어 미국 공사관을 통하여 조선의 통리교섭통상사무아문 앞으로 「고아극빈아동 구제에 관한 건」을 청원하였다. 이 청원서의 내용은 알 수 없지만, 이에 대해 독판 김윤식은

> 귀국 의사 安連(Allen)·蕙蘭(Heron)·元德愚(Underwood) 3인이 우리나라 정부와 백성을 위하여 부모 없는 아이와 집 없는 아이를 구제하려 하고, 집을 정하여 먹여 살리고, 교장(敎長)을 두어 한문과 국문과 기술을 가르쳐 나라에 쓰이게 하신다 하오니, 이는 세계상의 으뜸가는 선정입니다. 우리 정부에서 생각하지 못할 일을 이처럼 실시하려 하시니, 누가 듣고 좋아하지 않겠습니까. 본 독판(督辦)도 고마운 마음을 이기지 못하여, 이 말을 우리 대군주(大君主)와 정부에 여쭙고, 인민에게 일러, 귀국 의사의 후의를 칭송하게 하였으며, 무슨 도울 일이 있든지 주선할 일이 있거든, 서로 의논대로 하겠습니다.13)

라고 하였다. 고아원은 단순한 구제사업 기관으로 만들어진 것이 아니라 한문과 국문, 그리고 생업에 필요한 기술을 가르치는 학교였다. 이 학당이 1886년 5월 11일, 언더우드를 '교장(敎長)'으로 세워진 정동 고아원(일명 언더우드학당) 이었다.14)

---

12) 언더우드 → 엘린우드, 1886. 1. 20., 서울(『자료집(Ⅰ)』, 21~22쪽).

13) 『舊韓國外交文書』 미안(1), #290, #291(10, 210쪽).

14) 언더우드 → 엘린우드, 1887. 6. 17.(『자료집(Ⅰ)』, 68쪽). "약 1년 전에 우리는 고아원을 개원했습니다. 1886년 5월 11일에 우리는 한명의 소년으로 개원했습니다. (……) 그날 밤 모든 주한 선교사들이 모여 기도회를 열고 이 사업에 하나님의 복을 빌면서, 특별히 우리 앞에 놓인 일들을 어떻게 할지 가르쳐 달라고 기도했습니다. 우리는 바로 인접한 큰 한옥을 적정가에 구입했으며, 약간의 수리는 했는데 (……)"라고 하였다.

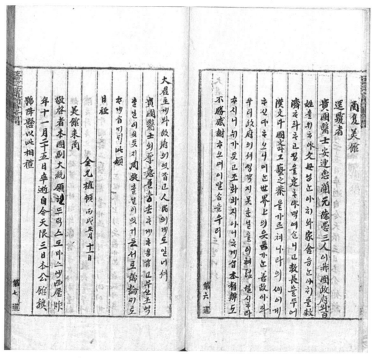

알렌, 헤론, 언더우드의 학당 신청에 대한 답신(『美案』)

고아원 사업을 시작하면서 언더우드는 '한국에서의 기독교 사업은 교육 사업'이라고 확신하였다. 그는 "한국에 도움을 주면서 기독교 사업을 앞당길 수 있는 일은 무엇보다도 교육 사업이라는 것을 원칙으로 정해 놓을 수 있습니다. 처음 추진력을 제공한 것은 의료 기술이었습니다. 그러나 발판이 마련된 현시점에서 의사들까지도 선교 사업의 추가 발전은 교육 활동에서 급속하게 일어날 것이라고 인정합니다. 지금까지는 의료가 중요했으나 이제는 교육이 중요합니다"라고 하였다.[15]

언더우드학당에서는 성경과 영어 과목을 비롯하여 조선의 생활에 필요한 한문 등을 가르쳤다. 언더우드학당은 1890년, 언더우드가 부인의 건강문제로

15) 언더우드 → 웰즈, 1887. 4. 8, 서울(『자료집(I)』, 60~61쪽).

일시 귀국하자 마펫(S. A. Moffett, 1864~1939)에 의해 운영되었다. 마펫은 1891년 이 학당을 남학교로 개편하고 예수교학당(Jesus Doctrine School)이라고 하였다. 마펫 선교사가 평양으로 간 후, 1893년 1월에는 밀러(Frederick S. Miller, 1866~1937)가 운영하였다(민노아학당). 이때는 보통반과 특별반을 두고 실업 교육을 활성화하였다. 유명한 민족운동가 안창호가 학교에 다닌 때도 이때였다.[16]

그러나 이 학당(구세학당, 민노아학당)은 1897년 10월, 미북장로교 선교부 연례회의의 결정에 따라 폐교되었다. 교육 사업보다는 전도 사업이 더 시급하다는 판단에서 그러하였다. 이 조치를 반대했던 언더우드를 비롯한 서울의 장로교 선교지회에서는 민노아학당을 대신하여 새문안교회 안에 영신학당을 세웠다.


## 3. 언더우드의 계몽운동과 '대학' 설립

### 1) 언더우드의 계몽운동과 한국 인식

(1) 청일전쟁에서 일본이 승리하자 정부나 지배층, 식자층 사이에 서양문명을 적극적으로 수용하자는 여론이 형성되었다. 특히 미국과 그 문명을 긍정적으로 바라보는 인식이 확산되었다. 문명화를 위해서는 서양의 기술 문명은 물론이거니와 서양의 정치 체제, 종교(기독교), 사회 관습, 사회제도에 이르기까지 모든 것을 서양화하는 것을 '개화'라고 생각하였다. 특히 "크리스트의 교를 착실히 하는 나라들은 지금 세계에 제일 강하고, 제일 부요(富饒)하고, 제일 문명하고, 제일 개화가 되어 하나님의 큰 복음을 입고" 살고 있으므로,[17] "크리스도교가

---

16) 안창호는 보통반으로 들어와 특별반까지 수학하였고, 후에는 '접장'으로 가르치는 일을 도와주었다. 당시 책임자 밀러의 보고서에는 "평양에서 온 소년 안창호의 열정과 활력 덕분에 실제로 학당은 새로운 단체가 된 것 같다. (……) 창호는 자기 주위에서 가장 훌륭한 학생들을 끌어 모아 평양의 열정과 활력을 불어 넣고자 노력하고 있다"고 하였다(「Report of Boys School of Mission」, 1896. 10. 16.).

17) 『독립신문』 1897. 1. 26., 「논설」.

문명개화하는 데 긴요한 것"이라고 단정하였다.[18] 이러한 사회 분위기 속에서 기독교계가 확장되었고 이들에 의한 교육 사업이 활발하게 전개되었다.

초창기 근대교육은 기독교 선교사의 교육활동에 의해 정착되었다고 해도 과언이 아니다. 배재학당, 언더우드학당, 이화학당 등을 통하여 본격적으로 서양의 학문이 소개되었고, 또 여기에서 양성된 학생과 기독교인들이 기독교를 기반으로 서양문명의 도입을 주장하였던 것이다. 이에 1893년 1월, 재한장로교 선교부공의회(在韓長老教宣教部公議會)에서는 ① 근로계급의 귀도(歸道)에 전도의 목표를 두고, ② 부녀자의 귀도와 청소년의 교육을 특수 목적으로 하며, ③ 군 소재지에 기독교 초등학교를 설치하고 선교부 소관학교에서 남학생을 교사로 양성하여 파송할 것, ④ 아울러 정확한 언어로 성경을 번역, 출판하고 모든 문서에 국문을 쓸 것 등을 결의하였다. 1897년, 북장로교 선교부의 회의에서는 "교인이 다수 거주하는 지역에는 초등학교를 반드시 세워야 하며 그 유지비는 지방 교회가 담당하게" 하는 결의를 채택하였다.[19] 이후 기독교의 전도와 교육이 주로 하층민을 대상으로 하여 초등교육에 모아지면서 전국적으로 교회 학교가 세워졌다.

기독교 학교 교육을 둘러싸고 선교사와 한국인 지식인, 학생 사이에 견해의 차이는 있었지만, 기독교계 학교가 근대교육에서 차지하는 비중은 점점 더 커져갔다. 이런 가운데 대학 설립의 꿈도 실현되기 시작하였다. 전국에 기독교계 중등학교가 설립되면서 학교 교원 양성이 절실하게 되었다. 대학 설립에 일정한 성과가 나타난 곳은 평양 지역이었다. 평양 지역 선교 사업은 언더우드가 처음 시작하였지만, 1890년대부터는 마펫이 주도하였다. 그에 의해 많은 교회가 개척되면서 평양이 장로교의 중심지로 부상하였다. 교세확장 속에서 베어드의 주도 아래 숭실학당을 비롯한 중등학교가 세워졌다. 1897년 평양학당으로 시작한 숭실학당은 1901년 중등학교 체제로 발전하고, 1905년에는 숭실학교

---

18) 『독립신문』 1897. 12. 23., 「론셜」.
19) 白樂濬, 『韓國改新教史』, 연세대학교 출판부, 1973, 212쪽, 340쪽.

대학부(Union Christian College)를 개설하였다. 이 대학부의 운영에는 북감리교 선교회도 참여하였다. 이름도 평양예수교대학교(Peng Yang Union Christian College and Academy)라고 하여, '연합(Union)'이라는 단어를 넣었다. 장로교 선교부도 숭실학교 대학부 설치를 허가하였다(1906). 이 학교는 1908년 3월 한국 최초로 칼리지 학위 2명을 배출하였으며, 대한제국의 인가도 받았다.

 (2) 당시 대부분의 서양 선교사는 아시아와 한국을 서양문명관, 기독교 문명관의 틀 속에 인식하였다. 서양과 동양을 문명과 야만의 시각에서, 그리고 동양 안에서도 일본-중국-조선으로 서열화하였다. 곧 문명의 서양, 새롭게 문명에 든 일본, 그리고 반(半) 문명(혹은 야만, 낙후)의 중국과 조선이라는 서열이었다. 따라서 선교사들은 동양에 기독교를 선교하는 것이 곧 서양의 문명을 전파하는 것이라고 생각하였다.

 언더우드도 서양 선교사의 문명관에서 자유롭지 않았다. 하지만 언더우드와 동역자들은 문명화, 근대화를 위해 노력하는 한국인을 신뢰하고 그 가능성을 믿었다. 언더우드는 이런 판단에서 교육 사업과 계몽활동을 전개하였던 것이다.

 언더우드는 1897년 4월 1일 『그리스도신문』을 창간하였다. 『그리스도신문』은 기독교 선교를 가장 궁극적인 목표로 삼으면서도 생활에 필요한 다양한 정보를 제공하였다. 생활에 필요한 좋은 정보를 제공하여 기독교에 대한 인식을 새롭게 하면서 기독교 신앙으로 이끌기 위한 것이었다. 또한 『그리스도신문』은 서구문명의 탁월함과 조선의 낙후됨을 강조하면서, 신문을 통해 '부강한 나라들의 문물'을 알아 조선인들도 '문명'화 되는 새로운 때를 맞이해야 한다고 강조하였다.[20] 『신문』에서는 조선의 문명화, 부강화를 위해 서양 과학 지식의 보급과 산업(농사, 공장 등) 개발, 근대적 법률의 제정과 정치체제의 변화, 인민의 권리와 여권 신장 등을 주장하였으며, 문명화를 통한 애국심의 함양도

---

 20) 『그리스도신문』 1897. 4. 8., 「지식」.

거론하였다.[21] 그리고 서양 지식의 보급을 위해 교육을 주장하였다. 또한 물질 발달을 위한 근본으로 '사람의 마음'을 개량해야 한다고 지적하면서 기독교 신앙도 강조하였다.[22]

언더우드는 '반개화'의 한국이 문명화할 수 있을 것으로 믿었다. 그는 한국의 정치, 경제, 학문, 풍속이 개화되지 못한 것은 한국 사람이 '재주'가 없어서가 아니라고 보았다. 조선 사람들이 재주와 능력이 있음에도 그것을 발휘하지 못하는 것은 배운 것이 없기 때문이므로, 재주를 발휘하지 못하게 한 신분제도를 철폐하고 학문과 지식을 넓히면 많은 인재가 배출될 것으로 보았다.[23]

그러나 한국은 문명화하기 전에 일본에 강점되었다. 일본의 한국 침탈은 국제 열강의 동의, 특히 미국의 협조 속에서 진행되었다. 1905년 을사늑약이 강압적으로 체결되자 미국은 곧 바로 주한공사관을 철수시켰다. 기독교 선교사들은 매우 어려운 처지에 처해졌다. 선교사들은 대체로 기독교적 문명관에 의거하여 '문명국' 일본이 조선의 문명화를 이끌어주기를 바라기도 하였지만, 일본의 한국보호국화 과정에서 강압적 침탈이 이루어지자 일본의 '자격'을 거론하면서 이를 비판하였다.[24] 식민지화에 대한 언더우드의 생각은 잘 알 수 없지만, 대체로 이와 비슷하였을 것이다.

언더우드는 한국이 중국이나 일본과 다르고, 한국 나름의 장점이 있다고 보았다. 언더우드의 이런 지적은 당시 박은식 같은 민족운동가들도 인지하고 있었다. 박은식은 일제의 동화정책이 한국과 일본의 민족성의 차이에서 불가능 하다고 보았는데, 그 근거로 언더우드의 말을 인용하였다. 언더우드는 일본 민족이 다른 아시아의 민족과는 달리 침략적 근성을 가지고 있다고 지적하고,

---

21) 류대영, 「한말 기독교 신문의 문명개화론」, 『한국기독교와 역사』 22, 2005 참조.
22) 『그리스도신문』 1906. 6. 7., 「론셜 : 정치를 기량홈이 인심을 기량ᄒᆞᆫᄃᆡ 잇슴」.
23) 『그리스도신문』 1898. 3. 14., 「론셜 : 학문의 비홀 말」 ; 1898. 3. 31., 「론셜 : 그리스도 신문론」.
24) 오상미, 「헐버트(H. B. Hulbert)의 문명국지도론과 조선」, 연세대학교 대학원 석사학위 논문, 2009.

24

그 예로 왜구의 약탈, 청일전쟁, 러일전쟁 등을 들었다. 곧 문(文)을 숭상한 한국 민족과 무(武)를 숭상한 일본 민족의 민족성이 다르다는 것이었다.[25]

언더우드는 한국에 대한 선교, 교육의 열정 속에서 한국 문화와 종교를 연구하였다. 또 한국어를 배워 능숙하게 구사하게 되면서 한글 성경, 한글 찬송가(『찬양가』), 외국인을 위한 사전(『한영문법』, 『한영사전』) 등을 편찬하였다. 이런 일들은 한글의 보편화와 어학 발전에 기여한 것이었다.

언더우드는 한국의 유교를 언급하면서 기독교와 유교의 관계를 상호 보완적으로 인식하였다. 언더우드는 유교를 종교 자체로 보지 않고 사람 사이의 윤리 정도로 이해했고, 또 유교로 인한 한국 사회의 폐단도 알고 있었지만, 유교를 "참 지극한 보배"라고 규정하면서, 유교와 기독교를 '표리' 관계로 서로 보완되는 것으로 규정하였다. 그는 예수가 세상을 이루기 위해 왔으며, 기독교는 어느 곳에 전파되든지 그곳의 풍토와 인심을 살펴 참되고 이치에 옳은 것을 어지럽히지 않고, 한국 사회가 지닌 옳은 것들은 보존한다고 하였다. 그리고 유교는 "진실로 하늘을 공경하는 미쁜 덕"과 "격물치지하며 만물을 파악하는 큰 꾀"를 다 갖추고 있다고 높게 평가하고, 또 "인륜의 지극한 법"이요 "만세의 큰 강령"이므로 이를 존중해야 할 것이라고 하였다.[26] 언더우드는 유교를 종교로 인정한 것도 아니고 조상 제사 문제 등에 동의하지는 않았지만, 한국의 문화 속에 담겨 있는 좋은 점으로 표현하였다. 한국의 전통 문화를 인정하는 것은 기독교 선교사로서는 매우 어려운 일이었지만, 언더우드는 한국에 대한 애정 속에서 이런 생각을 하게 되었던 것으로 보인다.

언더우드의 한국 사랑은 그의 아들 원한경(元漢慶, H. H. Underwood, 1890~1951)으로 이어졌다. 원한경은 아버지의 과업을 이어받아 사전을 개정, 증보[『한영문법』 개정(1915), 『영선자전(英鮮字典)』(1925, 한영자전의 개정판)] 하고, 또한 기독교에 의해서 수립된 한국의 근대교육에 대한 박사학위논문을

---

25) 박은식, 『한국독립운동지혈사』(김도형 역, 소명출판, 2008), 149~150쪽.
26) 『그리스도신문』 1898. 12. 15., 「량교가 표리가 되는 론」.

간행(*Modern Education in Korea*, 1926)하였다. 1930년대 초, 연전의 학풍, 교육방침이 "동서고근 사상의 화충"으로 정해진 것은 부자로 이어진 한국 문화에 대한 긍정적 사고의 결과라고 할 것이다. 원한경은 1934년 교장으로 취임한 이후에도 줄곧 조선 역사와 문화를 연구하는 대학 설립을 추진하였다.[27]

### 2) 언더우드의 대학 설립 시도

(1) 언더우드는 처음부터 대학 설립을 꿈꾸었다. 처음 고아학당을 열 때부터 언더우드는 헐버트에게 '의과대학이 있는 종합대학'을 설립해야 할 것이라고 말하였다.[28] 이런 차원에서 언더우드는 "서울 도성 중앙에 큰 학교(large school)를 세우는 것이 바로 이곳 장로교 선교사들의 소망"이라고 선교 본부에 건의하였다.[29] 피어슨(A. T. Pierson)에게 보낸 편지에서는 "장로교 선교회 관할 하에 정부 병원과 남녀 진료소와 의학교와 고아원이 있습니다. 지금은 이 나라에서 기독교 대학(Christian College)의 시초가 될 새 학교가 필요한 시점입니다. 우리는 이것을 위해 대지를 매입했고 건물을 수리하고 있습니다"라고 강조하였다.[30]

이에 언더우드는 헤론과 함께 1888년 9월 8일, 미국 공사 딘스모어(Hugh Dinsmore)를 통하여 외아문에 대학 설립을 요청하였다. "한국의 젊은이들의 지도와 교육을 위해 미국의 대학(college)과 같은 학교"를 세워, 영어를 비롯한 외국어, 그리고 여러 학문(branches of science)을 교육하고자 하였다.[31] 조선 정부에서 아무런 응답이 없자 언더우드는 미국 공사를 통하여 직접 자신의 의견을 개진하였는데, 이때에도 영어와 서양 학문(機器學, 醫術, 公法 등)을

---

27) 「元漢慶校長의 就任辭, "大學을 目標로"」, 『延禧同門會報』 3, 1935 ; 「未來의 大學 總長의 大學 創設 雄圖」, 『삼천리』 12-4, 1940.
28) 『언더우드-한국에 온 첫 선교사』, 이만열 옮김, 기독교문사, 1990, 55쪽.
29) 언더우드 → 웰즈, 1887. 4. 8., 서울(『자료집(Ⅰ)』, 61쪽).
30) 언더우드 → 피어슨, 1887. 11. 29.(『자료집(Ⅰ)』, 288쪽).
31) 『구한국외교문서』 미안(1), #570 「惠論 및 元杜尤 學堂 設立의 申請 准許要請」(10, 391~392 쪽).

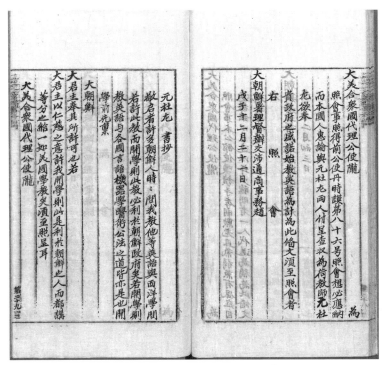

언더우드, 헤론의 대학 설립 청원 외교문서(『美案』)

교육하면 조선 정부에게도 유리하다는 점을 다시 강조하였다.[32] 언더우드는
이듬해에도 미국 선교부에 대학의 필요성을 피력하였다.[33]

(2) 조선 침략을 노리고 있던 일본은 마침내 청일전쟁을 일으키면서 조선의
내정 개혁을 강요하였다. 내정 개혁은 농민전쟁을 겪은 조선 정부로서도 더

---

32) 『구한국외교문서』 미안(1), #606 「元杜尤英語學校開設申請의 許可要請」, 1889. 1. 18.(10,
   414~415쪽). 그 전에도 미 공사 딘스모어는 1888년 9월 17일자로 회답을 재촉하는
   공문을 보냈고(10, 393~394쪽), 회답이 없자 12월 17일자로 다시 공문을 보냈다.
   이에 조선 정부(독판 조병직)이 좀 더 시간을 두고 보자고 하였다(#610 「元杜尤英語學校
   開設許可申請에 對한 回答」, 1889. 1. 25.).

33) 제중원 의학당을 새 학교의 분과로 할 수도 있다고 하였다(언더우드 → 엘린우드,
   1889. 1. 7., 『자료집(Ⅰ)』, 134쪽).

이상 미룰 일이 아니었다. 일본 세력을 등에 업고 갑오개혁 정권이 들어섰고, 이들의 주도 하에 대대적인 개혁 사업을 단행하였다. 김홍집을 수반으로, 유길준이 개혁을 주도하였으며, 김윤식, 어윤중, 박정양 등의 개혁 실무 관료층, 그리고 후에는 갑신정변으로 망명 갔던 박영효, 서광범 등도 참여하였다.

갑오개혁 정권은 청국과의 의례적인 사대 관계를 청산하였으며, 봉건적 사회신분제도와 양반 특권을 폐지하고 과거제도를 철폐하였다. 그러면서 '독립과 개명 진보'를 위한 근대교육제도도 수립하였다. 1895년 2월, 고종은 「조서(詔書)」를 내려, 당시의 정세 변화에 따라 '개명'을 위한 새로운 교육의 필요성을 천명하고, 이를 통해 부강과 독립을 달성하고자 하였다.[34] 이어 9월에는 학부의 「고시」를 통해 "교육은 개화의 근본이라"고 하면서, 애국심과 부강, 곧 나라의 문명은 학교의 성쇠에 달려있다고 하였다.[35] 비록 고종은 갑오개혁에서 소외되어 있었지만, 교육을 통한 문명화에 대한 책임을 스스로 표명하였고, 이런 차원에서 선교사를 통한 대학 설립도 시도하였다.

기독교 선교사들은 선교 초기부터 서양의 기술문명을 배우고자 했던 조선 정부, 왕실과 밀접한 관계를 맺고 있었다. 왕실과 좋은 관계를 유지하는 것이 선교를 위해 가장 효과적이고 적절한 방법이라고 판단하였기 때문이었다. 정부에서도 선교사의 전교를 허락하지 않으면서도 사실상 이를 묵인하였다. 왕실과 밀접한 관계를 유지한 것은 언더우드 부인(Lillas Horton Underwood, 1851~1921)이었다. 1889년 제중원의 의사로 온 호튼은 왕비의 시의(侍醫)로 활동하였다. 왕비는 언더우드와 호튼의 결혼에 선물을 보내어 축하하였다.[36] 그 후에도 왕비는 여러 가지 병이나 일들을 이유로 언더우드 부인을 궁궐로 불러들였다. 왕비는 부인에게 성탄절이나 새해 선물로 많은 것을 하사하였고, 같이 입궐한 아들 원한경을 귀엽게 여겨 엿, 견과, 귤 등을 주었다. 언더우드

---

34) 『高宗實錄』 32(1895). 2. 2.

35) 「學部告示」 第4號 開國 504(1895). 9. 28.(『官報』 開國 504. 9. 30.).

36) 이광린, 『초대 언더우드 선교사의 생애』, 연세대학교 출판부, 1991, 125~127쪽.

부인은 이런 기회를 이용하여 왕비에게 기독교의 원리를 설명하기도 하였다. 언더우드 부인은 1894년 성탄절 이후 이듬해 2월 초까지 14번이나 궁궐을 다녀오기도 하였다.[37]

대학 설립 구상은 갑오개혁 당시 왕실에서 비롯되었다. 1895년 1월 경, 박영효가 언더우드를 방문하여 언더우드에게 국립기독교 대학 설립에 관한 모든 계획 - 교과과정, 교사, 학교 부지와 건물 등 - 을 수립하고, 모든 업무 개시를 전적으로 책임지라고 하였다. 또 시작은 사립기관으로 하지만, 왕실에서 3만 달러(건물과 장비를 위해 2만 달러, 첫해 봉급을 위해 1만 달러) 정도를 지원할 것이라고 하였다. 언더우드는 '왕비의 지원을 받는 기독교 대학'이어야 한다고 하면서, 몇 번의 수정 과정을 거쳐 계획을 수립하였다.[38] 그러나 갑오개혁 정권의 대학 설립은 지원자인 명성황후가 시해(을미사변, 1895)되면서 무산되었다.

(3) 줄곧 대학 설립을 염원하던 언더우드가 다시 이 사업을 적극적으로 시작한 것은 경신학교 교장으로 취임(1909년 9월)한 이후였다. 그 전에 이미 조선교육협회 회장으로, 또 한국교육기금(Educational Foundation for Korea)을 만들어 대학 설립을 추진하였다. 그는 서울에 세워지는 대학은 교파를 넘어 '연합(Union)' 대학이어야 한다고 생각하였다. 그는 경신 교장이 되어 경신학교 대학과의 내실을 기하고, 이를 바탕으로 배재학당의 대학부 예과를 합하여 마침내 1915년 연합대학인 Chosen Christian College(조선기독교대학)를 세웠던 것이다.[39]

---

37) 릴리 언더우드 → 엘린우드, 1895. 2. 2.(『자료집(Ⅱ)』, 47~48쪽). 언더우드 부인은 왕비를 "애국심이 가득 차고 똑똑한 왕비" 혹은 "진보와 문명과 개혁을 펀드는 진보적이고 총명한 왕비" 등으로 표현하였다(L. H. 언더우드, 『상투의 나라』, 신복룡 역주, 집문당, 1999, 180쪽).

38) 릴리 언더우드 → 엘린우드, 1895. 2. 2.(『자료집(Ⅱ)』, 49쪽). 『상투의 나라』, 151쪽에는 영의정이 찾아왔다고 하였으나, 박영효는 내무대신으로 개혁을 주도하였다.

언더우드는 이 연합대학을 세우고 바로 서거하였다(1916). 고등교육기관으로서의 대학 설립은 다시 그의 동역자와 후계자, 곧 후임 교장인 에비슨(O. R. Avison, 1860~1956)과 3대 교장 아들 원한경에게 과업으로 이어졌다. 조선총독부는 일반인이 세운 '대학'을 허용하지 않았다. 에비슨은 총독부의 법령 아래 연희전문학교(C.C.C.)로 인가를 받았다. 비록 전문학교였지만 교육은 실질적인 '대학'으로 운영하면서, 기회가 되는대로 종합대학을 만들기 위해 노력하였다. 1924년 대학령이 시행되자 본격적으로 논의되어 줄곧 추진하였다. 종합대학 설립은 물론 제중원에서 같이 출발했던 세브란스의전과의 연합을 통한 것이었다. 같은 뿌리이면서, 또한 에비슨이 두 학교의 교장이었기에 더욱 절실하였다.

원한경은 에비슨이 귀국한 후, 연전의 교장이 되었다(1934). 교장으로 취임하면서 행한 첫 발언이 '대학을 목표로' 였다. 1940년에도 세브란스의전과 합해 '연세종합대학'이 추진되었다. 그는 이 통합과 종합대학 설립이 "최초 설립자의 대이상(大理想)"이라고 언급하였다.[40] 곧 언더우드와 알렌, 그리고 에비슨의 '꿈'이었던 것이다. 그러나 이 또한 일제의 태평양전쟁과 미국 선교사 추방으로 좌절되었다.


## 4. 맺음말

1885년 한국에 온 언더우드는 곧 바로 교육 사업을 시작하였다. 제중원에 근무하면서 학동들에게 영어를 가르쳤고, 이듬해 제중원의 동료들과 고아학교(언더우드학당)를 신청하여 이를 시작하였다. 또 제중원 의학교가 세워지자

---

39) 언더우드의 대학 설립 과정에 대해서는 최재건, 『언더우드의 대학 설립-그 이상과 실현』, 연세대학교 출판문화원, 2012에 세밀하게 분석, 정리되어 있다.

40) 『東亞日報』 1940. 2. 15. 「世專을 延禧松林에 移轉, 東洋一의 校舍를 新築」, 「延世專綜合大學建設譜」.

물리, 화학을 가르쳤다. 언더우드는 교육 사업을 시작할 때부터 대학 설립을 꿈꾸었다. 1885년의 제중원은 언더우드의 교육 사업, 나아가 연세의 교육이 시작된 시점이자 출발지였다.

언더우드의 교육 활동은 당시 한국의 근대개혁과 밀접한 관련이 있었다. 조선 정부는 1880년대 초부터 서양의 기술 문명을 배워 부국강병을 추구하였고, 이를 위해 교육을 특별하게 강조하였다. 교육을 통해서만이 개명, 문명화를 달성할 수 있다는 판단이었다. 이런 교육에 대한 조선 정부의 열의는 갑오개혁, 대한제국을 통하여 실현되어 갔다. 정부의 정책에 따라 고급관료, 자산가, 지방의 식자층 등이 많은 사립학교를 세웠다. 조선 정부는 기독교 선교사의 교육 활동을 보장하고 또 도와주었다.

조선 정부와 왕실의 적극적인 후원 하에 언더우드와 기독교 선교사는 교육 사업과 계몽활동을 전개하였다. 곧 한국의 근대화 과정에서 이들은 서양 사상과 그 문명을 전해주는 통로로써 중요한 역할을 담당하였다. 선교사들은 서양문명에 관심을 가졌던 개화파와 좋은 관계를 맺으면서 그들의 근대화 구상에 일정한 영향을 주었다. 언더우드는 왕실과도 좋은 관계를 유지하였으며, 을미사변 후에는 고종의 신변을 보호하기도 하였다. 또 언더우드는 고종 탄신을 축하하는 행사를 열기도 하였다. 왕실과의 관계는 곧 기독교 선교를 위한 방안이기도 하였지만, 군주 권한을 강화하는 것이 곧 대한제국의 국권을 유지하는 것으로 보았던 것이다. 또한 '약소국' 한국이 비록 일본의 침략을 받게 되었지만, 한국도 교육을 통해 충분하게 문명화할 수 있을 것이라는 믿음이 있었다.

언더우드의 교육 사업은 한국의 역사와 전통 문화에 대한 긍정적 인식에서 출발하였다. 비록 당시는 '미개'와 약소국으로 떨어져 있었지만, 한국인의 자질이나 문화적 능력을 인정하고, 이들을 교육하면 문명화를 이룰 수 있다는 판단이었다. 이런 점은 일반적인 서양 선교사의 기독교 문명관과 다소의 차이가 나기도 하였다. 이에 언더우드는 한글 신문을 발간하여 서양문명을 소개하면서 동시에 기독교를 전교하였으며, 또한 학교를 세워 서양의 학문과 기술을 가르쳤다. 조선 민족에 봉사할 수 있는 인재를 양성한다는 생각을 가지고 있었던 것이다.

언더우드 교육 사업의 목표는 대학 설립이었다. 그리고 그는 이 대학이 교파를 뛰어 넘어 장로교와 감리교의 연합으로 만들어지는 '연합대학(Union College)'이어야 한다고 주장하였다. 그리고 연합대학은 한국의 정치, 경제, 문화의 중심지인 서울에 세워야 하며, 기독교인만이 아니라 한국의 일반 청년을 기독교 정신으로 교육시키는 것이 그의 지론이었다. 이런 점에서 평양에 대학을 설립하자는 주한 선교사들과 심한 의견 대립을 보였다. 하지만 그는 경신학교(북장로회)와 배재학교(북감리회)의 대학부를 연합하여 마침내 1915년 기독교 연합대학인 Chosen Christian College(조선기독교대학)를 설립하였다.

언더우드의 교육 이념은 연희전문학교 교육의 출발이 되었다. 한국에 대한 애정과 신뢰를 바탕으로 한국을 위한 교육을 실시하였고, 그 교육은 조선의 문화 위에서 서양의 근대학문을 접목하려는 것이었다. 이는 그와 동역한 선교사들이 공유하던 바였고, 또한 아들 원한경에게 계승되었다. 원한경은 아버지의 소명을 실천하여 지속적으로 세브란스의전을 포함한 종합대학 설립을 추진하였다. 언더우드의 교육론은 연희전문의 교육 방침과 학풍이 형성될 수 있는 출발점, 곧 전사(前史)가 되었던 것이다.

# 기독교주의하(下)에 동서고근(東西古近) 사상의 화충(和衷)

## 1. 연희의 정신 '화충'의 신학적 사상

"본교는 기독교주의下에 東西古近 사상의 和衷으로 문학, 신학, 상업학, 수학, 물리학 및 화학에 관한 專門敎育을 施하야 종교적 정신의 發揚으로써 인격의 陶冶를 期하며 인격의 도야로부터 篤實한 학구적 성취를 圖하되 학문의 精通에 伴하야 實用의 능력을 幷備한 인재의 배출로써 교육 방침을 삼음"(『延禧專門學校狀況報告書』 「本校敎育方針」, 1932)

선교사가 시작한 교육/의료기관으로 연세대학교가 세계 선교역사에서 유래가 없는 발전과 성과의 상징임은 자타가 공인하는 것이다. 1885년 광혜원으로 시작된 연세의 뿌리는 조선기독교대학과 세브란스병원 그리고 세브란스의전을 거쳐 연희전문학교 그리고 연세대학교라는 이름으로 오늘에 이르게 되었다. 오늘날 연세대학교의 위상은 우리나라의 기독교 사학의 상징을 넘어 세계유수의 대학교와 견줄 수 있는 교육/연구기관으로 성장했으며 또한 기독교(선교)역사와 세계역사에 중요한 이정표를 제시하고 있다.

특히 연세대학교(세브란스의전/연희전문학교를 통칭)는 시작부터 동양과 서양 그리고 전통종교와 그리스도교의 만남과 대화의 장소로써 서양의 오리엔탈리즘(Orientalism)과 동양의 옥시덴탈리즘(Occidentalism)을 넘어서는 새로운 길을 제시해왔다. 구한말부터 펼쳐진 역사적 현실과 복잡한 국제정세, 그리고 일제강점기라는 험난한 역사의 굴곡 속에서 연세대학교는 시대와 민족의 부름에 따라 상황 안에 있지만 상황을 넘어서 사고하고 극복하는 미래지향적이고 보편성을 지향하는 기관으로 존재해왔다. 이러한 연세대학교의 정신은 물론 기독교적인 가치에 기반을 두고 있다. 이러한 기독교적 정신을 바탕으로 한 제중원의 의료 사업과 언더우드의 교육 사업은 연세대학의 출발점인 동시에 창립 이념으로서 학풍의 바탕이 되어왔다. 다시 말해서 1932년 본교 교육방침에 나타난 "기독교주의下(하)에 東西古近(동서고근) 사상의 和衷(화충)"의 의미는 단지 1) 동양의 학문과 서양의 학문, 고전과 현대학문 사이에 일어나는 학문 활동, 2) 동양적·민족적 학문 연구, 3) 이를 바탕으로 한 문학, 신학, 상업, 수학, 물리학, 화학의 고등교육을 통한 인재 배출을 넘어, 동서와 고근의 사상과 역사의 변혁에 대해 혁신적으로 받아들이는 현지화와 대화를 가능하게 하는 변혁의 열린 공간(space)이라 할 수 있다. 이는 식민지 교육의 온상이었던 경성제대와는 다른 새로운 열린 대화의 공간이었다 할 수 있다.

연세대학교가 서양 기독교 선교사들에 의해서 시작되었다는 사실과 기독교적 가치와 정신이 학풍의 기초인 것은 부인할 수 없는 사실이다. 이런 의미에서 연세대학교를 설립하고 발전시킨 선교사들의 교육사상과 종교관을 이해하고 평가하는 일은 중요한 의미를 가지고 있다. 또한 연희가 형성 발전되어가는 과정의 시기에 함께 형성되어진 기독교 선교와 신학의 중심사상인 에큐메니즘 (Ecumenism)은 연희의 이념인 '화충'에 깊은 영향을 주었다.

19세기 말부터 시작된 조선에서의 기독교 선교활동은 유럽 열강의 제국주의 식민주의의 활동과 깊은 연관을 가지고 있는 것이 사실이고, 기독교 선교가 서양 제국주의 확장의 도구로 사용된 면을 가지고 있는 것이 또한 사실이다. 특히 유럽의 선교활동에 있어서 선교사들이 종교적인 문제를 해결하고 정당화 하기 위해서 정치적인 방법을 사용하였고, 소위 '선교활동'을 위한 노력을 가로 막는 장애물을 제거하는 데 제국의 정치활동과 군사 조직을 이용한 경우도 있는 것이 사실이다. 서양선교사들 즉 제국주의의 주체에 속해 있는 구성원으로 그리고 그 문화의 구성원으로서 이러한 정치적/경제적 제국/식민주의 확장이라는 이념으로부터 자유롭기란 쉽지 않았던 것은 기정사실일 것이다. 또한 유럽국가의 제국주의 확장은 세속화 또는 자국 내의 탈기독교화와 깊은 연관을 가지고 있음에도 불구하고 제국의 대외적인 입장은 선교사들을 적극적으로 보호하고 이용했다. 이는 선교사들의 사역이 제국의 이익과 확장의 도구로 이용되었다는 사실을 의미한다.[1]

그러나 연세대학교의 시초인 연희전문과 세브란스의전의 기초를 놓은 선교사들을 배출한 북미대륙의 정치경제적 경향은 유럽의 제국주의 확장이념과는 차이점을 가지고 있다. 이는 유럽대륙과의 사상적 거리를 둔 것으로, 미국 초창기의 청교도들은 신대륙에 '언덕위의 도시(city on a hill)'를 건설하려했던 것처럼 미국은 하나님으로부터 대서양에서 태평양까지 영토를 확장해야하는 의무를 부여받았다고 믿었다. 이러한 사상은 19세기 미국의 정신적인 사상인 Manifest Destiny(명백한 운명)라고 일컬어지는 것이었다. 이러한 신념은 미국정착민들의 전 미 대륙(American Continent)으로의 확장에 대한 확신과 신념이었고, 미 대륙에 새로운 세계를 건설할 수 있다는 가능성과 잠재성을 태동시켰다. 또한 이러한 새로운 형태의 국가주의와 모든 인간이 평등하다는 사고는 낙관론을 확산시키는 계기를 만들었고, 당시 제2각성운동(the Second Great Awakening)의 종교적인 열정은 이러한 확장에 새로운 동기를 부여했다. 이러한 열정과 낙관주의 사상은 미국에 자신감과 자존감을 키워주었고 또한 미국이 추구하는 가치와 조직은 기독교 복음만큼 유효하고 중요한 것이라고 확신시켰다. 특히 19세기 후반부터 20세기 초반에 이르기까지 이러한 미국 기독교와 국가민족주의와의 밀접한 관계는 미국의 정체성 형성에 중요한 원인을 제공해 주었다. 이러한 미국의 정체성은 20세기 초반에 명확하게 나타나는데, 맥킨리와 윌슨에

---

[1] 1886년의 프랑스 군대의 강화도 군사개입이 좋은 예이다.

게 이르기까지 미국 대통령들은 미국 개신교의 해외선교를 국가적 이타주의 (National Altruism)의 표현으로 받아들였다는 사실이다.[2] 이러한 국가적 이타주의와 영적인 제국주의와의 연결선상에서 북미기독교 선교사들은 세계선교에 대한 책임과 미국 국민도덕과 문명의 특수한 사명을 결합한 모델을 선택하였다.

물론 이러한 미국의 이타주의적 선교사상은 19세기의 합리주의적 계몽주의와 낙관주의 사상에 기초한 것이었다. 계몽주의는 진보를 신뢰했고 진보의 개념은 서구의 국가들이 비서구 지역을 향한 일종의 개발 계획으로 나타난 것이었다. 그리고 이 모든 계획들의 목표는 어두운 세상에 새 날이 밝아올 것에 대한 가능성으로 인하여 기쁨과 흥분으로 표현되었으며, 이를 바탕으로 담대하게 서양의 국가들은 확장을 시도하는 가운데 기독교 선교에도 앞장섰다.[3] 다시 말해서 이러한 계몽주의와 합리주의의 영향 안에서 배출된 북미선교사들의 인간관은 인간의 행복 추구권과 개인의 자유에 깊은 관심을 갖게 했으며 그들의 선택에 따라 발전하도록 허용되어야 한다는 것으로 나타났다. 물론 이러한 개인의 자유에 대한 원리는 서구 민주주의의 불가침의 원리로 발전했고, 절대적인 것은 없으며 자유가 절대적인 것이라는 신조로 발전했다.[4] 이러한 새로운 분위기 속에서 발전한 사상은 사회 발전을 주장하는 사회복음 운동이었다. 사회복음 운동에서 제시하는 하나님의 모습은 사랑이 많으신 분이고 인간의 "삶과 도덕성을 위해 존재하는 하나님", "선과 진리와 미의 종합적인 통일성"[5]으로서의 하나님으로 새롭게 이해되었다. 이러한 새로운 하나님에 대한 이해는 전통적인 구원론을 확장하고 변화시켰다. 다만 구원론과 인간화의 관계성에 대한 이해에는 차이점이 있어서 어떤 이들은 구원과 '천년왕

2) David Bosch, *Transforming Mission*(Orbis Book, 1991), 407쪽.

3) 데이비드 J. 보쉬, 『변화하고 있는 선교』, CLC, 2010, 409쪽.

4) 데이비드 J. 보쉬, 위의 책, 2010, 412쪽.

5) Richard Niebuhr, *The Kingdom of God in America*(New York: Harper&Brothers, 1959)와 "The Social Gospel and the Mind of Jesus" by Diane Yeager, in *The Journal of Religious Ethics*, vol.16, 115~127쪽 참조.

국'의 도래를 향한 사회의 점진적인 개선에 큰 강조를 두었고, 다른 부류는 영혼 구원과 그리스도께서 천년왕국을 시작하기 위해 재림 때까지 계속될 세상의 타락을 강조했다. 이 두 사상은 개신교 선교에 영향을 주었고 특히 후자의 전통은 부흥운동, 경건운동, 복음주의 운동에 뿌리를 둔 적극적인 선교운동의 원동력이 되었다.

이와 같은 계몽주의와 합리주의, 그리고 사회 복음주의적 사상은 미국기독교 사상에 깊은 영향을 주었고, 타종교를 종교로 인정하지 않고 배척과 개종의 대상으로만 설정한 그전의 태도와는 다른 형태의 관계를 시도할 수 있게 되었다. 이러한 계몽주의의 중심 신조는 인간에 대한 신뢰에서 비롯되었고, 계몽주의의 진보는 그들의 행복을 추구할 수 있다는 개인의 자유로운 경쟁에 의해 보장되었다. 즉 자유롭고 자연적인 인간은 무한하게 완전해질 수 있었고, 그의 선택을 따라 발전하도록 허용되어야 했다. 이러한 개인의 자유에 대한 원리는 서구 민주주의의 불가침의 원리로 발전하고, 절대적인 것은 없으며 자유가 절대적인 것이라는 신조로 발전하였다. 또한 인간을 중심에 둔 계몽주의 는 대체로 이 세상에서 종교의 위치를 부인하지 않았다. 그러나 그것은 기독교의 배타적인 주장들을 철저하게 상대화시켰다. 수세기 동안 종교라는 단어는 헌신 또는 경건의 의미로 사용되었다. 중세에는 타종교가 종교로서 언급되지 않았다. 그러나 계몽주의 아래의 종교는 신앙과 행위의 체계를 의미하게 되었고, 종교라는 단어는 복수적인 의미로 사용되었다. 즉 기독교 신앙이 여러 종교들 중 한 종교가 되었으며, 본질적으로 다른 종교와 같은 것으로 생각되었다.[6] 예를 들어 타종교들을 더 이상 전적으로 거짓된 것이라고 생각하지는 않았고, 선교사역을 직접적인 복음전파를 넘어 사회변혁활동으로 의미가 확대되었다 는 사실이다.[7] 선교사들에게 있어서 다른 종교가 당연히 서구의 기독교보다는

---

6) 데이비드 J. 보쉬, 앞의 책, 2010, 413쪽.

7) Gerald Anderson, "American Protestants in Pursuit of Mission: 1886-1986," *International Bulletin of Missionary Research* vol.12, 1988, 104쪽.

열등한 것이라는 우월감이 있었던 것은 사실이나 타종교와 문화에 대한 새로운 태도를 가지게 되었다. 이러한 선교사들의 인간존중사상은 세상에서 다른 종교의 위치를 부인하지 않았으며 이는 기독교의 배타적인 모습들을 넘어 상대화하는 모습으로 나타났다.

이와 더불어 19세기 중반 이후를 지나면서 어떠한 사상도 새롭게 부각되어가고 있는 산업주의와 새로운 과학담론이 전통적인 사상과의 충돌, 그리고 개인영혼에 중점을 둔 복음주의 선교사상과 사회의 발전과 개혁을 중심에 두는 선교사상 속에서 조화를 이루지 못했을 때 소위 실용주의라는 사상 혹은 철학이 나타나기 시작했다. 그리고 산업혁명의 결과로 나타난 빈부의 차와 빈곤층의 문제가 사회문제로 대두되는 시기에 이러한 문제의 타협 혹은 중재의 철학으로 이성적인 원리와 기술적 사고방식(혹은 경험적 사고) 사이를 해결하는 조정의 역할로서의 실용주의적 사상이 부각되기 시작했다. 이런 의미에서 실용주의는 전통적 퓨리탄적 기독교 사고와 근대의 기술적 사고방식 사이의 괴리를 해소시키는 일에 중요한 방법을 제공했다. 이러한 사상은 피어스(Charles S. Pierce, 1839~1914)와 제임스(William James, 1842~1910)를 통해서 실용주의 사상으로 발전되었고 이후 듀이(John Dewey)를 통해서 미국 철학계는 물론 지성과 문화계 전반, 특히 교육이념에 중요한 역할을 했다.

이러한 실용주의를 기본으로 듀이의 종교사상은 초월적이며 초자연적인 것에서 이탈되어 자연적이고 과학적이며 민주주의적인 실천행위를 기본 신조로 하여 발전되었다. 그는 헤겔의 이상주의를 버리지 않으면서 주체와 객체, 사물과 정신, 신성과 인성 사이에 놓여 있는 심연의 대립을 극복하면서 이원론을 부정하였던 것이다. 그렇기에 듀이는 기성종교(a religion)라는 것보다는 종교적(religious)이라는 의미를 인본주의적 입장에서 중요시하였다. 그가 말하는 종교적이라는 뜻은 협의의 종교적 도그마나 종교의식에서 해방된 만인의 자유로운 생활을 중심으로 한 것을 뜻한다.[8] 듀이가 "제도화된 기성종교(a religion)를 배격하고, 이성에 대한 인류 공통의 신앙인 비제도화된 종교(religious)를 주창한 것")은 에큐메니컬 운동에 중요한 시사점을 준다. 지금까지 기독교를 하나의 절대화된 종교로 봤던 시각들이 기독교 역시 여러 종교 중 하나의 종교에 불과하다는 시각으로 바뀌었기 때문이다. 화합을 기본으로 하는 에큐메니컬 운동의 가장 기본이 되는 것도 여러 종교 중에 하나에 불과한 기독교, 여러 분파 중에 하나에 불과한 나의 교파라는 평등한 인식에서 비롯되기 때문이다. 이것이 곧 듀이의 민주주의 사상으로 연결된다.

또한 듀이에게 있어서 민주주의 생활은 모든 사회적 분열을 해결하고 범세계적인 인류공동체를 형성해 가는 중요한 창조적 대안이 된다. 그는 인간의 모든 문제들과 갈등을 해결할 수 있는 근본적인 민주주의의 덕목을 '지성적 공감(intelligent sympathy)'이라고 언급하며, 바람직한 소양으로서 지성적 공감은 감성 이상의 것으로, 모든 사람들이 공통적으로 계발하여 소유해야 하는 창의력이라고 말한다. 이 지성적 공감은 도덕적 종교적 생활의 가장 적합한 안내자로서 법규나 물리적 힘보다 사회를 함께 연결하는 실재적 기반이 된다.10) 지성적 공감을 가지고 모든 사람들과 공통적으로 새로운 것을 계발할 수 있는 창의력은 에큐메니컬 운동에서 가장 필요하며 중요한 소양이다.

에큐메니컬 운동이 조직되기 위해 이렇게 합리주의적 계몽주의, 그리고 실용주의와 민주주의가 사상적 기반을 제공했다면, 케네스 스콧 라뚜렛 (Kenneth Scott Latourette)은 역사를 새롭게 해석하는 눈을 제공하였다. 역사를 새롭게 보려고 하는 라뚜렛의 시도는 지금까지의 역사와는 다른 새로운 방식의 기독교를 만드는 힘이 되었다. 선교신학자 앤드류 월스는 "그는 교회의 역사를 쓴 것이 아니다. 기독교인의 역사를 쓴 것이다"11)라는 말로 그의 기독교 역사 서술을 함축적으로 표현했다. 라뚜렛의 역사에 대한 개념은 종교적이며 전지구

---

8) Richard J. Bernstein, 정순복 역, 『존 듀이 철학입문』, 예전사, 1995, 214~215쪽.
9) 김영태, 「미국 실용주의의 종교관」, 『대동철학회 논문집』 3, 1999, 2쪽.
10) 이숙종, 「존 듀이의 신앙관과 민주주의 사상」, 『기독교교육정보』, 2005, 93쪽.
11) Andrew Walls, *The Cross-Culturea Process in Christian History*(NY: Orbis Books, 2005), 5쪽.

적인 특성을 지닌다. 기독교 역사학자인 그에게 있어서 중심이 되는 관심이 교회의 내적인 역사이기 보다, 기독교 외적인 역사이기 때문이다. 즉 교회의 환경에 대한 영향력, 환경의 교회에 대한 영향, 세계사에서 기독교의 세계적인 확산 등에 중점을 두고 기독교의 역사를 서술함으로써 기독교를 하나의 종교라는 입장을 취하였던 것이다.

특히 그는 기독교의 진정한 모습을 하나의 총체적인 시각에서 봐야한다고 주장하였다. 즉, 시간적으로나 공간적으로 혹은 교파적인 면에서 모두 총체적인 시각에서 기독교를 볼 때 온전히 이해된다는 것이다. 그의 시도는 교단적으로는 기독교 내 다양한 전통(가톨릭, 정교회, 개신교 등)을 넘나들며, 지리적으로도 거의 모든 지역을 총망라하는 포괄적인 서술이다. 이러한 그의 시도는 20세기 들어 경이적으로 등장한 에큐메니컬 운동의 영향을 반영하고 있다. 라뚜렛은 기독교권 내의 분파적이고 신학적인 차이보다는 다양성과 복합성으로 채색된 기독교 전통의 풍성한 모습들을 복음 전파라고 하는 공동의 목표 속에 내포시켰다.[12]

이러한 관점에서 지금까지 기독교의 역사를 '기독교 확장사'라는 말로 정리한 라뚜렛은, 종래의 기독교 역사가 유럽중심의 국지적 역사를 벗어나지 못한 것으로 비판한다. 기본적으로 기독교의 역사를 선교역사로 본 라뚜렛은 기독교의 전 세계적 확장과 파급효과로 볼 때, 선교로 인한 확장이 가장 광범위하게 뻗어간 1815년에서 1914년까지를 기독교사의 가장 괄목할만한 시기로 뽑아 이를 소위 '위대한 시기'라고 명명하였다. 이 시기를 위대한 시기로 명명하였다는 점에서 그는 발전과 확장을 긍정하였음을 알 수 있다. 이러한 평가가 일면 위험성을 지니고 있음에도, 그의 역사학이 평가를 받는 것은 앞서 살펴본 대로 기독교 역사에 대한 새로운 관점을 제공했기 때문이다. 더불어 이는 에큐메니컬 운동의 근간이 되는 역사를 바라보는 눈이다. 전체적인 흐름 속에서

---

12) 박형진, 「지구촌기독교 등장과 기독교 역사서술적 함의」, 『한국기독교신학논총』 74, 2011, 299쪽.

하나의 역사적 현실을 평가하는 이러한 사관은, 다양한 역사의 흐름이 가능하며 그것을 존중하는 시각으로 나아갈 수 있기 때문이다. 이러한 사상과 역사관 속에서 등장한 에큐메니컬 운동을 체계화하고 구성한 인물은 존 모트(John R. Mott)이다. 1910년부터 본격적으로 운동성을 지니게 된 에큐메니컬 운동이 19세기 말 다양한 종교, 교육, 정치적 풍토를 바탕으로 탄생하였다는 것은 이미 살펴본 바이다. 이때 존 모트는 19세기 말과 20세기를 하나님이 세상이 복음을 들을 수 있도록 특별히 섭리한 역사로 인식하고 이 세대에 세계복음화를 주창했다. 그는 하나님의 구속사가 전 세계를 대상으로 전개되고 있다는 것을 깨닫고 에큐메니컬 운동에 헌신했다.[13] 이러한 존 모트의 연합운동은 에든버러 대회는 물론 학생자원운동(The Student Volunteer Movement for Foreign Missions)에 도 영향을 주었다.

학생자원운동(SVM)은 19세기 말에 미국의 부디와 다른 복음주의자들을 대표하는 부흥운동(revivalism)과 대학생을 중심으로 형성된 새로운 기독교 선교운동이다. 미국과 캐나다의 중요한 대학교, 특히 프린스턴의 로버트 와일더 와 존 스피어, 그리고 코넬의 존 모트 등을 중심으로 생겨난 대학생중심의 선교운동으로서 이 운동을 통해서 많은 대학생들이 선교단체들을 통해 선교사로 파송되었는데, 1920년에 와서는 그 수가 20,000명에 이를 정도로 북미의 기독교는 물론 전체 사회에 많은 영향을 미쳤다. 사실 SVM 이전의 많은 해외 선교사들은 지극히 평범한 배경을 가지고 있어서 본국의 사역을 감당하기 쉽지 않았을 정도로, 다시 말해서 오늘의 기준으로 볼 때 질적인 면에서 상당히 부족했었던 것이 사실이었다. 그러나 SVM을 통해 배출되는 선교사들은 당시 선교사역과 선교사의 사회적인 위치를 향상시켰고 많은 사회적 지위를 갖고 또한 교육을 받은 엘리트 사이에서 존경을 받는 위치를 차지하게 되었다. 물론 SVM을 통해 배출된 봉사자들이 그 당시의 역사와 문화, 그리고 가치의

---

13) 송인설, 「에큐메니칼 운동의 신학적 패러다임의 발견」, 『한국교회사학회지』 26, 2010, 324쪽.

산물인 것은 당연한 사실이다.

　해외 선교를 위한 학생자원운동은 교파들을 하나로 묶는 일에 강한 영향력을 미쳤다. 이 운동은 매사추세츠 주의 헤르몬 산에서 1886년 첫 모임을 가진 이래로, 북미, 영국 및 영연방 자치령들 그리고 유럽의 종합대학으로 급속히 확산되었다. 특히 1945년에 여러 기독국가 출신 대학생 2만 명 이상이 선언문에 서명하고, 다양한 교파적 배경을 바탕으로 선교현지로 나갔다. 기독학생운동의 선교적 측면을 내세우는 학생자원운동은 그들의 공동 목표를 위해 회원들끼리 친밀한 교제를 가졌고, 이러한 친교는 기독교적 일치에 기여했다. 학생자원운동은 미국, 영국, 독일에서 4년마다 큰 대회를 개최함으로써 세계교회 전체에 큰 영향을 주었다.[14] 당시 전체 미국 청년 중 4%만이 대학을 가는 상황에서 거의 대부분의 선교사 지원자들이 대학, 그것도 최고의 학벌을 자랑하는 대학의 학생들이었음은, 이 운동이 단순하지 않았음을 대변한다. 이들은 선교현장에서 주로 교육과 의료에 비중을 두었다. 이들의 목적은 선진 서구의 자유적 교육 철학을 각 선교 국가로 전달하는 것이고, 이를 통해 그들의 우수한 문명과 함께 기독교가 좀 더 전달되는 것이었다. 특히 교육을 우선시한 것은, '교육'이야말로 '도덕적인 리더십'이 완성되는 데 매우 중요하다는 가치를 공유한다고 생각했기 때문이다. 학생자원운동은 그 기원을 따라가자면, 독일의 할레 대학, 웨슬리 운동, 캠브리지 7인 등으로부터 시작되었고, 이후 캐나다와 호주 등지에서 빠르게 퍼져나갔다.

　학생자원운동은 에큐메니컬 운동의 씨앗이 되며, 에큐메니컬 운동과 한국기독교의 구체적인 연관성을 획득하는 기제가 된다. 특히 학생자원운동은 에든버러 대회와 밀접한 관련이 있다. 이 둘은 '이 세대 안에 세계복음화'라는 동일한 주제를 가지고 있었다는 점, 그리고 전천년주의적 선교활동을 펼쳤다는 점과 같이 핵심적인 부분에서 유사성을 지니는 운동이었음을 알 수 있다. 이외에도

---

14) 이형기, 『에큐메니칼 운동사』, 대한기독교서회, 1994, 84쪽.

많은 선교연구자들이 이 둘 사이의 연관성을 증언하고 있다. 더불어 에든버러 대회 이후, 에든버러에서 언급된 극동지방에 대한 학생지원 선교사들이 증가하였던 데서 둘이 서로에게 자극이 되는 사이였음을 알 수 있다. 19세기 말부터 20세기 초까지의 선교사들이 대부분 이러한 학생자원운동으로부터 양성되었고, 언더우드와 아펜젤러를 비롯하여 미국과 호주 등에서 한국으로 온 대부분의 선교사들 역시 그러했다.

특히 이 대회에서 윤치호(1865~1945)는 '조선 기독교의 선교현황과 문제점'에 대해 발표하였다. 사실 8일 동안 여덟 개의 분과별로 진행된 에든버러 세계선교대회의 가장 큰 관심 중의 하나는 아시아 대표단의 참가였는데, 그중 윤치호는 많은 이들의 관심을 끌었다. 그는 연설[15]에서 25년 전 단 한명의 선교사도 기독교인도 없던 조선에 현재는 20만 명의 기독교인이 있다고 보고하고, 이는 조선의 선교가 일반 민중들을 대상으로 먼저 시작되었으며, 성서번역을 통해 성서가 조선에서 많이 읽히기 때문이라고 지적하였다. 그는 더 많은 선교사가 조선의 기독교인을 가르치기 위해 파견되어야 한다고 주장하였으며, 이러한 그의 연설은 많은 이들에게 깊은 인상을 남겼다. 어쩌면 이 연설에 감동한 대학생들이 조선의 기독교인들을 가르치기 위해 직접 조선의 땅을 밟았는지도 모른다. 이렇듯 학생자원운동은 에큐메니컬 운동의 시작점이 되는 에든버러 대회와 깊은 연관을 갖고 있었다.

본격적인 개신교의 선교가 시작된 지 100년이 흘렀고, 그 선교 100년의 역사를 돌아보고 실제적인 세계선교의 방향과 전략을 점검하기 위한 세계선교대회가 에든버러 대회였다. 에든버러 선교대회는 100년의 선교경험을 통해서 얻은 공과 실을 검토해보고, 세계 도처에서 해외 선교에 헌신하고 있는 선교사들로부터 선교현장의 문제점이 무엇인지 구체적인 의견을 수렴하였다. 또한 세계선교가 당면해 있는 각종 현안을 분석하기 위해 세계 각국의 160여 개

---

15) 연설의 전문은 *Report of Commission 1*, Carrying the Gospel to All the Non-Christian World(Edinburgh: Oliphant, Anderson & Ferrier, 1910), 410~411쪽.

선교부를 대표하는 1,200명의 사람들이 참석하여 총 8일간 8개 분과로 나누어 진행되었다. 에든버러 대회의 중요한 성과는 아시아와 아프리카의 선교지에서 일어나고 있는 선교의 현실적인 문제점이 실제적으로 부각되었다는 점이다. 또한 선교현지의 문화를 무시하고 자신의 것만을 강요하는 일방적인 선교정책, 무분별한 선교 집중과 후속 조치의 결여, 선교사들 간, 교단 간 경쟁 등의 문제점들이 진지하게 논의되었다는 것이다. 또한 계속하여 지적한 대로 최초의 에큐메니컬적 대회였으며, 그렇기에 "19세기의 위대한 세기와 20세기의 에큐메니컬 운동의 세기를 이어주"[16]는 역할을 하고 있다는 점에서도 중요한 의미를 지닌다. 이 운동은 1921년 국제선교협의회(IMC, International Missionary Council)가 설립되고, 이 기관의 활동을 통해 세계 각국의 선교사들 간의 상호 지원과 협력이 시작되면서 본격화되었다.

지금까지 에큐메니컬 운동의 배경이 되는 사상들과 역사관, 그리고 구체적인 운동들을 살펴보았다. 1910년 에든버러는 이 모든 생각과 움직임이 하나로 모이는 장소였으며, 거기에서 시작된 물결이 바다를 건너 한국에도 영향을 주었다. 에큐메니컬 운동은 화충의 정신으로 이어졌으며, 에든버러의 정신은 연희의 화충의 공간이 되었다.

## 2. 화충의 공간 형성과 에큐메니컬 정신의 실현

### 1) 연세학풍, '화충'의 시원(始原) : 언더우드(Horace Grant Underwood, 元杜尤, 1859~1916)

언더우드 및 언더우드 가문의 교육정신의 특징[17]은, 기독교적 사해동포주의

---

16) 홍기영, 「1901년 에딘버러 세계선교사대회의 역사적 배경과 그 직접적 영향」, 『선교신학』 24(상), 2010, 33쪽.

17) 연세대학교 교육 이상으로 제시된 언더우드 교육정신의 골자(언더우드 2세인 원한경 교장 취임사를 바탕으로)를 보면 다음과 같다. 첫째, 한민족의 역사와 전통의 뿌리를

와 민족주의에 근간을 두고서, 인류 역사
경험 중에서 가장 좋은 것과 동시에 한국적
인 것을 아울러 교육 내용으로 삼아 개방적
이고 봉사적인 인재를 양성하는 교육을 지
향했다는 점이다.[18] 그리고 언더우드가 생
각하고 실천한 교육의 내용은 교육기관으로
학교에 국한되는 것만이 아니라, 보다 더
삶 속에서 교육과 관련되는 것으로서 그
활동과 범위는 광범위하고 다양했다.[19]

언더우드

그는 한국에 온 다음 해인 1886년부터
고아원 사업을 시작했고, 이는 자연스럽게
교육활동과 연계되어 '예수교학당' 혹은 '구세학당', 경신학교 등을 거쳐 드디
어 그가 작고한 다음 해인 1917년에 연희전문학교(Chosun Christian College)가
설립됨으로써[20] 오늘의 연세대학교가 설립될 수 있는 기초를 마련하였다.

---

둔 민족주의와 예수 그리스도의 가르침에 뿌리를 둔 기독교적 사회동포주의가 연희교
육의 정신적 토대이다. 둘째, 동서양과 인류역사의 모든 경험에서 가려 뽑은 가장
좋은 교육 내용으로 학생들에게 지식과 기능, 예지, 자신감, 자제력을 갖게 해주는
것이 연희교육의 실천이다. 셋째, 다양성을 존중하는 협동적 태도와 사회적 책임감을
갖고 기독교정신으로 봉사 헌신할 인재를 배출하는 것이 연희교육의 목적이다. 넷째,
이런 목적을 달성하기 위해 연희 교육에서는 교파나 출신지역, 인종의 차이를 불문하고
헛된 명성이나 지식이 아니라 이 민족의 현실에 대해 마음 깊이 느끼고 한국의
자연과 한민족의 삶의 현장에 동참하기 위해 전심전력할 수 있는 기독교 정신으로
무장된 참된 사람, 곧 실천적 능력인을 교수와 학생으로 원한다. 다섯째, 민족 인종
국가 지역 소속 교파 같은 사람들의 출신성분과 배경의 다양성을 한 그리스도 교회
안에 결합함으로써 세계 인류의 행복을 위해 봉사할 수 있도록 만드는 것이 연희교육의
이상이다. 김인회, 「언더우드의 교육정신과 연세교육」, 『연세교육연구』 17, 2004,
23쪽.

18) 김인회, 위의 글, 2004, 1쪽.
19) 김인회, 위의 글, 2004, 5쪽. 언더우드의 한국어 연구와 사전 편찬은 성경, 전도문서의
   번역, 출판과 함께 이루어졌지만 그것 자체만으로도 한국문화발전에 일정하게 독자적
   인 업적으로 평가받기도 한다.

언더우드의 대학 설립 이념의 특징[21]을 보면 다음과 같다. 첫째, 에큐메니컬 정신이다. 그는 어린 시절 동안 다양한 국가와 교파 등을 경험하면서, 선교사가 되어 한국 교회를 조직함에 있어 어떤 종파에도 속하지 않는, 현지의 목회자들에 의해 자발적으로 운영되는 하나의 그리스도 교회를 꿈꾸었다.

그의 노력은 특히 4개 장로교 선교회들이 하나의 한국장로교회로 설립, 복음주의선교연합회를 조직하는 데 큰 역할을 했다. 이후 에비슨 때에 이르러 (1920년대) 연희전문학교 창립을 둘러싼 평양, 서울 측 선교사들의 대립[22]이 없어지고, 여러 선교회 사람들이 이사회를 조직함으로써 교파의 장벽을 넘어 전교회적인 관심과 재정, 신학적 지원을 받을 수 있게 되었다.

둘째, 사회적 개방성이다. 1906년, 숭실학교 대학부는 교회를 위해 봉사할 인물을 기르기 위해 세워진 학교였고, 따라서 학교는 입학조건으로 기독교인만 을 받았다. 당시 이러한 성격은 19세기 말부터 20세기 초 미국 중서부에서 나타난 교파교회의 형식을 띠었는데, 그 유형이 소수 엘리트 중심의 기숙사 교육이었다는 점에서 상당기간 비기독교인을 포괄하지 못했고, 교과과정도 상대적으로 부족했었다. 이에 대해 언더우드는 연희전문학교를 준비하면서 숭실과는 구별된, 비기독교인도 수용하면서 산업 분야까지 포함할 수 있는 학교를 지향했다. 그 모델로는 뉴욕 대학을 선정하였는데, 언더우드 자신도 이 대학을 졸업했으며, 그의 아들, 후손들도 이 대학에서 공부를 마쳤다. 주목할 것은 연희전문학교에 언더우드가 상업과를 만들었다는 점이다. 당시 상업이 한국 정서상 가장 경시되던 학문 영역이었음에도 불구하고 그는 모든 학문의

---

20) 김인회, 위의 글, 2004, 8~9쪽.
21) 최재건, 『언더우드의 대학설립』, 연세대학교 출판문화원, 2012, 357~377쪽.
22) 대학을 설립함에 있어 많은 이견이 나타났는데, 가장 큰 사안은 어디에 설립할지에 대한 문제였다. 언더우드와 에비슨은 서울에 세우기를 바랐고, 다른 여러 교파의 선교사들은 평양을 원했다. 심지어 미국 북장로교에서도 평양을 선호했다. 그러나 언더우드는 종교문제에 국한되지 않는 인문사회 계통의 넓은 학문을 가르칠 수 있으며, 서울이 한국의 정치, 경제, 그리고 문화의 중심으로서 훌륭한 교사와 교재, 강의 등을 얻을 수 있음에 더 가치를 두었다. 최재건, 앞의 책, 2012, 74쪽.

필요성을 강조하였기 때문에 이것을 가능케 했다.

셋째, 고등교육 중시이다. 당시 주한 선교사들은 한국인 기독교인들이 지나치게 교육을 받을 경우 미국 선교부, 선교회의 통제가 어려워질 것을 우려했다. 그러나 언더우드는 그가 고아원에서 출발한 언더우드학당[23]에서도 볼 수 있듯이, 단지 지식을 아는 것뿐만 아니라 가르칠 수 있는 정도까지 준비가 되어야 한다고 믿었고, 후에 마펫이 학교를 맡은 후 유능한 소년 기독교인들에게 성경, 언어뿐만 아니라 다양한 서양지식에 대한 과목들을 가르쳐야 함을 강조했다.

넷째, 신학과 선교신학에 있어서의 차이이다. 당시 주한 선교사들 중 다수가 마펫과 아담스를 따랐는데, 평양의 장로교 선교사들은 '교회의 선교(Missio Ecclesiae)'와 유사한 형태의 정책을 추진하였다. 그것은 먼저 교회를 세우고, 학교를 세우는 것이 맞으며, 교육의 주된 목적은 교회 지도자들을 훈련, 양성하여 복음전도사로 만들고 교회에서 봉사하게 하는 것임을 말한다. 하지만 언더우드(소수파)는 '하나님의 교회(Missio Dei)' 방법으로, 신학의 기본 의미를 의료·교육 사업으로 둠으로써, 이것이 기독교 정신으로 펼쳐질 때 그 자체가 선교임을 말하고 있다. 한편으로는 그의 방법은 기독교적 가치를 지닌 사회인을 양성하는 시도였다고도 보여진다. 여하튼 언더우드의 대학 설립의 지향점은 선교적 관점에서 보았을 때 매우 포괄적이었다.

선교와 교육에서 언더우드는 네비우스 방법(Nevius Method)의 영향을 받았는데,[24] 언더우드의 교육에서 선교학적 의의는, 첫째, 한국인에게 복음을 전파하기 위하여 미리부터 한국인들 스스로가 자기 자신의 삶의 의미와 존재의 가치를 깨닫도록 도와주는 개척적이고 도전적인 사업을 시도했다는 점, 둘째, 한국에 기독교와 서양문명을 알리고 전파하기 위한 준비 교육 단계였다는 점, 셋째, 한국에 올 선교사를 비롯한 외국인들의 교육을 예비하는 것이었다는

---

23) 앞에 나온 '예수교학당' 혹은 '구세학당'을 미국에서는 1894년경까지 '언더우드학교'라 불렀다고 한다. 김인회, 앞의 글, 2004, 8쪽.

24) 네비우스 선교정책에 대해서는 다음을 참조. 김인회, 앞의 글, 2004, 11쪽.

점에 있다. 특히 세 번째의 외국인 교육과 관련한 한국어 교육은 오늘날 연세대학교 한국어학당의 실질적인 교육적 원류가 되었다고도 볼 수 있다.

이상으로 볼 때 언더우드가 필생의 과업으로 삼은 그의 교육과 선교에 나타난 정신은 동서고근(東西古近)의 학문과 사상을 아우르는 연세대학교의 학풍인 '화충(和衷)'의 정신에 이미 맞닿아 있음을 알 수 있다. 언더우드에게서 나타난 기독교적 사해동포주의와 민족주의의 추구, 그리고 대학설립 이념에서 드러난 에큐메니컬 정신·사회적 개방성·고등교육을 통한 한국인의 주체성 확립에 대한 제고[25] 등은 이후 에비슨, 원한경 등을 거쳐 백낙준에 이르러 연세의 중추적인 학풍으로 형성되는 계기들을 지녔다고 할 수 있다. 따라서 언더우드의 기독교적 교육정신은 후일 '화충'으로 꽃피게 될 연세학풍을 준비하고 예비하는 그 시원(始原)이 된다는 데에 큰 의미가 있다고 하겠다.

### 2) 연세학풍, '화충'의 전개(展開) : 에비슨(Oliver R. Avison, 漁丕信, 1860~1956)

1893년 6월 16일부터 1935년 12월 6일까지 총 43년 동안의 한국 체류 기간 동안 에비슨은 선교사로서 사역하면서, 먼저 한국에 대한 초기 기독교의 선교방법으로서 최초의 서구식 전문 병원이자 의학교인 제중원과 세브란스 병원을 중심으로 의료 사역 및 연희전문학교와 세브란스 의학전문학교의 발전에 있어 큰 공헌을 하였다. 또한 여러 애국지사를 돕고 유수한 한국인 전문 인력을 키워내는 등 한국 근현대사에서 비중 있는 역할을 수행하였다.[26]

에비슨을 연구함에 있어서 가장 중요한 특징은 그가 가진 핵심적 사상과 신학적 가치관으로서 '에큐메니즘'에 입각한 복음주의 확산이다. 그의 가치관

---

25) 한국인의 품성에 대한 긍정적 신뢰와 한국인 스스로의 힘과 노력으로 교회를 만들고 운영할 수 있다고 믿는 자주자치의 정신이야말로 언더우드가 초기단계 때부터 지녔던 교육의 요체라 할 수 있다. 김인회, 앞의 글, 2004, 13쪽.
26) 이선호, 「올리버 알 에비슨의 연희전문학교 사역」, 『신학논단』 64, 2011, 107쪽.

은 그가 캐나다에 거주할 때 개신교, 특히
감리교회와 회중교회 및 장로교회들 간의
연합교회 운동에서 큰 영향을 받은 것으로
알려져 있다. 에비슨은 한국 선교 당시 분
열되어 진행되던 사역들의 연합을 꿈꾸었
고, 결론적으로 1913년 미국 남·북 감리교,
미국의 남·북 장로교, 캐나다 장로교, 호주
장로교, 그리고 조선 감리교와 장로교 등
8개 교단을 연합함으로써 세브란스 연합
의학교를 발족시키게 된다. 특히 연합의학
교를 구성함에 있어서는 그가 캐나다 토론
토 대학교에 재학하던 중(1880년대) 다수

에비슨

의 유력한 지역 대학들과 토론토 대학이 고등교육에 있어서 가장 영향력
있는 기구를 형성하기 위한 연합 작업을 수행했던 경험이 크게 적용되었다.
특히 이선호는 에비슨이 다녔던 토론토 대학교의 건물에서 쓰여졌던 요한복음
8장 32절의 말씀 "진리가 너희를 자유롭게 하리라"가 오늘날 연세대학교(연희
전문학교)에서 교훈으로서 이용되는 것을 하나의 예로 들면서, 물론 당시
이 구절이 캐나다와 미국 등지의 학교들에서 많이 인용되었던 경향도 있었지만,
그 영향력을 무시할 수는 없다고 하였다.[27]

　　당시 여러 교파와 정부와의 연합을 통해, 에비슨이 언더우드와 함께 기독교계
사립학교를 세우고자 했던 시도는 시대적 상황과도 밀접하게 연관된다. 이들은
1890년대에 이미 사립학교를 세우고자 했지만 일제의 반대로 실패한 적이
있었는데, 당시 조선정부는 선교사들과 함께 기독교 교육 사업을 추진함으로써
일본을 견제하고자 했었다. 하지만 실패 이후 약 20여 년이 지난 후 언더우드의

---

27) 에비슨의 연합정신의 형성 배경에 대해서는 이선호, 위의 글, 2011, 108~110쪽 참조.

노력으로 1915년 경신학교(연희전문학교 이전)가 세워지고, 1916년 언더우드 사망 이후 에비슨이 교장이 되면서 초교파적인 기독교 연합대학이 가능하게 되었다.

에비슨은 연희전문학교 사역에 있어 그 목적을 선교를 위한 초교파적인 교육 기구에 두었다. 당시 일제가 개정했던 사립학교규칙에서 기독교 교육은 금지되었음에도 불구하고, 에비슨은 성서개론이나 채플 등의 기독교 관련 과목 등을 뚝심있게 밀어붙였고, 특히 채플 시간은 예배뿐만 아니라 각계 명사들이나 한국을 방문하는 세계적인 인사 등을 초빙하여 국내뿐만 아니라 국제적인 이슈에도 민감하게 반응하며 광범위한 지식과 소양을 넓히도록 했다. 이러한 기독교교육의 전통은 한국의 지성인들이 기독교적 소양과 인품을 갖춘 사회인으로서 근대사회 건설에 지대한 공헌을 하게 한 정신적 자양이 되었다.[28]

에비슨의 중요한 업적 중 또 하나는 그가 연희전문학교 교장 재직 당시 우수 교수진 확보를 위해 많은 노력을 기울였다는 점이다. 교수진은 크게 세 가지 다른 배경을 가진 사람들로 구성되었는데, 1)기독교계 교사(선교사들), 2)민족 관념이 충실한 한학자, 3)진보적 색채가 뚜렷한 사회주의 계열 인사이 다.[29] 이선호는 이러한 다양성과 기독교 정신에 입각한 학문적 특징이 당시

---

28) 이선호, 위의 글, 2011, 116~117쪽.

29) 일반적인 기독교 학교에서는 취하기 어려운 이러한 교수진의 구성은 수준 높은 다양한 학문의 교육을 지향하는 목적 위에 교장으로 인사권자인 에비슨 특유의 포용적 정신이 더해져 만들어진 결과라 할 수 있다. 동(東)과 서(西), 고(古)와 근(近)이 화충(和衷)할 수 있다는 사상은 어느 면에서 에비슨이 사역에서 추구하던 가치관인 연합정신과 비중 있게 연결되어 있다고 할 수 있다. 더군다나 선교기구를 표방한 기독교 학교에서 유교와 불교로 점철된 조선문화를 깊이 연구한다는 것도 에비슨의 포용력과 자신감이 아니라면 일반 선교학과에서 시도될 성질의 것이 아니었다. 이러한 분위기에서 연희전문학교의 국학 연구를 통해 근대학문으로서의 '조선학'이 성립할 수 있었다. 특히 신간회 해산 이후 민족운동 진영이 '국학운동'으로 전개되면서 이를 주도한 것이 연희전문학교의 교수들이었다. 그리고 이러한 다양성이 융합되어 새로운 '조선학'이 태어나는 것처럼, 연희전문학교는 기독교 학교로서 다양한 학문간 대화와 융합을 통해 새로운 '기독교정신'을 한국사회에 제시할 수 있었다. 이선호, 위의

일본의 식민통치를 유용하게하기 위한 시설로서의 식민교육기관인 '경성제국대학'과 맞서면서 '기독교주의 하에 동서와 고근 사상을 화충함으로써 조선문화 연구를 이끌고, 근대 초기 서구 학문을 수용함으로써 우리 인문학을 성립, 발전시킨 의미 있는 기관'으로서 특징을 갖게 했다고 평가하고 있다.

에비슨은 1934년 2월 16일 연희전문학교와 세브란스전문학교의 교장직을 동시에 사임하고 연희전문학교의 후임으로 언더우드 2세인 원한경을 지목하였다. 이는 한국적 상황에서 자란 언더우드 2세를 통해 연희전문학교를 창업정신인 기독교 연합학교로서 뿐 아니라 한국의 대학으로 자리매김하려는 에비슨의 의도가 반영된 것이었다. 연희전문학교 교장이었던 에비슨은 원한경과 함께 연합하여 초교파 학교인 연희와 세브란스의 통합운동을 전개하였다. 두 사람은 1925년부터 1926년까지 함께 연희전문학교를 위한 모금운동을 전개하여 미국 각지를 순회하였다. 비록 모금액의 부족과 일제의 방해로 좌절되었지만, 에비슨과 함께 전개한 원한경의 노력은 훗날 연희와 세브란스가 통합하여 결국 종합대학으로 완성되는 데에 단초를 제공한 것이다.[30] 이러한 일련의 활동들을 통해 에비슨은 궁극적으로 한국인의 손에 의해 주도되고 운영되는 기독교 학교의 형성을 추구했다고 볼 수 있다. 에비슨은 은퇴 이후 미국으로 돌아간 뒤, 이승만과 만나면서 초교파적인 독립지원 기구에서 큰 역할을 감당했다. 이 기구의 목적은 당시 미국이 이승만과 임시정부를 지원하도록 미국 정부에

---

글, 2011, 122~125쪽.

30) 1945년 8월 15일 해방 이후 선교본부의 협조로 기독교 학과들의 통합에 대한 논의가 다시 시작되었다. 이에 1948년 서울에 있는 기독교 대학교(연희, 세브란스, 이화)의 통합운동이 일어났는데, 1949년 5월 연희와 세브란스 교수단은 합병 건의를 수락했다. 그리하여 세브란스의 신입 예과생들을 연희대학교에서 모집하기로 하였다. 한국전쟁 직후인 1950년 10월 양교의 이사회가 연합조건을 제출했으나 전쟁의 와중에서 논의는 진전되지 못하였다. 마침내 1957년 1월 5일 문교부는 연희대학교와 세브란스 의과대학의 통합을 정식으로 인가하였다. 에비슨의 제자 김명선은 에비슨이 연희전문학교와 세브란스 연합의학전문학교를 통합하고자 노력한 점을 높이 평가하였고, 연세대학교 야말로 언더우드 목사와 에비슨 선생의 꿈이 실현된 것이라고 보았다. 이선호, 위의 글, 2011, 125~128쪽.

압력을 행사하는 것이었으며, 그것을 통해 일본으로부터 한국의 독립을 지원한 것이다.[31]

이상과 같이 에비슨의 핵심적 사상과 가치관은 '연합과 에큐메니컬 사상'이라 할 수 있다. 그리고 이러한 에비슨의 사상과 가치관은 연희전문학교에서의 사역을 통해 전개되었다. 우선 에비슨은 원활한 선교를 위해 언더우드를 도와 기독교 학교를 수립하고자 노력했고, 초교파적인 병원과 학교를 운영했고, 이를 통합하기 위해 노력했다. 또한 그는 자신과 뜻을 같이 할 수 있는 뛰어난 인물들을 찾아 조선으로 와서 함께 사역할 수 있도록 이끌어 내었다. 특히 에비슨은 교파를 초월한 학교 운영의 모범사례를 제시하였고, 동양과 서양을 넘나드는 학문의 융합을 시도하였으며, 조선인 교수들을 채용하고 조선의 문화를 더 발전시킬 수 있도록 지원하였다. 그리고 자신의 연합정신을 이어받을 수 있는 후학을 대거 육성하였다. 이러한 에비슨의 노력이 오늘날 연세대학교가 형성되는데 중요한 초석이 된 것이다.[32]

이러한 에비슨의 사상은 언더우드에서 시작된 연세학풍인 '화충'의 전개요, 발전이라 볼 수 있다. 에비슨은 언더우드의 뒤를 이어 연희전문학교장으로서, 그리고 세브란스 병원장, 세브란스 전문학교장으로서 연합과 통합의 실제적인 사업을 완수함으로 연세의 학풍인 '화충'이 단지 사유를 통한 이론에만 그치는 것이 아니라 삶의 현장에서 실천적으로 구현되어야 하는 생활의 원리임을 보여줬다고 할 수 있다.

### 3) 연세학풍, '화충'의 발전(發展) : 원한경(Horace Horton Underwood, 元漢慶, 1890~1951)

원한경은 에비슨이 정년퇴임을 함으로써 1934년 10월에 연희전문학교 제3대

---

31) 이선호, 위의 글, 2011, 128~129쪽.
32) 이선호, 위의 글, 2011, 131쪽.

교장으로 취임하게 되었다. 그는 이때부터 학교 발전을 위해 헌신하였으나 1941년 3월에 이르러서는 일제의 탄압으로 인하여 명예교장으로 밀려나게 되었으며, 그 해 12월에는 일본헌병에 체포되어 10일 간 구류 처분을 받고 서울의 감리교신학교에 설치되었던 외국인 수용소에 수감, 이듬해 5월에서야 석방되어 본국으로 강제 추방되었다. 이렇게 추방되었던 원한경은 해방이 되자 미 군정의 민간고문단 자격으로 다시 내한했다가, 1947년 10월 모든 미 군정청 직무를 사임

원한경

하고 연희대학교로 복귀하였다. 원한경은 당시 총장 백낙준을 도와 연희대학의 복구와 재건사업에 참여하였다.[33)]

언더우드 1세 원두우의 삶에서 씨 뿌려지고 싹이 트기 시작한 언더우드의 교육정신은 언더우드 2세 원한경의 삶과 교육실천을 통해 구체적 모습을 드러내면서 연희의 교육정신으로 자리잡아갔다고 할 수 있다.[34)] 무엇보다도 언더우드의 아들인 원한경이 그의 모교를 졸업하면서 아버지와 같은 길을 가기로 결정한 것은 언더우드의 교육정신사에 있어 큰 의미라 할 수 있다. 한국에서 태어나 어렸을 적부터 김규식과 함께 자라면서 부모의 삶의 모습을 보고 배운 원한경의 선택이야말로 어쩌면 언더우드의 교육정신의 첫 계승이며 결실이었다고 말해도 과언이 아닐 것이다. 우리가 언더우드의 교육정신을 논함에 있어 학교나 교과서 같은 제도교육의 범위를 넘어서는 넓은 의미의 교육을 전제해야하는 것도 그의 교육의 결실이 학교나 교회의 설립에 국한하여서만 맺어질 것이 아니기 때문이다.[35)]

---

33) 이선호, 위의 글, 2011, 126쪽.
34) 김인회, 앞의 글, 2004, 21쪽.

사실 원한경에 의해 묘사된 연희의 교육정신과 실천내용에 관련될 수 있는 구체적 사안들에 대한 문제의식과 도전은 원한경 이전 시대에 원두우에 의해서 이미 제기된 것들이 대부분이다. 그리고 이를 위해 원한경은 연희 교육의 목적과 이상을 달성키 위해 문자 그대로 이 땅의 모든 대학이 지표로 삼을 최고의 대학을 만들려고 전심전력했다.[36] 연희 교정에서는 국학(國學)의 이름으로 역사, 철학, 문학, 사상, 국어, 민속, 종교, 경제, 사회 등 한국에 관한 거의 모든 분야를 발굴 천착하고 정리하는 한국학연구의 선구적 작업들이 진행되었으며, 연희교정에 모인 당대의 석학들은 민족주의, 사회주의, 기독교 신앙 같은 다양한 정신적 사상적 종교적 배경에도 불구하고 화목한 동료로 서로를 아끼고 존중하면서 학생들에게 가장 좋은 교육내용으로 가장 뛰어난 교육을 제공하여 민족과 역사를 위해 봉사할 인재로 기르는 일에 진력했던 것이 원한경이 교장으로 일하던 1928년부터 1940년경까지의 연희교정의 모습이다.[37]

당시 연희전문학교가 당대의 학계를 대표하는 최고 수준의 학자들을 망라한 교수진을 갖출 수 있었던 것은 원한경이 언더우드의 교육정신과 학문적 소양 및 지도자로서의 영민함과 포용성으로 학교를 이끌었기 때문에 가능했던 일이다. 뿐만 아니라 각 지방에서 찾아온 종교, 계층, 교육수준의 배경이 다양한 학생들을 받아들여 조국과 민족의 장래를 위해 봉사하고 헌신하려는 정신과 가치관, 생활 태도를 길러주는 연희교육이 가능할 수 있었던 것은 실천적 능력인으로 자라고 있는 연희의 젊은 인재들을 보듬고 아끼는 원한경의 교육적 이상주의와 사랑이 버팀목 노릇을 했기 때문이었다고 말할 수 있다.[38] 실제로

---

35) 김인회, 위의 글, 2004, 18쪽.
36) 이를테면 연희교육의 정신적 토대 중 하나인 민족주의는 언더우드가 선교초기부터 실천한 교회의 자립운영정책과 한국 민중에 대한 존중과 애정, 그리고 한국인과 함께 주님의 식탁에 앉아야한다고 믿는 그의 남다른 선교정신이 연희교육에 뿌리를 내린 것이라고 할 수 있다. 김인회, 위의 글, 2004, 25~26쪽.
37) 김인회, 위의 글, 2004, 27쪽.

원한경은 그의 선친에 비해 덜 전투적인 성품이었던 것 같다.[39] 그 대신 포용성과 영민함을 지닌 지도자의 자질을 갖춘 인품으로 선친의 이상을 승계하여 실현하는 후계자로서는 최적의 인물이었다고 말할 수 있다.[40]

원한경은 부친 원두우에서부터 제기되었고 도전되었던 많은 문제들을 그의 영민함과 포용성을 통해 '화충'의 큰 틀에서 아우름을 통해, 언더우드, 에비슨으로 이어진 연세의 학풍인 '화충'의 정신을 장차 큰 나무로 성장할 수 있는 기틀을 마련했다고 볼 수 있다.

### 4) 연세학풍, '화충'의 실현(實現) : 용재(庸齋) 백낙준(1895~1985)

백낙준과 연희의 동지들은 연희의 교육정신과 그 바탕에 '기독교'와 '한국민족'이라는 두 축을 두고 일제하의 참담한 현실에서도 최선을 다하여 교육하고, 학문을 전개하였다.[41]

백낙준과 그의 연희전문 동지들의 팀워크야말로 '연희'의 국학(國學) 전통을 세우고 다듬기에 안성맞춤의 구성이었다. 국어학, 역사학, 경제학, 심지어 자연과학에 이르기까지 한국의 전통과 현실을 주제로 학문적 대상으로 삼은 민족주의 학자들이 다수 포진하고 있었다. 그런데 더욱 중요한 것은 '연희'의 '세계성'과 연결된 국학전통

백낙준

---

38) 김인회, 위의 글, 2004, 27쪽.
39) 수많은 선교사들 중에서 부친인 언더우드는 유별나다 하리만치 전투적이고 초인적인 용기와 역동성을 발휘하면서 살았다. 김인회, 위의 글, 2004, 20쪽.
40) 김인회, 위의 글, 2004, 24쪽.
41) 서정민, 「백낙준의 『한국개신교사』와 '국학'」, 『한국교회사연구』 12, 2003, 192쪽.

이었다. 이 '세계성'이란, 기독교적 설립정신과 선교사들에 의해 지원되는 운영체계, 즉 세계적 보편가치의 지평 위에 있던 기독교 정신과의 관계였다. 이는 국학연구의 전통과 성과가 '폐쇄적인 민족주의의 소산'만도 아니고, 어떻게 보면 일제하 정황의 대칭적 산물로 생성된 '이데올로기적 학문 성과물'만도 아닌 것을 의미한다. 더욱 넓은 범주에서 한국적인 것, 민족적인 가치를 근대적 학문 방법론과 세계적 가치 등에 유의하면서 탐구하는 학술적 노력을 보인 것이다.[42] 인간 백낙준, 그는 주체적 한국인이면서 아울러 자유로운 세계인이었으며 또한 헌신적인 기독교인이었다. 이러한 용재의 정신과 교육사상은 실학주의, 민족주의, 이상주의의 세 가지로 요약할 수 있다.[43] 그가 봉직했던 58년간의 연세대학교에서의 교육은 진리와 자유의 기독교 교육과 홍익인간의 이념을 가진 민주주의교육으로 발전되었으며, 민족교회론과 교회연합을 위한 에큐메니컬 운동으로 연계되었던 것이다.[44]

용재 백낙준은 일찍부터 한학과 서구학문을 접함으로 동서고금의 학문 전적을 섭렵하였는데, 이는 그가 자유로운 교육사상을 가질 수 있는 중요한 배경이 된다. 어려서 용재는 기독교 교회가 세운 '영창학교', 미국 북장로회 선교부에서 설치한 '선천 신성중학교'를 졸업하고, 당시 신성중학교장 맥큔(C. S. McCune) 밑에서 집안 일을 하면서 서구 학문을 좀 더 접할 수 있는 기회를 얻게 된다. 3년 뒤 그는 중국에 있는 영국인 경영의 '신학서원(新學書院)'에서 중국어와 영어를 배우고, 당시 대표적인 중국인 학자들이 서구문명에 대항하여

---

42) 서정민, 위의 글, 2003, 193~194쪽.
43) 김인회, 「용재 백낙준의 국학연구정신과 연세교육」, 제11회 용재시상식특별강연, 349~353쪽.
44) 김성은, 「백낙준의 기독교교육사상과 교육생애」, 『한국기독교신학논총』 3, 1998, 140쪽. 미군정하에서 용재는 하나의 민족적 이상으로서 홍익인간(弘益人間) 이념으로 교육을 실시하도록 주장하여 이것이 채택되었다. 용재는 이를 "Maximum service to humanity"로 번역할 것을 제안했는데, 이는 지·덕·체를 겸비한 전인적인 인간으로서 이웃과 민족과 세계에 봉사하는 이타적인 인간을 의미하였다. 김성은, 위의 글, 1998, 133~134쪽.

내세운 사상이나 동양학에 대한 공부를 한다. 이후 맥큔 교장의 추천으로 미주리주 파크 대학에서 미국식 교육을 받고, 프린스턴 신학교에서는 신학을 전공하였으며, 펜실베이니아 대학에서는 정치외교학 등을 공부하게 된다. 프린스턴 대학교에서 신학을 전공한 후, 예일 대학교 대학원에서 종교사학을 전공한 백낙준은 1927년 『한국개신교사(*The History of Protestant Missions in Korea 1832-1910*)』로 철학박사학위를 취득한다. 이처럼 용재의 교육 배경은 한국·중국·미국 등 3개국에 걸쳐 있고, 그가 숙지하고 섭렵한 학문 영역은 한학과 동양고전을 비롯하여 역사학, 교육학, 수사학, 신학, 정치외교학, 도서관학, 종교사학 등 동서고금과 인문사회과학 분야를 망라하였다. 그가 통달한 언어의 종류만도 6개 국어가 넘는다. 이를 통해 용재의 삶과 사상에서 빼어놓을 수 없는 특징인 조화론의 성향의 형성 배경을 어느 정도 유추할 수 있을 것 같다. 그는 종교적으로 교파주의에 휘말리지 않고, 교육에 있어서도 국학과 외국어를 강조하는 등 생활과 학문의 조화와 통합, 화해를 지향하는 삶을 살았다. 그의 교육사상의 특징 속에 세계주의적 이상이라는 표현이 가능한 부분이 있는 것은 그의 기독교 신앙과 아울러 그의 이러한 백과사전적 자질 및 능력과 관련이 있는 것이 아닐까 싶다.[45] 그리고 이는 훗날 용재가 연희전문학교에서 '화충'의 학풍을 진작시킬 수 있는 실존적, 학문적, 그리고 종교적 토대가 된다고 볼 수 있을 것이다.

특히 예일에서 종교사학을 공부할 때 만난 은사인 라뚜렛(Latourette)[46]의

---

45) 김인회, 「용재 백낙준의 교육사상 연구」, 『교육철학』 10, 1992, 12쪽.

46) 라뚜렛(Kennet Scott Latourette)은 '선교사관'의 대표 학자로 거론된다. 무엇보다도 한국교회에는 백낙준 박사의 지도와 심사를 맡은 교수로 널리 알려졌다. 라뚜렛은 근·현대 교회사 연구에서 하나의 입장, 곧 '교회사'는 '선교사', 혹은 '선교확장사'라는 관점을 일관하며, 선교하는 쪽, 기존 기독교권으로부터 세계를 향해 확대하고 결실을 맺어 나가는 선교의 양적 성과를 역사 서술의 근간으로 삼아왔다. 비록 이후 제기된 '제3세계 교회사관'이나, '민족, 토착사관' 등에 의해 비판받기도 하였으나, 분명 하나의 역사 이해를 위한 중추적 시각임에는 재론의 여지가 없다. 라뚜렛, 서정민 옮김, 『현대기독교 선교사 : 폭풍을 넘어서』, 한들출판사, 2002, 5~6쪽.

역사관은 백낙준의 사상의 중심에 있다. 라뚜렛의 역사에 대한 개념은 종교적, 발전적, 전지구적, 낙관적 그리고 비판적인 특성을 가지고 있다. 기독교 역사학 자인 그에게 있어서 중심되는 관심은 교회의 내적인 역사에 관심을 갖기보다 기독교의 외적인 역사(external history)에 관심을 가지는 것이다. 다시 말해서 교회의 환경에 대한 영향력, 또한 환경의 교회에 대한 영향, 또한 세계사에서 기독교의 세계적인 확산에 관심을 두었다.

라뚜렛은 "Jesus is the most influential life ever lived on this planet. The influence appears to be mounting. It does not increase evenly but by pulsations of advance, retreat and advance"라고 하면서, 사회 안에서의 기독교의 영향을 강조하였다. 이런 점에서 그는 19세기 말의 religious utopianism의 아들이었다. 발전과 확장에 대한 긍정과 열정은 당시의 분위기였다. 물론 그의 미래에 대한 유토피아적인 기대가 완전한 것을 추구한다고는 할 수 없지만 그래도 이러한 기대는 개인적· 사회적·교회적으로 많은 발전을 가져왔다. 또한 이러한 승리적인 종교적 희망 은 역사와 깊은 연관성을 가지고 있었다. 한편, 라뚜렛은 예수의 산상수훈의 윤리적 원리를 기독교의 핵심으로 주장했다.

이러한 가운데 나타난 백낙준의 선교사관은 라뚜렛의 방법론을 상당히 인용한 것으로 보인다. 그는 『한국개신교회사』에서 라뚜렛의 지론을 받아들여 "한국교회사도 선교사가 되어야 한다"는 분명한 선교사관을 가지고 초기 한국교회사를 정리했다. 그는 서구의 연구방법론인 '실증적 방법론'에 충실하 며, 일반사학과 선교학을 종합함으로써 한국 교회사와 관련된 역사신학의 첫걸음을 떼었다. 하지만 다른 한편으론 그의 연구가 "한국 교회 쪽의 증언과 고백이 전혀 고려되지 못하다는 것"으로 비판 받기도 했다.[47] 그러나 이만열의

---

47) 백낙준의 선교사관에 대한 비판적 연구는 박정신의 「백낙준과 김양선의 한국 기독교사 인식 : 이른바 '선교사관'과 수용사관'의 꼴과 결」, 『한국개혁신학회논문집』 10, 2001 을 참조. 박정신은 백낙준의 선교사관이 단순히 한국 교회 밖으로부터의 일방적인 수용이라기보다는 보다 폭 넓은, 즉 쌍방적인 관점에서 수용이라고 볼 수 있다고 주장한다. 백낙준은 서양의 종교와 동양 사회가 만날 때 필연적으로 있을 수밖에

지적처럼 백낙준의『한국개신교회사』는 한국기독교 역사 연구의 '입문서'이고 '수준 높은 연구'로 "한국사학사에서도 손꼽혀야 할 고전"인 것이다.[48]

또한 백낙준은 특히 H. G. 웰스의 명저『세계 문화사 대계』에서 큰 사상적 영향을 받았는데, 그는 "두 갈래로 흐르던 동서양의 역사를 한 줄기로 모아 세계사가 합류하는 비전을 보았다"고 말한 적이 있다. 이를 통해 그의 삶과 사상에서 중요한 조화론적 성향의 형성 배경을 유추할 수 있다. 그는 민주주의의 이상을 신봉했으며, 갈등과 파쟁보다는 화해와 통일을 지향하였다. 그의 인간에 대한 교육적 이상주의는 당시 연희전문학교가 처음으로 남녀공학을 시도하게 하였고, 주요 학교들이 특정 교과나 계층에만 집중되는 당시 상황과 달리 계층이나 지위 등에 구애치 않고 다양한 사람들에게 동등한 기회를 주게 했으며, 이러한 교육적 자치제(1980년대 후반 개시)의 실천이 민주주의 국가의 실현과 교육의 궁극적 이상실현을 가능케 하는 요인이라고 보게 하였다.

백낙준의 교육사상의 철학적 성격을 보면 '민족주의', '실학사상', '이상주의' 등의 분명한 성격을 확인할 수 있다.[49] 1927년 미국에서 목사 안수 후 이듬해 한국에 돌아온 백낙준은 당시 일제시대였음에도 불구하고 연전 문과 과장으로 일하면서 조선문학과 조선사를 가르치고, 정인보 선생과 함께 한문학을 가르쳤다. 이것은 무엇보다도 그가 한국인을 위한 민족주의 교육에 중요한 비중을 두었음을 말한다. 실학사상의 풍토 아래 백낙준은 손으로 일하는 것과 일을 통해 얻은 건강 등, 학교 교육을 통한 교육학, 역사학 등의 학문들뿐만 아니라 현실 생활에서 필요한 실천적 능력의 가치를 강조하였다. 그의 교육철학을 실학주의 교육사상으로 분류하게 되는 가장 중요한 이유는 그의 교육 실천이 언제나 이론과 실제, 이상과 현실, 정신과 기능의 조화를 추구하는 방향으로

─────────

없는 정치, 경제, 사회, 문화, 가치의 갈등을 보면서, 한쪽의 일방적 영향만을 보려한 것이 아니라 서로가 엉기고 설키면서 영향을 주고받는 쌍방의 역사를 보려고 하였다는 것이다.

48) 박정신, 위의 글, 2001, 373쪽.
49) 김인회, 앞의 글, 1992, 13~20쪽 참조.

전개되었다는 사실을 들 수 있다.[50] 또한 백낙준은 기독교 사상과 민족주의 사상, 사회주의 사상 등 다양한 자리에서 민족의 해방을 위해 일하던 교수들과 연대했다. 『조선사회경제사』를 쓴 백남운이 기독교학교인 연희전문학교에서 마르크스주의 사회경제사학자로서 교수하는 데 별 문제가 없었던 것은 백낙준이 가지고 있던 학문 사상의 포괄적인 이해와 학문의 자유 허용성의 틀을 볼 수 있는 점이라 할 수 있다.[51]

백낙준은 자기를 교육학자가 아닌, '교육에 관심이 많은 정도'라고 말했다. 이것은 당시 상당한 교육 체계를 잡고 본인의 교육 철학을 실제적으로 구현해왔던 것과 어울리지 않은 발언이다. 이것은 다양한 해석이 가능하겠지만, 무엇보다도 자신이 추구하는 교육이 하나의 체계로서 구성되는 것이 아니라, 오히려 교육과 선교를 하나의 연결선상으로 추구함으로 인하여 좀 더 넓은 의미로서의 교육의 가치를 도모했던 그의 가치 기준을 볼 수 있게 하는 중요한 자료가 된다. 김인회는 용재의 교육사상이 지닌 의미를 다음과 같이 정리하였다.[52] 첫째, 교육이 당연히 지향해야 할 이상으로서 조화와 균형의 질서라는 원칙, 둘째, 철학적 자주성의 확립, 셋째, 진정한 의미의 실학정신 실천, 넷째, 홍익인간의 교육이념 제정, 다섯째, 주체적 사관으로서의 한국사관의 개척 등이다.

이상과 같은 백낙준의 생애와 사상을 살펴보면 3개국에 걸쳤던 그의 실존적 삶과 동서고근을 아우르는 학문적 여정은 언더우드, 에비슨, 그리고 원한경으로 이어진 '화충'이라는 연세학풍의 만개를 예비하는 것이라 할 수 있다. 실제로 백낙준은 1927년 연희의 부름으로 문과 교수로 취임한 이래 1985년 작고할 때까지 동교의 교수, 문과과장, 이사, 교장, 총장, 이사장, 명예총장 등의 일로 연세교육에 참여했다. 그러나 학교를 넘어 그가 수행한 많은 역할들을 일일이 거론할 수 없을 정도이다.[53] 결국 백낙준의 학문과 다양한 교내·외적 활동들은

50) 김인회, 위의 글, 1992, 14쪽.
51) 김성은, 앞의 글, 1998, 130~131쪽.
52) 김인회, 앞의 글, 1992, 20~22쪽.

이미 연세의 학풍으로 자리한 '화충'의 정신과 실천력이 확장되는 '연세학풍의 공간형성 시기'라고 볼 수 있겠다. 언더우드에서 뿌려진 '화충'의 씨앗이 에비슨, 원한경을 거쳐 마침내 백낙준에 와서 비로소 그 열매를 거두게 되었다고 할 수 있겠다.

---

53) 김인회, 위의 글, 1992, 10~12쪽.

# 서양의학의 토착화와 제중원 의학교

## 1. 머리말

서양문명의 수용은 동아시아 각 나라의 근대화 과정에서 핵심적인 부분을 이룬다. 근대화는 곧 서양문명의 수용이라는 등식이 과도하다고 생각할 수도 있을 것이다. 그러나 서양문명의 수용과정을 빼고 동아시아의 근대화를 말하는 것이 불가능함 또한 엄연한 사실이다. 물론 동아시아에도 내재적 근대화의 단초가 있었다는 이야기는 할 수 있을 것이나, 그러한 단초가 전면적인 근대화로 역사 속에서 실현되지 않았다는 점에서, 그리고 현실적으로 실현된 근대화는 서양문명의 수용과정에서 이루어졌다는 점은 부인할 수 없는 사실이다.

여기서 동아시아가 수용한 서양문명의 내용이 무엇인가를 살펴볼 필요가 있다. 흔히 동아시아의 서양문명 수용양상을 '동도서기(東道西器)'라는 말로 표현한다. 즉 동양의 정신적 가치의 바탕 위에서 서양의 물질문명을 수용한다는 의미이다. 여기서의 물질문명이란 서양의 과학기술문명을 말한다. 과학기술문명의 성과물은 무기, 기선, 각종 기계 등 가시적인 사물일 수 있다. 그래서 그것을 '서기(西器)'라고 표현했을 것이다. 그러나 '서기(西器)'는 저절로 생겨난 것이 아니다. 그것은 서양의 합리적인 과학 정신, 다시 말해 '서도(西道)'의 바탕 위에서 생겨난 것이다. 따라서 동아시아가 수용한 것은 '서도'와 '서기' 모두라고 할 수 있다. '서도'를 모르고 '서기'를 온전히 이해할 수 없기 때문이다.

이제 남은 과제는 이 서도와 서기가 어떤 방식으로 수용되었는가를 구체적으로 살펴보는 일이다. 일반적으로 외래문물의 수용 과정은 다양한 방식으로 나타날 수 있지만 편의상 수동적 수용단계와 능동적, 혹은 적극적 수용단계로 나누어볼 수 있을 것이다. 수동적 수용단계가 호기심의 차원에서 외래문물을 접하고 감상하는 단계라면 능동적 수용단계란 외래문물을 자신의 일부로 만들어 이용하기 위해 보다 적극적으로 받아들이는 단계라고 하겠다. 달리 표현한다면 수동적 수용단계는 겉으로 나타난 서양의 문물, 즉 '서기(西器)'만을 받아들이는 단계로 볼 수 있을 것이다. 이 단계의 '서기'는 호기심의 대상에 머물며, 이런 방식의 서기의 수용은 그 사회에 의미 있는 변화를 가져오기 어렵다. 이에 대해 적극적 수용단계는 '서기'를 산출한 정신적 토대에 대한 이해를 바탕으로, 스스로 '서기'를 재생산하거나 그에 상응하는 생산물을 산출할 수 있는 수준에 도달한 단계이다.

서양문명이란 상당히 포괄적인 개념이다. 따라서 서양문명을 수용한다고 했을 때, 그것은 서양의 물리적인 제작물뿐 아니라 다양한 사회제도와 학문 등 눈에 보이지 않는 정신적 생산물의 수용까지도 포함한다. 그리고 수용의 폭과 깊이는 분야에 따라 상이하게 나타날 수밖에 없다.

이 짧은 글에서 서양문명 전체의 수용을 다루는 것은 불가능하고, 다만 서양의학에 한정하여 그것이 수용된 과정과 그 의미를 살펴보고자 한다. 그렇다면 무엇을 서양학문 수용의 기준으로 볼 수 있으며, 또한 어떤 기준에서 앞에서 말한 수동적 수용과 능동적 수용을 구별할 수 있는가 하는 문제가 제기된다. 이 역시 학문의 성격에 따라 조금씩 다른 기준의 적용이 가능할 수 있을 것이다. 그렇지만 학문의 일반적 속성상 그 사회에 존재하지 않던 새로운 학문이나, 혹은 목적은 같더라도 전혀 다른 원리와 방법으로 접근하는 학문의 수용과정에서 어느 정도 공통적으로 추출 가능한 기준은 제시할 수 있다고 여겨진다.

학문은 언어를 매개로 이루어진다. 그리고 학문은 거의 예외 없이 그 내용을 책이라는 형태 안에 체계적 형태로 담는다. 어떤 외래학문의 본격적인 수용은 그 학문의 내용이 자국어로 소개될 뿐만 아니라, 자국어로 된 학술서적이 출판될 때 비로소 시작된다고 할 수 있다. 그런 의미에서 최초 서양의학의 도입 이후 한국어로 된 서양의학 서적의 출현은 서양의학의 토착화를 단적으로 표현하는 상징적 사건이라 할 것이다. 이 글에서는 제중원 의학교와 그 졸업생들을 통해 이루어진 서양의학의 주체적 수용과정을 의학교과서의 번역과 출판을 중심으로 살펴보고자 한다.

## 2. 서양의학의 소개와 본격적 수용

서양의학이 동아시아에 처음 소개된 시점을 정확히 말하기는 어렵다. 이미 고대와 중세를 통해 약재무역과 같은 방식으로 동서양의 의학이 서로 영향을 주고받았기 때문이다. 그러나 의학문헌을 통한 소개나 교류로 한정한다면 그 시기는 아래로 내려오게 된다. 서양의학을 포함한 서양학문들이 동아시아에 본격적으로 소개된 것은 16세기 예수회가 중국에 대한 포교활동을 시작하며, 선교사들을 중국에 파견한 데서 비롯되었다. 이들 예수회 선교사들은 서양의 학문을 소개하고 이를 중국화 하는 데 크게 공헌하였다. 이들은 특히 서양의 학술을 한문으로 된 서적으로 번역하여 서양학문이 동아시아의 지식인 사회에 퍼질 수 있는 결정적 계기를 마련했다.

명·청대에 서양의 학문을 중국에 전하는 데 큰 역할을 했던 이들로는 마테오 리치를 위시하여 아담 샬, 알레니 등이 있었다. 이들은 중국 학자들의 도움을 받아 많은 학술서를 저술내지 번역하였다. 그 내용은 물론 종교적인 것도 있었지만 서양과학에 대한 것도 적지 않았으며 그 중 상당수가 조선에도 들어와 조선 지식인들에게도 적지 않은 영향을 미쳤다. 서양과학에 관한 책들은 주로 소위 과학혁명 이후 서양에서 발전한 천문학이나 역법의 내용을 소개한 것이 주류를 이루었다. 역법은 중국 전통사회에서 중요한 의미를 가지는 것이었기에 서양의 역법에 대한 그들의 관심은 컸다. 반면에 서학서들 가운데 생물학이나 의학에 관련된 내용은 드물었다. 그렇게 된 이유로는 몇 가지를 생각할 수 있을 것이다.

먼저 당시 서양의 과학 내에서도 학문들 간에 발전의 상당한 차이가 있었음을 들 수 있을 것이다. 근대 이후 서양과학을 주도한 것은 수학적 방법론에 기초한 물리학이나 천문학이었고, 이들은 자연현상을 설명하는 데 탁월한 능력을 보였다. 그에 비해 생물학이나 의학은 중세적인 구각을 벗어나지 못하고 있었다. 생물학의 경우는 아직 학문으로 정립이 되지도 않은 상황이었고, 생물학 이전 단계라고 할 수 있는 자연사(natural history)나 박물학이 겨우 모습을 갖추어 가고 있는 상황이었다. 그에 비하면 중국의 생물학과 의학은 당시 서양의 수준을 뛰어넘는 발전을 이루고 있었다. 이시진(李時珍, 1518~1593)의 『본초강목(本草綱目)』(1596)을 접한 예수회 선교사들은 경탄을 금치 못하였고, 이를 번역하여 서양에 알렸다. 의학의 경우도 당시 중국은 자신들의 의학에 그다지 부족함을 느끼지 못하고 있었으므로 서양의 의학에 대한 요구나 관심이 크지는 않았다. 다만 서양의 해부학은 중국의학에서 없는 부분이므로 서양의학의 소개는 해부학을 중심으로 조금 이루어졌다. 그 대표적인 것이 테렌츠(Johann Terrenz Schreck, 鄧玉函, 1576~ 1630)가 펴낸 『태서인신설개(泰西人身說槪)』와 『인신도설(人身圖說)』이었다. 그러나 이 책들은 다음에 말할 『주제군징(主制群徵)』(1629)과 같이 널리 읽히지는 못했다. 『주제군징』은 독일인 예수회 선교사 샬 폰 벨(J.A. Schall von Bell, 湯若望, 1591~1666)이 저술한 책으로, 자연현상을 잘 관찰하면 신의 존재를 인정하지 않을 수 없다는 자연신학적 주장을 담고 있는 호교서이다. 이 책의 저자는 다양한 자연현상을 근거로 신의 존재를 주장하였다. 이 책에서 언급하고 있는 자연현상 가운데는 인체에 대한 논의도 있는데 이는 고대의학자 갈레노스(130~200?)에 기초를 둔 중세의 해부생리학 이론을 소개한 것이었다.

이 책은 중국뿐 아니라 조선에서도 지식인들 사이에 적지 않은 영향력을 미쳤다. 성호(星湖) 이익(李瀷, 1682~1763)은 『성호사설(星湖僿說)』(1760년 경)의 「서국의(西國醫)」에서 서양의학이 중국의학에 비해 더욱 자세하다고 말하면서 『주제군징』의 내용을 간단히 정리하여 소개하였다. 또 오주(五洲) 이규경(李圭景, 1788~?)은 자신의 문집인 『오주연문장전산고(五洲衍文長箋散稿)』 권19(19세기 중엽)에서 「인체내외총상변증설(人體內外總象辨證說)」이라는 제목으로 『주제군징』에 실린 해부생리학적 내용을 소개하였다.

서양의학에 대해 보다 깊이 있는 관심을 가진 학자는 정약용과 최한기였다. 이들은 단지 서양의학을 소개하는 데에 그치지 않고 서양의학의 내용에 대한 깊이 있는 이해를 통해 서양의학의 합리성과 체계성을 높이 평가하였다. 다산(茶山) 정약용(丁若鏞, 1762~1836)은 『의령(醫零)』(1798)에서 음양오행론(陰陽五行論)의 타당성에 의문을 제기하며 이에 기초를 두고 있는 한의학을 전면적으로 비판하였다. 그는 「근시론(近視論)」에서 원시(遠視)와 근시(近視)의 원인을 음양(陰陽)의 부족에서 찾는 기존의 한의학적 설명을 비판하고 근대 물리학의 광학이론을 통해 설명하였다.[1] 또한 정약용은 스탠튼(T. Stanton)이 중국어로 번역한 「신증종두기법상실(新證種痘奇法詳悉)」을 『마과회통(痲科會通)』(1798)에 부록으로 소개함으로써 조선에 우두법(牛痘法)을 처음으로 소개하였다.

한편 혜강(惠崗) 최한기(崔漢綺, 1803~1879)는 중국에서 활동하던 영국인 선교의사 흡슨(B. Hobson, 合信, 1816~1873)이 한문으로 저술한 『전체신론(全體新論)』(1851), 『서의약론(西醫略論)』(1857), 『내과신설(內科新說)』(1858), 『부영신설(婦嬰新說)』(1858) 및 『박물신편(博物新編)』(1855) 등의 서양의학서적들을 전재하는 방식으로 『신기천험(身機踐驗)』(1866)을 저술했다. 그는 한의학이 음양오행(陰陽五行)이나 오운육기(五運六氣)와 같은 추상적이고 독단적인 이론으로 인간의 몸에서 일어나는 생리적·병리적 현상을 설명하는 것을 비판하고, 서양의학이 정확한 해부학 지식을 토대로 성립되어 있음을 높게 평가하였다.[2]

---

1) 김대원, 「정약용의 의령」, 『한국보건사학회지』 2, 1992.
2) 여인석, 「최한기의 의학사상」, 『의사학』 2-1, 1993.

이처럼 조선 후기에 이르러 서양의학에 대한 관심을 가지는 일부 학자들이 생겨나고 있었지만 이는 어디까지나 책을 통한 개인적 관심의 차원을 벗어나지 않는 것이었다.

1876년 개항과 함께 서양문물이 본격적으로 도입되기 시작했다. 1884년 9월 최초의 내한 선교사인 알렌이 입국하여 미국 공사관을 중심으로 의료활동을 펼치다가 갑신정변에서 큰 상처를 입은 민영익을 성공적으로 치료해주었다. 이를 계기로 조정의 신임을 얻게 된 알렌은 병원 설립제안서를 조선 정부에 제출했고, 이것이 받아들여져 1885년 4월 10일 최초의 서양식 병원 광혜원(제중원)이 세워졌다. 병원 설립 당시부터 의학생 양성을 목표로 했던 알렌은 이듬해인 1886년 3월 29일 제중원 내에 의학교를 설치하고 16명의 학생을 뽑아 본격적인 의학교육을 시작했다.

기록에 따르면 알렌은 먼저 학생들에게 영어를 가르친 다음 학생들이 영어에 익숙해지자 의학의 토대가 되는 수학, 물리, 화학 등 자연과학의 기초를 가르쳤다. 그리고 기초적인 자연과학 지식의 교수가 끝나자 본격적인 의학교육에 들어가 해부학, 생리학, 임상의학 등을 가르쳤다.[3] 이 기록에서는 해부학 교육을 위해 해부도와 골격표본을 사용했다는 언급은 있지만 학생들이 어떤 교재로 공부했는지에 대한 언급은 없다. 따라서 정확한 내용은 알 수 없으나 학생들에게 먼저 영어를 가르친 후 교육을 시작한 것으로 보아 영어로 된 의학교재들을 사용한 것으로 추측된다. 현실적으로 한국어로 저술된 의학교재를 만들 수 있는 상황이 아니었던 만큼 외국어, 특히 영어로 된 교재를 이용해 교육이 이루어진 것으로 여겨진다.

이처럼 힘들게 시작된 의학교육은 아쉽게도 결실을 맺지 못했다. 다시 말해 처음 의학생으로 입학한 16명 가운데 공부를 마치고 의사로서 활동한 사람이 없었다. 최초의 의학교육이 결실을 맺지 못한 이유로는 여러 가지를 꼽을

---

3) Quarto Centenial. *Papers read before The Korea Mission of the Presbyterian Church in the U.S.A. at the Annual Meeting in Pyeng Yang*, August, 1909.

수 있을 것이다. 우선 당시 외국어를 할 수 있는 인력이 많지 않았는데 의학공부를 위해 영어를 배운 이들 의학생들은 그들이 배운 영어 실력만으로도 좋은 일자리를 얻을 수 있었을 것이다. 따라서 구태여 오랜 기간 동안, 그것도 전통적인 조선 사회에서 그리 높이 평가하지 않던 의학공부에 매달릴 이유가 없었을 것이다. 학생들 중 적지 않은 이들이 관리로 나갔던 점을 생각해보면 이러한 상황을 쉽게 이해할 수 있다. 이러한 이유 이외에도 학생들이 낯선 외국어를 먼저 배우고 이를 바탕으로 다시 서양의학을 공부해야 했던 점도 의학교육이 지속되는 것을 방해한 요인의 하나였을 것이다.

## 3. 의학 교과서의 번역 출판과 그 특징

1886년 3월 29일에 시작된 의학교육은 이상에 언급한 이유들로 오래 지속되지 못한 것으로 여겨진다. 이후 제중원 의학교는 영어학교로 변질되는 등의 우여곡절을 거쳤으며 특히 빈튼이 제중원을 맡는 동안 정부와의 갈등으로 제중원은 제대로 운영되지 못했다. 그러다가 1893년 에비슨이 제중원에 부임하고, 제중원 운영권이 선교부로 이관되면서 제중원의 운영은 정상을 되찾았다. 병원의 운영이 어느 정도 정상을 회복하자 에비슨은 학생 조수들을 뽑아 의학교육을 시작했다. 선교사로 내한하기 이전에 이미 토론토 의과대학에서 교수로 활동했던 경험이 있는 에비슨은 의학교육에 남다른 열의를 갖고 있었다. 그는 먼저 자신의 일을 도울 조수를 뽑아 가르치기 시작했다. 그런데 조수들의 수가 늘어나자 의학교육을 좀 더 체계적인 방식으로 시킬 필요성이 커졌다. 이를 위해 무엇보다 시급한 일이 의학교과서를 준비하는 일이었다.

캐나다에서 의과대학 교수로서 교육의 경험이 풍부했던 에비슨은 의학교육이 보다 효율적으로 이루어지기 위해서는 국문 의학교재의 편찬이 중요하다고 판단했다. 그는 먼저 서양의학의 기초가 되는 해부학 교과서 편찬에 착수했다.

직접 교재를 쓰기보다는 기존의 해부학 교과서를 번역하는 방안을 택했다. 번역작업을 위해 에비슨은 영어를 아는 젊은이를 찾아 그와 함께 당시 대표적인 해부학 교과서인 그레이 해부학의 번역에 착수했다. 번역을 시작한 시기는 정확히 알 수 없으나 1897년경에는 이미 번역이 어느 정도 이루어졌던 것으로 보인다. 참고할 전례가 없는 상태에서 이루어진 최초의 해부학 교과서 번역은 당연히 쉬운 일이 아니었다. 그는 번역과정의 어려움을 아래와 같이 회고하였다.

> 우리가 그레이씨 저의 해부학을 번역하기 시작할 때 나는 조선말로 그 여러 가지 과학상 술어를 번역할 수 없음을 알고 어찌할 바를 몰랐다. 그래서 우리는 이 교과서를 번역만 할 뿐 아니라 새말을 만들지 않으면 아니 되었다. 따라서 우리는 과학상 여러 가지 술어를 번역과 함께 새로 만들어 내기 시작하였다. 나는 부족한 조선말을 가지고 번역하는 사람에게 그 원어의 뜻을 일러주면 번역하는 사람은 나의 설명을 들은 후에 한문글자로 그 뜻에 맞도록 문자를 만들어 내었다. 이 모양으로 번역하여 만든 교재를 가지고 학생에게 첫 공과를 가르쳤다. 이것도 맨 처음에는 한문으로 술어를 적당히 만들지 못하고 영어 음에 맞춰서 술어를 쓰되 한문자를 사용하여 다소간 그 본 의미를 나타내도록 한 것이다. 첫 공과의 준비를 가까스로 마치고 둘째 공과의 번역을 시작하였다. 첫 공과와 둘째 공과를 다 준비하여 가지고 가르칠 때에 김군의 도움을 받아서 끙끙대며 하던 모습을 여러분이 잘 상상하여 아실 것이다.[4]

위의 회고문을 보면 결코 쉽지 않았을 최초의 해부학 교과서 번역의 지난한 과정을 짐작해볼 수 있다. 에비슨이 토로하고 있듯이 가장 어려운 문제는 해부학 용어의 번역이었다. 서양의학에서 사용하는 많은 전문용어 가운데 인체의 각 부분을 지칭하는 해부학 용어의 비중은 절대적이다. 고대 그리스어나 라틴어와 같은 서양고전어의 어휘를 근간으로 하는 각각의 해부학 용어에 대한 적절한 번역어를 찾거나 만들어내는 작업은 결코 쉬운 일이 아니었을

---

4) 「에비슨 박사 소전」, 『기독신보』 867, 1932. 7. 13.

것이다. 에비슨은 영어와 한학에 조예가 있는 사람을 찾아 도움을 받았다. 에비슨이 그에게 영어로 용어의 의미를 설명하면 이를 그에 적합한 의미를 가지는 한자어로 조어를 하는 과정을 거쳐 용어가 만들어졌다. 후에는 일본과 중국에서 나온 해부학 서적을 참고하여 용어의 번역 문제를 비교적 용이하게 해결했지만 이때에는 모든 용어를 새롭게 만드는 어려운 과정을 거쳤다.

사실 에비슨이 해부학 교과서 번역에 착수했을 무렵 중국과 일본에서는 이미 해부학 서적이 여러 종 나와 있었다. 일본은 특히 동아시아에서 해부학에 대해서는 가장 선구적이었다.[5] 야마와키 도요(山脇東洋, 1705~1762)는 1754년 일본에서 처음으로 남자사형수의 시체를 해부하였다. 이후에도 몇 차례 더 인체해부에 대한 경험을 쌓은 그는 이러한 경험에서 얻은 지식을 바탕으로 일종의 해부도인『장지(藏志)』를 발간하였다. 야마와키 도요 외에도 일본에서는 비슷한 시기에 여러 사람들이 주로 사형수의 시체를 대상으로 인체해부를 실시하였다. 그들 중에 스기타 겐파쿠(杉田玄白, 1733~1817)가 있었다. 그는 독일인 쿨무스가 쓴 해부학서의 네덜란드어 번역본을 보고 경탄을 한 나머지, 이 책의 번역을 결심하였다. 그가 참고할 아무런 자료가 없는 상태에서 고군분투하며 번역한 책이 1774년에 출판된『해체신서(解體新書)』였다.『해체신서(解體新書)』의 출간은 동아시아에 서양의학이 수용되는 과정에서 일어난 기념비적인 사건이다.

왜냐하면 해부학이라는, 동아시아에는 존재하지 않는, 인체의 구조에 관한 새로운 학문이 처음으로 동아시아의 언어인 한문으로 옮겨졌기 때문이다. 스기타 겐파쿠는『난학사시(蘭學事始)』에서 번역과정의 고충을 토로했는데, 그 내용은 에비슨이 아무런 참고자료도 없이 그레이의 해부학 책을 번역하며 겪은 어려움과 거의 같은 것이었다. 해부학 서적의 번역에서 가장 어려운 문제는 인체의 각 부분을 지칭하는 수많은 해부학 용어들에 대한 번역어를

---

5) 김성수, 「에도시대 해부학의 발전」,『의사학』21-1, 2012.

만드는 것이다. 물론 머리, 손, 발과 같이 인체의 각 부위를 나타내는 기본적인 어휘나 간, 위, 허파 등과 같이 육안으로 쉽게 구별할 수 있는 내부 장기에 대한 어휘는 어느 나라 말에서나 존재한다. 그러나 서양의 근대해부학은 인체의 각 부분만이 아니라 유래 없이 혈관 하나하나, 근육 하나하나, 뼈 하나하나에 모두 이름을 붙였기 때문에 기존의 어휘로 이를 대신하는 것은 불가능했다. 따라서 많은 용어들을 새로 만들어내어야 했다. 스기타 겐파쿠는 자신이 해부학 용어의 번역어를 어떻게 만들었는가를 다음과 같이 기술하고 있다. 이를 위에서 인용한 에비슨의 경험과 비교하는 것도 흥미롭다.

　　가능한 중국인이 사용해온 과거의 술어를 사용하여 번역하고 싶다고 생각했으나, 한문 용어가 말하고 있는 것과 네덜란드어 명칭이 지칭하는 것이 일치하지 않는 경우가 많고, 어느 쪽으로 해도 곤란한 경우가 있었다. 그러나 이리저리 궁리한 결과 뭐라고 해도 우리들이 새로운 학문의 창시자가 되는 것이므로 결국 우선 사람들이 알기 쉽도록 하는 것에 주안점을 두는 이외에 다른 방법이 없다고 방침을 정했다. 그렇게 하여 어떤 경우에는 네덜란드어와 동의어인 일본어에 대응시켜 '번역(飜譯, 여기서는 對譯의 의미이다)'하고, 어떤 경우에는 네덜란드어의 의미를 기초로 한 신조어로 '의역(義譯, 여기서는 意譯의 의미이다)'하고, 또 어떤 경우는 네덜란드어의 음에 한자를 대응시켜 '직역(直譯, 여기서는 音譯의 의미이다)'하는 등 다양한 방법으로 궁리하여 (……)[6]

『해체신서(解體新書)』의 출간 이후에는 실제 해부가 더욱 빈번하게 행해졌으며, 해부학 책들도 더욱 많이 출판되었다. 사실 에비슨이 제중원에서 그레이 해부학의 번역 작업에 몰두하여 고심하던 무렵의 일본에서는 이미 다수의 서양의학 교육기관에서 의학교육이 본격적으로 이루어지고 있었다. 그래서 일본어로 된 해부학 교과서가 이미 여러 종류 출판되어 사용되고 있는 상황이었다.

---

6) 杉田玄白(芳賀徹, 緒方富雄, 楡林忠男 譯), 『蘭學事始 外』, 中央公論新社, 2004, 52쪽.

한편 중국의 해부학 서적 출판은 일본보다 늦었다. 물론 16~17세기에 서양의 예수회선교사들에 의해 앞에서 언급한 『태서인신설개』나 『주제군징』과 같이 일부 의학과 관련된 책들이 저술된 바가 있었다.[7] 그러나 이들 책들은 근대의학의 내용이 아니라 주로 갈레노스에 기초한 서양고대의학의 중세적 변용을 소개한 것이었다.[8] 중국에서 출간된 서양의 근대해부학 서적은 영국인 선교의사 홉슨(B. Hobson, 合信, 1816~1873)이 저술한 『전체신론(全體新論)』(1851)이었다. 이 책은 중국뿐 아니라 조선과 일본을 포함한 동아시아에 널리 전해져 서양의 근대해부학 지식을 소개하는 데 중요한 자료로 사용되었다. 특히 일본에서는 이 책이 별도의 판본으로 다량 찍어낼 정도로 아주 인기가 있는 해부학 서적이었다.

이처럼 일본과 중국에서 이미 상당한 해부학 서적이 번역, 혹은 저술되어 있는 상황에서 에비슨이 해부학 용어의 번역어를 처음부터 만드는 어려운 길을 택한 이유는 분명치 않다. 중국과 일본에서 나온 해부학 책에 대한 정보가 없었기 때문일 수도 있고, 아니면 새롭게 번역하고자 했기 때문일 수도 있다.

어쨌든 이는 쉽지 않은 과정이었고 원어에 적합한 번역어를 찾아내지 못할 경우는 불가피하게 소리대로 표기하는 음역으로 용어를 만들기도 했다. 그렇다면 이들은 전혀 낯선 서양의 해부학 용어를 어떻게 한국어로 옮겼을까? 그리고 그 용어들은 앞서 일본과 중국에서 번역한 용어들과 어떻게 달랐을까? 아쉽게도 처음 번역된 원고가 남아있지 않아 그 실상은 알 수 없다. 1899년 에비슨은 안식년으로 조선을 잠시 떠나며 그 동안 작업한 해부학 번역원고를 조수에게 맡겼다. 그런데 에비슨이 안식년으로 조선을 떠난 동안 원고를 보관하던 조수가 병으로 죽었다. 관습에 따라 죽은 이의 유품은 불태워졌는데 그 가운데는 그가 보관하고 있던 번역원고도 있었다. 만약 이 원고가 남아있다면 시기는

---

7) 신규환, 「청말 해부학 혁명과 해부학적 인식의 전환」, 『의사학』 21-1, 2012.
8) 여인석, 「『주제군징』에 나타난 서양의학이론과 중국과 조선에서의 수용 양상」, 『의사학』 21-2, 2012.

늦었지만 일본의『해체신서』에 비견될 새로운 해부학 용어 번역의 전범을 가질 수 있었을 것이고, 또 조어방식의 차이에 대한 귀중한 연구자료가 될 수 있었을 것이다.

1900년 안식년을 마치고 돌아온 에비슨은 그간 힘들여 번역했던 원고가 사라졌다는 사실을 알게 되었다. 맥이 빠지는 일이었겠지만 그는 번역 작업을 재개했다. 그런데 이번에는 해부학 교과서 번역뿐 아니라 의학공부에 필요한 다른 과목 교과서의 번역도 함께 시도했다. 그리고 첫 번역 때와는 달리 중국어와 일본어로 된 의학교과서를 구해 용어 번역에 참고했다. 중국어와 일본어 의학교과서는 모두 의학용어를 한자어로 만들었지만 한자어 조어방식의 차이에 따라 동일한 용어를 달리 번역한 경우도 적지 않았다. 두 번째 번역과정에 대해 에비슨은 다음과 같이 회고하고 있다.

> 이와 동시에 우리는 중국에서 중국어로 된 의학서적을 많이 구입했다. 중국에는 서양으로부터 의료선교사들이 조선보다 훨씬 일찍 들어와서 의학서적을 중국말로 준비한 것이 많았다. 이 책들을 참고하는 가운데 도움을 받은 것이 많으나 어떤 것은 조선에 적당치 않게 된 것도 상당히 많았다. 교과서 전부를 다 준비하기 이전에 일본 것을 구입하여 참고한 것도 많았는데 대개는 문부성에서 의학교 교과서로 준비한 것들이었다. 일어로 된 교과서 중에도 중국어로 된 교과서에서 쓴 같은 술어를 쓴 것이 많았으나 어근은 같은 것이로되 서로 다르게 쓴 것도 많았으므로 두 가지를 참고하여 조선에 적당하도록 새로 만든 것도 상당히 많게 되었다.9)

중국어와 일본어 의학교과서를 참고하여 번역했기 때문에 이전과 같이 참고할 대상이 하나도 없는 막막한 상태에서 번역하는 어려움은 많이 덜었겠지만 중국과 일본과는 또 다른 한국어의 한자어 조어법에 따라 취사선택했고 또 어느 쪽도 적합하지 않을 경우는 새로운 용어를 만들기도 했음을 알 수

---

9) 「에비슨 박사 소전」, 『기독신보』 867, 1932. 7. 13.

있다.

그런데 불행히도 일본과 중국 의학서적을 참고하여 번역한 두 번째 그레이 해부학 번역원고 역시 빛을 보지 못하고 말았다. 그렇다고 해부학을 가르치지 않고 의학교육을 할 수는 없기에 에비슨은 세 번째로 해부학 교과서의 번역 작업에 착수했다. 다만 이번에는 그간 번역의 대본으로 했던 그레이 해부학 책을 포기하고 일본어 해부학 교과서를 대본으로 하여 번역한 해부학 교과서를 1906년 제중원에서 출판하였다.

제중원 의학교과서는 1905년의 약물학 교과서를 시작으로 1910년까지 출판 되었는데 이때 출판된 의학 교과서들 중 해부학, 생리학, 산과학, 화학 등 상당수의 교과서가 일본 의학책의 번역이었다. 그렇지만 서양의학서를 번역한 경우도 있었는데 1905년 제중원 의학교과서로는 처음 출판된 『약물학』이 그러하다. 이 책의 원본은 영국인 브루스(John M. Bruce, 1846~1929)가 저술한 약물학 교과서인 『약물학과 치료학(*Materia Medica and Therapeutics*)』이다.[10] 이 책은 그레이의 해부학과 함께 해당 분야의 대표적인 교과서로 에비슨이 캐나다에서 공부하고 가르칠 때 모두 이들 책을 교재로 사용한 경험이 있었다. 때문에 조선에서 교재를 만들 필요성이 제기되자 자신에게 익숙하면서도 영어권의 대표적인 이들 의학서를 번역할 생각을 한 것으로 보인다.

한 가지 주목할 점은 『약물학』 이후에 출판된 제중원의 의학교과서에는 번역자의 서문이 없는데 『약물학』에만 유일하게 서문이 있어 번역의 과정과 출판의 경위 등을 알려주고 있다는 사실이다. 이 서문은 다른 의학교과서 번역에도 중요한 역할을 한 김필순이 썼다. 김필순은 서문에서 본서가 몇 종류의 약물학 책을 바탕으로 에비슨이 편집한 내용을 번역한 것이라고 밝히고 있다. 그에 따르면 약의 이름과 병의 이름은 아직 우리말 용어가 없는 것이 많아 일본에서 만든 번역어를 차용하거나 자신이 직접 만든 번역어를 만들기도

---

10) 박준형·박형우, 「제중원에서 『약물학상권(무기질)』의 번역과 그 의미」, 『의사학』 20-2, 2011.

했다.11)

 김필순은 서문에서 우리나라의 전통적 의약이 서양의 의약과 다른 점을
두 가지로 파악한다. 하나는 우리나라의 전통의약은 서양과는 달리 해부를
하지 않으므로 그 증상을 정확히 파악하지 못한다는 점이고, 다른 하나는
전통의약이 화학을 알지 못하므로 약재를 정밀히 조제하지 못하고, 또 약재의
성질을 정확하게 파악하지 못하여 의료사고와 같은 위험한 일도 적지 않게
일어난다는 것이다.12) 다시 말해 김필순은 전통의학의 치료가 해부학 지식과
화학지식의 결여로 인해 부족한 점이 많을 뿐 아니라 그로 인해 환자를 위험에
처하게 만들 수 있다고 경고하고 있는 것이다. 이전의 동서양 의학 비교에서
주로 언급되는 차이점은 해부학에 집중되어 있었다. 즉 서양의학은 인체의
구조에 대한 정밀한 지식을 해부학을 통해 축적해온 점이 동양의학과는 크게
다른 점으로 부각되어 온 것이다.

 그런데 여기서 김필순은 해부학과 함께 약물학 지식의 차이를 거론하고
있으며 그 주된 차이는 약물학이 화학이라는 기초과학을 토대로 하고 있느냐
아니냐에 달려 있다고 주장하고 있는 것이다. 이러한 언급은 우리나라의 서양의
학 수용이 새로운 국면에 접어들었음을 말해준다. 그 때까지의 서양의학에
대한 인식은 서양의학이 한의학과는 달리 인체구조에 대한 정확한 지식, 즉
해부학을 발달시킴으로 외과술에 효과가 있다는 정도였다. 사실 인체구조에
대한 탐구는 발상의 전환이 문제이지 일단 발상이 전환된 다음에는 이러한
방향을 추구해나가는 데 큰 장애물은 없다. 그에 반해 약물학은 화학이라는
새로운 자연과학 지식을 전제로 하고 있다는 점에서 해부학의 경우와는 다르다.
그리고 이러한 태도는 실용적인 관점에서 동서의 약물을 상호간에 쓰지 못할
이유가 어디에 있겠느냐고 반문했던13) 최한기의 견해와도 상당한 거리를

---

11)「셔」, 어비신·김필순 역,『약물학상권』, 제중원, 1905.
12) 에비슨 번역,「서」,『약물학』상(무기질), 제중원, 1905.
13) 최한기,「凡例」,「身機踐驗」,『명남루전집』, 여강출판사, 1990, 32쪽.

가지게 된다.

이제 번역된 책의 내용에 대해 살펴보자.[14] 먼저 이 책은 전체 약 600쪽에 이르는 방대한 분량이다. 이 방대한 분량의 책을 완역하기는 어려워서, 전체 3부로 구성된 이 책에서 에비슨과 김필순은 처음 1부만 번역하였다. 그렇지만 1부만 하더라도 200쪽에 가까운 분량이어서 1부도 전체를 완역한 것은 아니고 필요한 부분들만 선택해 초역(抄譯)하였다. 내용은 이미 내한 이전에 캐나다에 서 교육경험이 많았던 에비슨이 당시의 실정에 맞게 선택했을 것이다.

이 책은 여러 가지 특징이 있지만 그 중에서도 가장 주목할 만한 특징은 책 말미에 모두 66쪽에 달하는 약물학 무기질 자전을 첨부한 것이다. 이 자전은 먼저 영문명을 표제어로 내세운 자전(37쪽)과 한국어명(한글표기)을 표제어로 내세운 자전(29쪽)의 두 종류로 구성되어 있다. 자전에 전체 책 분량의 1/4을 할당한 사실을 보면 여기에 상당한 중요성을 부여한 것을 알 수 있다. 영문자전은 '영문명/한글표기/한자어/쪽수'의 형식으로 이루어져 있고, 한국어 자전은 '한 글표기명/한자어/영문명 혹은 라틴어명/쪽수'로 이루어져 있다. 영문명을 표제로 내세운 자전은 원래 이 책의 원본이 영문으로 저술된 것이므로 당연한 것으로 볼 수 있을 것이다. 그러나 한국어명을 표제로 내세운 자전의 편찬은 물론 한국인이 쉽게 이용할 수 있도록 하기 위한 것이지만, 나아가 서양학술용어 의 정착이라는 의미를 부여할 수도 있을 것이다. 다시 말해 약물학은 외국학문이 지만 이제 외국어가 아니라 한국어로 옮겨진 학술용어로 학문 활동이 가능하게 되었음을 보여준다는 점에서 의미가 크다. 이는 서양의학이 토착화, 혹은 적극적 수용 단계로 접어들었음을 말해주는 중요한 증거이다.

1905년의 약리학 교과서 출판 이후 1910년까지 제중원에서 출판되거나 번역이 완료, 혹은 번역 중이었던 의학교재는 총 30여 종에 이른다.[15] 그런데 한두 가지 예외는 있겠지만 이 시기 의학교과서의 번역은 대부분 일본책의

---

14) 책의 내용에 대한 부분은 앞에서 인용한 박준형·박형우(2011)의 글을 참조했다.
15) 박형우, 「우리나라 근대의학 도입 초기의 의학 서적」, 『의사학』 7-2, 1998, 234쪽.

번역이었다. 이는 서양어로 된 교과서의 직접 번역의 경우 생소한 의학용어를 새로 만들어야 하는 부담이 따르지만 일본어 교과서를 번역하는 경우 그들이 이미 한자로 만든 번역 용어를 용이하게 차용할 수 있는 장점이 있기 때문이다. 또한 1905년 통감부의 지배가 시작되며 일제의 조선지배가 기정사실화 되어가고 있는 상황에서 의학도 결국 일본의 영향을 강하게 받을 수밖에 없었던 정치적인 상황도 상당 부분 작용하였을 것이다. 사실 한국어 의학교과서가 사용된 것은 통감부 지배시절이던 1905년에서 1910년까지의 짧은 기간이었다. 1910년 한일합방이후 1911년 사립학교령이 공포되자 사립학교에서 사용하는 모든 교재는 당국의 검열을 받아야하고 일본어 교재만을 채택할 수 있게 되면서 한국어 교재는 더 이상 사용될 수 없었다.

한편 1910년 이전 의학교과서의 편찬은 위에서 본 바와 같이 제중원 의학교에서 가장 활발히 이루어졌다. 그러나 1899년 정부에서 세운 의학교에서도 교과서를 출판하였으나 현재 전하는 것이 많지 않아 실제로 얼마나 많은 책이 출판되었는지는 알 수 없다. 현재 전하는 의학교과서로는 1902년에 출판된『병리통론』과 1907년에 출판된『해부학』이 있다.『병리통론』은 학부 편집국에서 간행한 것으로 유창세가 번역한 것이다. 원래 무슨 책을 번역한 것인지는 알 수 없으나 서문에 따르면 서양교과서를 일본어로 번역한 것을 다시 중역한 것이다.[16]

다음으로는 의학교가 대한의원에 통폐합되기 직전인 1907년에 발간된『해부학』이 있다. 이것은 의학교 1회 졸업생인 유병필의 번역으로 출판되는데 앞서 제중원에서 번역하고 출판한 것과 동일한 곤다(今田束)의 일본 해부학교과서를 번역한 것이다. 시기적으로는 제중원 번역본보다 1년 후에 출판되었는데 아마 제중원 번역본의 존재를 모르고 번역 작업이 이루어졌던 듯하다. 이는 제중원 번역본과 의학교 번역본의 번역 문투가 사뭇 다른 것을 통해서도 알 수 있다.

제중원 번역본의 가장 큰 특징은 한글 전용의 원칙을 지킨다는 점이었다.

---

16)「病理通論 序」,『病理通論』, 學部編輯局 刊, 光武 6年(1902).

『해부학』뿐만 아니라 제중원에서 출간된 모
든 교과서는 한글 전용의 원칙을 고수했다.
당시 여러 종류의 국문 교과서들이 발간되
고 있었지만 제중원 교과서와 같이 한글
전용을 고수한 경우는 찾아보기 어렵다. 이
러한 특징은 다른 분야의 교과서는 논외로
하고 당시 발간된 의학 및 관련 분야의 교과
서와 비교해보아도 두드러진다. 당시에는
'생리학'이란 제목의 교과서가 여러 종류
발간되었다. 그런데 여기서 말하는 '생리학'
은 해부학, 생리학이라고 말할 때 인체의

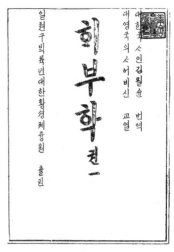

김필순 역, 『해부학』, 1906

기능을 탐구하는 의학의 한 분야로서의 생리학이 아니고, 인체의 구조와 기능뿐
아니라 일반적인 생물학 지식과 위생학적 지식까지 포함한 보다 포괄적 분야를
담고 있는 책이다. 따라서 이런 '생리학'은 대학 단계가 아니 초·중등학교의
교과서로 여러 종류가 나왔다. 그런데 이들은 예외 없이 국한문 혼용으로
되어있으며, 대부분 일본의 책을 번역한 것이다.

　그럼 번역자들은 어떤 사람이었을까? 번역자들이 알려진 경우도 있고, 그렇
지 않은 경우도 있지만 번역자가 해당 분야의 전공자인 경우는 찾아보기
어렵다. 이들 교과서는 당시 존재하던 일종의 번역팀에 의해 옮겨진 것으로
보인다. 이들은 분야에 관계없이 일본의 해당 책을 번역했다. 당시 일본에서는
서양의 과학용어들에 대한 번역어가 이미 어느 정도 확립되어 사용되고 있었으
므로, 이들 번역자들은 중요한 개념어의 번역은 고민할 필요없이 일본에서
번역한 한자어는 그대로 두고 조사만 한국어로 번역하는 방법을 썼다. 따라서
학술서적의 번역이라고 하지만 새로운 학술어를 만들기 위해 고민하며 번역한
것이 아니라 거의 기계적으로 번역을 했다. 어찌 보면 비전공자가 상업적
목적으로 번역한 당연한 귀결이라고 볼 수도 있다.

그런데 이러한 기계적 번역은 비단 비전공자가 번역한 경우에만 나타나는 것이 아니라 전공자에 해당하는 사람에 의한 번역에도 나타난다. 앞서 언급한 유병필의 『해부학』 번역본은 이러한 문제를 그대로 드러내고 있다. 유병필은 의학교 1회 졸업생으로 의학교과서의 번역뿐 아니라 당시의 잡지에 의학과 보건 관련된 계몽적 글을 많이 발표한 의사였다. 그리고 이러한 문제는 동일한 해부학 책의 제중원 번역본과 의학교 번역본을 비교해보면 더욱 확연히 나타난다. 먼저 제중원 번역본은 한글 전용의 원칙을 지켰고 가능한 한자어를 우리말로 바꾸어 번역하고, 한자어가 필요한 경우에는 괄호 속에 넣었다. 반면 의학교 번역본은 국한문 혼용으로 일본 서적에 나온 한자어를 그대로 옮기고 토씨 정도만 우리말로 단 것이다. 이 책 서론 처음의 몇 문장이 어떻게 번역되었는가를 비교해보면 번역자가 어떤 태도로 번역에 임했는가가 확연히 나타난다. 먼저 제중원 번역본의 해당 문장은 다음과 같이 시작된다.

> 해부학은 계통해부학(系統解剖學)과 국소해부학(局所解剖學)과 태생학(胎生學)과 및 비교해부학(比較解剖學)을 통칭함이니 대개 해부라 하는 말의 근본말은 Anatomia 니 이는 유기체(有機體)를 각 조직으로 버혀난 하는 뜻이라. 대개 유기체의 근본은 한 개의 세포로부터 자라며 변화하여 드디어 각 기계와 각체를 이루느니라.[17]

동일한 부분의 의학교 번역본은 다음과 같다.

> 解剖學은 系統解剖學, 局所解剖學, 胎生解剖學及比較解剖學을 總稱함이니 盖解剖란 語는 有機體를 各個로 截解하는 義라. 大抵 有機體의 原基는 一個細胞로부터 生育變化를 由하야 各器各體를 組織하나니라.[18]

여기서 의학교 번역본은 기존의 일본어 책에 토씨만 단 정도의 책으로,

---

17) 수田束 저, 김필순 역, 『해부학』 권1, 제중원, 1906, 1쪽.
18) 수田束 저, 유병필 역, 『解剖學』, 度支部 印刷局, 1907, 1쪽.

사실 엄밀한 의미에서 번역본이라고 말하기 어려운 수준이다. 반면에 제중원 번역본은 일단 한글 전용이고 주요한 한자어 용어는 한글 표기 뒤에 괄호 안에 넣었다. 그리고 의학 용어 이외의 다른 단어들도 가능한 이해하기 쉬운 말로 옮기기 위해 노력하였다. 예를 들어 '자른다'는 의미의 '절해(截解)'를 '버히다'는 우리말로 옮기고, '原基'는 '근본'으로, 또 '生育變化'는 '자라며 변화하여'로, '組織'은 '이룬다'로 옮기고 있다. 이처럼 제중원 번역본은 한글 전용이라는 원칙을 세우고 그것을 실현하는 과정에서 많은 고심을 했음을 엿볼 수 있게 한다. 한글 전용은 『해부학』 교과서만이 아니라 이후 제중원에서 출간된 모든 교과서에 적용된 원칙이었다.

한글 전용은 단순히 문체상의 문제만은 아니다. 위의 해부학 교과서 번역의 사례에서 볼 수 있는 바와 같이 한글 전용은 '자기화'의 노력과 고민이 필연적으로 수반된다. 국한문 혼용체에서는 이러한 고민이 생략되거나 불필요하게 된다. 특히 주요 어휘들이 한자어로 번역되어 있는 일본어 서적의 번역은 더욱 그러하다. 따라서 제중원 교과서가 한글 전용으로 집필되었다는 사실은 서양의학의 토착화, 혹은 적극적 수용을 위한 노력이 이루어졌고, 그러한 노력이 결실을 맺었음을 말해주고 있다.

## 4. 맺음말

1905년에서 1910년까지 제중원에서 한글 전용을 원칙으로 하는 의학교과서들이 출판되었다. 비록 5년이라는 짧은 기간 동안이었지만 의학의 중요한 분과 교과서들이 다수 출판되었고, 출판을 준비 중에 있는 책들도 여럿 있었다. 당시의 기록을 보면 에비슨은 의학의 전 영역에 걸친 국문 의학교과서 발간을 목표로 했다. 에비슨이 계획하고, 또 실제로 출판했던 책에는 의학 교과서만이 아니라 물리학, 화학 등 자연과학에 대한 책들도 있었다. 이는 요즘의 예과

과정에서 배우는 자연과학의 교과서에 해당하는 책들이었다.

그런 종류의 자연과학 책은 당시 제중원에서 발간된 것이 유일한 것은 아니었다. 그렇지만 당시 발간된 자연과학 교과서들은 대부분 중등용 교재였고, 대학수준의 전문교재는 아니었다. 반면 제중원에서는 무기화학 교과서(1906)와 유기화학 교과서(1909)를 각각 출판하였다. 이처럼 화학을 유기화학과 무기화학으로 나누어 공부하는 것은 중등학교 수준의 초보적 내용은 아니다. 따라서 제중원에서 출판된 각종 교과서는 우리나라의 의학뿐 아니라 자연과학의 토착화와 적극적 수용의 역사에서도 지극히 커다란 중요성을 가진다고 할 것이다. 다만 이러한 의미 있는 노력과 시도들이 1910년 일제의 강점으로 좌절되어, 국문 의학교과서는 자취를 감추고 이후 일본어 교과서로 공부해야 하는 상황이 광복까지 지속된 점은 안타깝다. 그런 의미에서도 제중원의 국문 의학교과서 편찬의 노력과 성과는 단지 의학의 영역만이 아니라 우리나라의 서양학문 전체의 수용사에서 그 의의를 더욱 적극적으로 평가할 필요가 있을 것이다. 그리고 한글 전용이라는 연세학풍의 한 중요한 특징은 최현배와 같은 국어학자에 의해 주장되기 훨씬 이전 제중원 의학교 시절부터 이미 체계적인 방식으로 실천되고 있었음을 잊지 말아야할 것이다.

# 초기 연희전문학교의 선교사들과 화충학풍
## ―언더우드 부자, 베커, 피셔, 로즈를 중심으로

## 1. 머리말

연세대학교의 전신이 되는 연희전문학교와 세브란스의학전문학교는 한국인을 위한 최초의 고등교육기관에 속한다.[1] 이 두 학교는 미국 개신교 선교사들의 기독교적인 가치관이 기초가 된 대학설립 이념에 의거하여 세워졌다. 교수진도 대체로 그들이 주축을 이루고 있었다. 그럼에도 불구하고 이 학교들은 기독교 전파만을 대의로 내세우지는 않았다.

서구의 대학은 11세기에 시작될 때부터 신에 대한 진리(Veritas)의 탐구를 주된 목적으로 삼았고, 그런 것은 중세와 근·현대에 이르러서도 변하지 않았다. 연희전문과 세브란스의전의 설립자들을 배출한 미국의 대학들도 그런 점에서 마찬가지였다. 그러므로 연세대학교가 역사와 문화와 전통이 구미와 다른 한국에서 어떻게 시작하고 학풍을 일으켜 토착화되고 민족문화의 발전에 기여하게 되었는가를 살펴보는 것은 흥미로운 일이다. 연희전문학교는 "本校는 基督敎主義下에 東西古近思想의 和衷으로 文學, 神學, 商業學, 物理學, 化學에 관한 專門敎育을 施하여, 종교적 정신의 發揚으로써 人格의 陶冶를 期하여 인격의

---

1) Horace H. Underwood, *Modern Education in Korea* (New York: International Press, 1926), 183쪽, 185쪽.

도야로부터 篤實한 학구적 성취를 圖하되 학문의 精通에 伴하여 실용의 능력을 겸비한 인재의 배출로서 교육 방침을 삼음"이라고 천명하였다. 그렇다면 한국 최초의 서구식 고등교육기관으로서 이 학교가 화충학풍을 세워오는데 있어서 선교사들은 과연 어떠한 역할을 하였던 것인가?

본고는 이러한 문제의식을 가지고 당시 선교사들이 서구학문을 연구하고 소개한 일보다는 주로 한국의 전통문화를 어떻게 이해하였고, 어떠한 관점에서 연구하고 가르치고 나아가서 서구에 소개하였으며, 어떻게 연세대학교 학풍의 진작에 기여했는지를 고찰하려고 한다. 연희전문 초기에 교수로 활동했던 설립자 원두우(H. G. Underwood)와 그의 아들 원한경(H. H. Underwood), 베커 (Arthur L. Becker), 피셔(James E. Fisher), 로즈(Harry A. Rhodes) 등의 주요 보직자들을 중심으로 그들의 역할을 간략히 살펴보려고 한다.

## 2. 언더우드(H. G. Underwood, 元杜尤)

원두우(H. G. Underwood)

언더우드는 1859년 영국의 런던에서 태어났다. 그는 프랑스의 가톨릭학교 유학시절에 프랑스어도 터득하였는데, 가세가 기울자 미국으로 이민을 가서 17세에 뉴욕 대학교에 진학하였다. 대학에서 삼각법, 분석기하, 천문학, 화학 분야의 과목들을 공부했으며, 헬라어는 그로브교회의 마본 (Mabon) 박사에게서 6개월간 개인지도를 받아 통달하게 되었다. 그 외에도 그는 몇 개 언어를 더 구사할 수 있었다. 그는 1881년에 뉴저지 주의 럿거스(Rutgers) 대학교 캠퍼스

안에 있는 화란개혁파의 뉴브른스윅 신학교(New Brunswick Theological Seminary)를 졸업하였다.[2] 1884년에는 미국 북장로교 목사로 안수받았으며, 해외 선교사가 되기 위해 1년 동안 의학공부도 하였다. 그는 한때 인도에 선교하러 갈려고 했으나 한국이 자기를 부른다는 소명의식을 갖게 되었다. 한국은 당시 조정의 쇄국정책과 여러 다른 여건으로 국제사회에 거의 알려지지 않은 상황이었다. 그런데도 불구하고 언더우드는 미지의 땅에 대한 비전을 갖고 1884년 12월 말경에 뉴욕을 출발하여 요코하마, 부산을 거쳐 1885년 4월 5일 제물포항에 도착하였다.

개신교 성직자로서 가장 먼저 내한한 언더우드(이하 때로는 한국명 원두우)가 한국사회를 위해 가장 크게 공헌한 것 중의 하나는 한글을 대중화하고 활성화하는데 기여한 것이었다. 한글은 세종의 창제 이후에 공공사회에서 외면 받던 중 신유년(1801)의 천주교 박해 때 조선 국왕의 포고문인 척사윤음(斥邪綸音)에서 맨 처음 국한문 병용으로 공적인 용도로 사용되었다. 이 초기 천주교의 전파기에 민간에서는 한글이 교리강습 교재에서 더러 필사되어 사용되었으나 활성화하지는 못하였다.

언더우드의 한글 활성화와 대중화 구현은 우선 선교 공용어를 한글로 정한 것이었다. 국민의 대다수가 문맹이었을 때 그들을 상대로 기독교를 전파하려 했던 그는 한글의 우수성과 학습의 용이성을 간파하였다. 그는 내한 전에 먼저 일본에 기착하여 머무는 동안 신사유람단을 따라 일본에 갔다가 도쿄대학에서 한글을 가르치던 이수정과 서광범 및 서재필에게서 2개월간 한글을 배웠다. 한국에 와서는 가톨릭 신부들에게 한국어를 가르친 경험이 있는 송순용(일명 송덕조)에게서 한글을 배웠다. 그는 리델(Ridel) 주교와 고스트(G. Coste)가 1880년에 간행한 『한불자전』을 만드는 데에 일조한 경력도 있었다.

---

2) Rutgers University는 원래 Dutch Reformed Church가 경영하는 사립대학이었으나, 후에 뉴저지 주립대학이 되었다. 주립대가 된 후에도 교명을 그대로 유지했고, 신학교는 별도로 교단과의 관계를 유지하고 있다.

언더우드는 한글의 선교 공용어화를 위해 각 교회마다 야학을 세워 한글을 가르치게 하였다. 글을 모르면 세례문답을 통과하지 못하게 하였고, 그런 가운데 성경이 교인들 사이에서 한글교습 독본으로 사용되었다. 후에 최현배가 기독교 때문에 한글이 살았고 한글 때문에 기독교가 빨리 전파될 수 있었다고 말하고 한글의 재창조라는 찬사를 한 것은 당시의 이런 동태에서 유래한 것이었다.[3] 언더우드는 처음 입국할 때 일본에서 가져온 이수정의 번역본인 『마가가 전한 복음서언해』가 너무 한문 위주였기 때문에 다시 번역하기 시작하여 1896년에 요코하마에서 출판하였다. 1887년에는 한국어 성경번역위원회를 구성하여 번역작업의 대장정에 들어갔다. 그 결과 신약성경은 1901년에, 구약성경은 1910년에 완역되어 그 이듬해에 출간되었다. 그와 동시에 번역본을 더 좋게 만들기 위해 성경개역위원회가 출범되었다. 어학에 재능이 있는 그가 여러 교육기관에서의 학습을 통해 헬라, 히브리, 라틴어 등의 서양 고전어들과 독어, 불어 등의 현대어들을 구사할 수 있었던 것은 한글성경 번역작업에 도움이 되었다.

1893년에는 『찬양가』란 이름의 악보가 붙은 찬송가책을 그의 명의로 자비를 들여 처음 출판하였다. 총 117장의 찬송가들에 한국인들이 작사한 찬송도 7장이나 있었다. 이 찬송가들의 가사를 그가 대부분 미국의 찬송가에서 한글로 번역했고, 노래마다 한 4부의 악보를 붙였다. 미국 찬송가를 번역하는 일은 성경 번역과는 또 다른 어려운 점이 있었다. 악보의 운율과 음절의 분철과 표기를 찾아야 하기 때문이었다. 이 일에 대한 반대도 많았다. 오늘날도 악보를 읽지 못하는 사람들이 많은데, 당시에 글도 못 읽는 사람들을 위해 악보가 있는 찬송가책을 낸 일 자체부터 동료 선교사들로부터 비난을 샀다. 악보를 실제로 읽을 수 있는 사람은 그때로부터 약 사반세기가 지난 후에 나타났다. 이 찬송가는 무곡 찬송가로 다시 출판되었다가 감리교 측과의 연합찬송가가

---

3) 최현배, 「기독교와 한글」, 『神學論壇』 7, 1962 참조.

나올 때까지 장로교인들 사이에서 사용되다가 절판되었다. 이 『찬양가』는 한국 내 서양음악 악보출판의 효시가 되어 지금은 문화재로 등록되었다. 이 『찬양가』의 전통에 따라 연희전문학교는 베커 부인, 로즈 부인 등의 여자선교사들의 서양음악 교육으로 한국에 서양음악을 소개하고 가르치는 일에도 크게 기여하였다. 그 대표적인 예로 김영환과 같은 한국 최초의 피아니스트를 낳기도 하였다. 그 후 오늘날까지도 교회는 서양 음악의 요람이 되었다.

그는 인쇄매체를 통한 문서선교를 중시하였다. 찬송가와 성경 외에도 전도문서들을 한글로 번역, 간행하고 최초로 출판사도 세워 한글의 대중화에 실질적 기여를 하였다. 그리피스의 『聖敎撮理』, 『勸衆論』, 중국에서 마틴이 쓴 『天道遡源 (Evidence)』, 네비우스의 『그리스도인의 생활(Christian Life)』, 『천주교와 개신교 (Romanism and Protestantism)』 같은 소책자들이 그것이었다. 1890년에는 이런 문서 활동을 위해 캐나다. 미국, 영국 등에 있는 소책자협회들의 도움을 받아 죠션셩교서회(The Korean Religious Tract Society)를 조직하였다. 이 성교서회는 오늘날 대한기독교서회의 전신으로 근대화된 한국 최초의 출판사였다.

1897년 언더우드는 신문 사업에 비전을 품고 『그리스도신문』도 간행하였다. 이 신문은 한국 언론매체의 효시가 된 주간 기독교 신문으로서 1년 전부터 발행된 『독립신문』과 2개월 전부터 발행된 아펜젤러의 『죠션크리스도인회보』의 뒤를 이은 것이었다. 그는 이 신문은 "조선 나라와 백성을 위한 것이라"고 하며 발행목적을 밝혔다. 그 때는 기독교 신자가 소수였기 때문에 신문에 교계소식보다 농사, 계몽, 과학, 국내외 소식, 서구문화를 소개하는 내용을 많이 실었다. 조선 정부는 이 신문을 매호마다 476부씩 구매하여 전국 376개 군과 읍에 1부씩, 정부의 10개 부처에 10부씩 배부하였다. 이 신문의 제반 비용은 언더우드가 개인적으로 부담했고, 편집도 안식년 등의 특별한 경우를 제외하고는 대부분 본인이 하였다. 이 신문은 감리교와 연합하여 『그리스도신문』이란 이름으로 계속 발행되다가 2, 3차의 개명을 거쳐 1914년까지 『예수교회보』로 명맥이 이어졌다.

다른 선교사들 보다 한국어 구사력이 뛰어났던 그는 또한 1887년부터 사전 편찬을 준비하였다. 그 후 1890년에 『한영문법(韓英文法, *An Introduction to the Korean Spoken Language*)』(Yokohama: Kelly & Walsh, 1890)을 간행하였다. 더불어 한영·영한사전인 『한어자전(*A Concise Dictionary of the Korean Language in Two Parts: Korean −English & English −Korean*)』(assisted by Homer Hulbert and James S. Gale, Yokohama: Kelly & Walsh, 1890)도 발간하였다. 이 사전들은 William Imbrie의 *Handbook of English −Japanese Etymology*의 영향을 받았고, 영한, 한영사전 및 국어학 분야에서 선구적인 서적들이 되었다.

언더우드는 이 책들을 보완하고 싶어 했으나, 결국 개정하여 출판한 사람은 그의 아들 원한경이었다. 『한영문법(韓英文法)』이 1915년에 출간되었고, 『한영자전(韓英字典)』은 오성근 등의 도움으로 1917년부터 개정이 시작되어 1923년에 작업이 끝났다. 그러나 요코하마의 인쇄소가 지진으로 무너져 필사본 원고가 소실되는 등의 많은 난관을 겪다가 원본이 한국에 남아 있어 우여곡절 끝에 1925년에 『영선자전(英鮮字典, *An English −Korean Dictionary*)』(revised by Edwin Wade Koons & Oh Seung Kun, 京城: 朝鮮耶蘇敎書會, 1925)으로 출간되었다.

언더우드는 그밖에 자신의 선교활동을 정리한 *The Call of Korea*(NY: Fleming H. Revell, 1908)와 미국의 몇 대학에서 한국의 전통 종교문화를 소개하기 위해 집필한 *The Religions in East Asia*(NY: MacMillan, 1910) 등을 간행하였다.

언더우드가 『성경』, 『찬양가』, 『그리스도신문』 등을 간행하는 과정에서 한글의 표기에 관심을 가졌던 것은 조선교육협회를 설립하게 되는 동기가 되었다. 이 협회는 그가 회장으로 있을 때 표준교과서의 편찬을 위해 각기 다른 분야에서 쓰이고 있는 술어와 단어들을 조사, 정리하였다. 이 일은 후일 말본 연구, 방언 조사, 국어사전 편찬, 외국인 대상 한글교육과 같은 연세국학의 전통을 이루는 데에 선구자 구실을 하였다. 언더우드의 한글연구와 사전편찬은 기본적으로 선교 사업을 위해 시작된 것이었지만, 그와 그의 아들은 대를 이어 한글연구를 계속하여 한글을 대중화하고 한국문화를 발전시키는 데 기여하였다. 또 언더우드 부자는 연세대학교에 한글연구와 문법책과 사전 편찬의 전통을 세웠다.

언더우드가 한국 사회를 위해 행한 또 다른 큰 공헌은 고등교육기관의 설립이었다. 한국이 국제 사회에 뒤처져 있는 것은 근대교육의 부재 때문으로 판단한 그는 1889년부터 한국에 대학을 세우겠다는 비전을 피력했다. 그는 한국 도착 직후부터 제중원에서 물리와 화학 등을 가르쳤다. 또한 독자적으로 학생들을 모아 가르치면서 고아원학교를 설립하고 교육에 열성을 기울였다. 이 학교는 발전하여 경신학교의 전신인 언더우드학당, 예수교학당, 민노아학당 등으로 불렸다. 그는 에비슨(O. R. Avison)을 한국 선교에 동참토록 하고 그를 도와 세브란스의학교를 설립하는 일에도 공헌하였다. 피어슨성경학교(현 평택 대학교)의 설립에도 기여하고 교장직도 맡았다. 그가 마지막으로 심혈을 기울인 것은 그가 늘 꿈꿔왔던 일, 곧 서울에 대학을 설립하는 것이었다. 한국선교회의 동료 선교사들 중 2/3 정도가 적극적이고 집요하게 반대하고 방해했지만, 그는 의지와 신념으로 모든 반대를 물리치고 서울에 처음 경신학교 대학부를 만든 데서 출발하여 연희전문학교(Chosen Christian College)를 세우게끔 하였다.

그는 이 대학의 설립을 전후하여 장로교회만의 대학이 아닌 여러 교파가 연합하여 종합대학을 설립할 것을 주장하였다. 나아가 비기독교인들에게도 문호를 개방해야 한다는 주장까지 폈다. 당시에 대부분의 선교사들은 기독교인 으로 국한하여 학생을 선발하여 기독교 지도자를 양성하자고 극렬하게 주장했 으나, 그는 교회 일만 아니라 교육과 의료도 중요한 선교활동이라고 보는 신념을 지니고 있었기 때문에 자신의 소신을 관철시켰다. 이처럼 그의 삶과 교육사역과 신앙생활은 모두 경계선을 넘는 것이었고 포용적이었다. 그는 국적도, 삶의 현장도, 이룩한 일도 모두 국제적이었다. 학문적으로도 통섭의 길을 걸었고, 신학적으로도 교파의 장벽을 넘는 에큐메니컬 신앙생활을 추구하 였다. 처음에 연희전문의 학과를 개설할 때도 문과, 응용화학과, 수물과, 상과, 신학과를 두어 종합대학을 시도하였다. 당시에 상과를 설치한 것은 사농공상의 종래 신분 개념을 뛰어넘는 것이었다. 그렇게 하여 그는 대학 설립을 기하여 그 자신의 삶과 실천으로 동양과 서양, 기독교와 비기독교간의 화합과 동서화충의 기초를 놓았다. 그의 정신은 지금도 연세신학과 연세대학 전통의 터를 이루고 있다.

### 3. 언더우드(Horace Horton Underwood, 元漢慶)

원한경(Horace Horton Underwood)

원한경은 서울 정동에서 태어났으며, 김규식과 한 집에서 형제처럼 지냈다. 미국에서 대학을 다닌 시기를 제외하고는 거의 한국에서 살았던 그는 한국의 산하, 역사, 문화, 전통도 두루 섭렵하여 이해도가 높았고 긍정적인 시각을 지니고 있었다. 한국에서 나고 자라 한국어를 자연스럽게 습득하고 나름대로 터득한 바를 따라 1921년에 『한국의 일상용어(Every-Day Korean)』란 한국어 회화 책을 출판하였고, 그의 부친과 함께 작업한 『영한사전』도 후일 증보판을 간행하였다.

일제에 대해서도 한국인의 민족 감정이 이입되어 일부 선교사들과 다른 인식을 지녔다. 3·1 독립운동 때에는 제암리 사건을 국제적으로 폭로하기도 하였다. 미국의 대한정책에 대해서도 비판적이었다. 1904년의 가츠라-태프트 밀약과 해방 후 미군정의 잘못들을 비판하였다.[4] 그는 뉴욕 대학교에서 교육학과 심리학을 공부한 후, 한국에 돌아와 경신학교 교사를 거쳐 연희전문의

---

4) Horace H. Underwood, *Tragedy and Faith in Korea* (NY: Friendship Press, 1951), 261쪽.

교수, 부교장, 교장, 이사장을 역임하며 대를 이어 연희의 발전과 한국의 교육, 문화 발전에 공헌하였다.

원한경은 한국의 전통문화에 높은 관심을 갖고 글을 써서 서구세계에 알리기 위해 많은 노력을 하였다. 그는 주한 성공회 주교인 트롤로프(M. N. Trollope), 게일, 헐버트, 아펜젤러, 백낙준과 함께 한국문화를 연구할 목적으로 '영국왕립아시아학회 한국지회'를 창립하였고, 1931년에 이 학회의 이사로 활동하였다. 그는 이 학회지에 한국의 수렵에 관해 "Hunting and Hunter's Lore in Korea"(*The Transactions of the Korea Branch of the Royal Asiatic Society*, 1915)를 포함하여 여러 편의 글을 발표하였다. 「한국의 수렵」이란 이 글에서 수렵의 대상이 되는 여러 종류의 한국동물들을 고찰하였다. 그 분포와 사냥과 관련된 전통 제의에 대해 언급하였고, 산촌에 사는 주민들의 삶을 관찰하여 용감하고 부지런하며 강인하고 친절한 한국인이라고 평가하였다. 그의 이러한 한국인 관도 다른 외국인들의 일반적인 부정적인 경향과 다른 것이었다.

그는 특히 왕립학회의 요청으로 1931년에 한국 관련 서양문헌의 목록을 작성하여 왕립아시아학회 한국지부회보에 "A Partial Bibliography of Occidental Literature on Korea from Early Times to 1930"(*The Transactions of the Korea Branch of the Royal Asiatic Society*, 1931)과 "Occidental Literature on Korea"(*The Transactions of the Korea Branch of the Royal Asiatic Society*, 1931)를 발표하였다. 여기에서는 한국에 관해 영국, 미국, 프랑스, 독일, 네덜란드, 일본, 한국의 저술가들이 1594년부터 1930년까지 340년 동안 서양어로 쓴 2,882개나 되는 책들과 정기간행물 및 잡지 등에 실린 글들을 모았다. 그 중 404개는 북장로교 한국선교회의 선교사 95명이 쓴 것들이었다. 그는 종합적으로 소개한 글에 주제별 분류와 저자별 찾아보기를 덧붙였다. 이 가운데 2,300여 편은 영어로 썼고, 200여 편은 불어로 썼다. 주제별로는 개신교 선교에 관한 것이 580여 편으로 가장 많았고, 다음으로 한국의 정치 342편, 여행기 289편, 역사 202편, 상공업 201편, 그 밖에 문화예술과 관련하여 114편이었다.

원한경은 이 글을 발표한 후 1935년에 추가 목록 "Supplement to A Partial Bibliography of Occidental Literature on Korea from Early Times to 1930"(*The Transactions of the Korea Branch of the Royal Asiatic Society*, 1935)을 발표하였고, 같은 회지의 1권부터 25권까지 실린 글에 대해 저자별로 찾아보기를 만들어 "Index to Titles and Authors of Papers Published in the Transactions of the Korea Branch of the R.A.S., Vol. 1-25"(*The Transactions of the Korea Branch of the Royal Asiatic Society*, 1936)를 실었다. 한편 *The Korea Mission Field*라는 선교사들의 월간지에서도 "Recent Literature on Korea"란 제하에 한국에 관한 책들을 소개하였다.[5] 원한경은 이러한 서지학적인 노력으로 한국인은 물론 외국인을 위해서도 한국학 수립의 주춧돌을 놓는 공헌을 하였다.

그는 「한국의 수렵」에서 산간문화를 고찰한 데에서 더 나아가 한국의 해안지대와 선박의 역사와 기술을 연구, 발표하였다. 1934년에 『왕립아시아학회 한국지부회보』에 실린 "Korean Boats and Ships"란 글이 그것이다.[6] 이 글의 제I장 서론에서 조선의 선박이 건조기술이나 역사가 오래되었음에도 불구하고 서구에 잘못 소개되어 있어 이를 바로 잡기위한 목적에서 썼다고 하는 저술목적을 밝혔다.[7] 제II장에서는 한국선박의 현황, 일본과 중국 선박과의 차이점을, 제III장에서는 한국선박의 건조법과 배의 종류를, 제IV장에서는 선박에 관련된 제례의식과, 민간신앙 및 풍습, 곧 용왕, 용신, 수신과 무당, 무가, 제사를, 제V장에서는 삼국시대부터 조선시대까지 한국선박의 역사를, 제VI장에서는 임진왜란 때 이순신 장군과 수군의 역할, 거북선, 전략을 기술하였다. 부록에서

---

5) Horace H. Underwood, "Recent Literature on Korea," *The Korea Mission Field* (June, 1932), 122~123쪽.

6) Horace Horton Underwood, "Korean Boats and Ships," *The Transactions of the Korea Branch of the Royal Asiatic Society*, Vol. XXIII(1934)에 실렸던 것을 1933년에 *Korean Boats and Ships* 제하의 회람용 책으로 연전에서 출판되었고 1979년에 다시 연세대학교 출판부에서 복사판을 출판하였다.

7) Horace Horton Underwood, *Korean Boats and Ships* (Seoul: Yonsei University, Reprinted, 1979), 1~2쪽.

는 백낙준 박사가 번역한 서긍의『고려도경』과 51장이나 되는 사진과 도해를 실었다.

그가 특히 관심을 가진 것은 이순신의 해전법과 거북선이었다. 그는 거북선이 단번에 고안되었던 것이 아니라 그 전부터 축적되었던 기술이나 아이디어가 발전되었다고 보았다. 그 특색을 7가지로 나누어 설명하였는데, 1)거북선은 다른 배들보다 컸다. 2)빠른 속도를 낼 수 있기 위해 거북선 형체(lines)가 고안되었다. 3)선원들이 안전하게 대피할 수 있게 만들어졌다. 4)승선할 때 가장 시간을 줄일 수 있는 구조로 건조되었다. 5)유난히 많은 수의 포와 화살을 쏠 수 있는 장치로 계속 공격할 수 있게 고안되었다. 6)거북의 머리에서 내뿜는 유황연기는 적군에게 공포감을 갖게 하고 현대전의 연막탄 같은 역할을 하여 선체를 볼 수 없게 만들었다. 7)한편 그의 부친은 거북선을 세계 최초의 철갑선이라고 기술했지만[8] 확실한 전거가 부족하다는 정인보의 제보에 따라 거북선이 철갑선인지 아닌지는 분명하지 않다고 말하기도 하였다. 그는 무엇보다도 거북선이 세계 해전사상 완전한 새로운 출발점을 이루었다는 의미를 부여하였다. 이순신에 대해서도 영국의 드레이크(F. Drake)나 넬슨(H. Nelson) 제독을 대비시켜 높이 평가하였다. 글의 말미에서는 이순신의 정신이 한국인에게 이어질 것을 희구하였다.

이 저작은 그가 책의 서문에서 언급한 것처럼 한국의 선박에 관한 기록이 없는 상황에서 정인보, 백남운, 백낙준 등의 도움을 받아 기술되었다. 그는 특히 이순신의 해전법과 거북선에 대한 한국선박의 역사적 공학적 연구서로서 그 형태 및 기능에 관한 최초의 연구서가 되고 연세 국학연구의 정신사적 정체성을 반영한 것이었다는 의미를 부여하였다. 연구방법에서 관해서도 다양한 자료들을 섭렵하고 실제로 배를 만드는 과정을 관찰 조사하며 사진, 도형 등의 실증 자료들을 깃들인 서술상의 과학성이 집약된 업적이라고 스스로

---

8) Horace G. Underwood, *The Call of Korea* (NY: Fleming H. Revell Co., 1908), 47~48쪽.

평가하였다. 나아가 바다의 신, 무당, 무가, 제사 등 한국의 해안지방의 민속과 구체적 실상을 직접 한국의 뱃사람들로부터 채록, 수집하였고 특히 제의에 관한 제반 내용을 현장감 있게 기술하였다고 논급하였다.[9]

원한경은 선교지를 방문한다는 목적 아래 한국 각지를 탐방하였으며, 한국의 수렵을 연구하기 위해 산간지역을 답사하였고, 선박연구를 위해 해안지역을 탐사하였으며, 그 밖에도 카누를 이용하여 인천에서 황해도 장연까지 항해하며 한국의 고적과 산야 및 해안을 답사하고 그 기록을 남겼다. 대표적인 것이 남한산성에 관한 글과,[10] 그 부인이 남긴 백두산 등정기이다.[11] 백두산 탐사에는 1931년 7월에 원한경 부부와 장남인 원일한과 쌍둥이 아들들, 세브란스 산부인과 교수인 허스트(J. W. Hirst)와 그의 아들 도날드(Donald Hirst), 세브란스의 여의사 블록(Bernita Block) 등이 참여하였다. 당시에는 교통 사정과 등정을 위한 제반 시설이 불비하여 일종의 모험을 한 것이었으나, 현장 답사를 통해 연구방법을 제시한 데에 의의가 있었다. 그들은 백두산 천지의 수심이 준비해 간 1470피트(450미터)의 줄보다 깊다는 결과만 얻고 돌아왔다.

원한경은 또한 한국에서의 서구식 근대교육의 역사를 연구하였다. 그가 1925년에 뉴욕 대학교 박사학위논문으로 제출한 "Outline History of Modern Education in Korea"는 Modern Education in Korea란 책으로 출판되었다.[12] 이는 한국 최초의 근대교육사 연구서로서 근대교육을 개괄적으로 고찰한 통사적인 저술이었다. 선교사들에 의한 교육 활동의 정리이기도 했다. 이 책은 12장으로 구성되었는데, 1장에서는 당시 정부의 교육에 대해 논급하였다. 2장에서는 선교교육에 관한 내용으로 선교사들의 교육이 한국 근대교육을 도입하고 이끌었다는 견해를 나타내었다. 3장에서는 북감리교, 남감리교, 호주장로교,

---

9) 연세대학교 국학연구원 편, 『연세국학연구사』, 연세대학교 출판부, 2005, 338~339쪽.
10) H. H. Underwood, "Nam Han, or the South Fortress", Korea Magazine, II, 1918, 260~263쪽.
11) Ethel von Wagoner, "Paik Tu San, 1931, The Ever White Mountain", The Korea Mission Field, Vol.27(Oct. 1931), 201~205쪽.
12) Horace H. Underwood, Modern Education in Korea (New York: International Press, 1926).

캐나다장로교 등 각 기독교 선교단체들의 교육 활동사항을 소개하였다. 4장에서는 가톨릭, 성공회, YMCA, 구세군, 안식교 등의 교육활동에 대해 기술하였다. 5장에서는 평양 숭실학교의 Anna Davis Memorial Shops와 서울 경신학교(John D. Wells)의 실업교육, 송도고등보통학교의 직물부, YMCA의 실업학교, 베네딕트선교회의 실업교육을 다루었다. 6장에서는 세브란스의학전문학교, 세의전 간호원양성학교, 숭실전문학교, 연희전문학교, 이화여자전문학교, 평양의 장로회신학교, 서울의 협성신학교(감리교), 가톨릭신학교 등의 고등교육에 대해 고찰하였다. 7장에서는 기타 교육사업으로서 여성선교센터, YMCA, 구세군, 맹아학교, 농아학교, 여성의료교육, 외국인학교에 관해 서술하였다. 8장에서는 한국인 민간인들에 의해 설립된 전통적인 사학(私學)교육 방법인 서당교육에 관해 기술하였다. 9장에서는 1910년 이후 관공립학교의 교육 정책과 1911년의 조선교육령에 대해, 10장에서는 1919년의 3·1운동과 1922년의 제2차 조선교육령에 대해 논하였다. 11장에서는 1910년 합방 이후의 총독부의 교육정책 아래에서 행해진 한국에서의 일본인 교육과 한국인 교육에 대해, 12장에서는 한국인의 사학교육을 위한 기회균등 문제를 논하였다.

그는 당시의 교육문제에 관해 이 책에서 아래와 같이 비판하기도 하였다.

1) 초등학교는 재단 면에서 소홀히 취급되었다.
2) 선교회에서 유지할 수 있는 것보다 많은 수의 중등학교를 설립하여 시설이나 기준이 대부분 수준 이하였다.
3) 학문적인 교육은 지나치게 강조된 반면에 실업, 농업 및 기술교육은 거의 이루어지지 못하였다.
4) 교육사업에 종사한 선교사들은 전문성과 교육수준에 있어서 현대의 발달 수준을 따르지 못하였다.

이 책에서 또한 서구인들이 한국인의 지적 수준을 낮게 평가한 것을 비판하고 한국인이 근대교육을 받을 자질이 있다고 주장하였다.[13] 더불어 부친과 관련된 북장로교 선교사들을 중심으로 대학설립 전개과정에서 부각된 쟁점들을 비교적 자세히 거론하였다.

원한경은 또한 1924년 연희전문 부교장 재직 시에 박물관을 세웠다. 한국에서의 선교 역사가 50년도 지나지 않았는데 그때의 물건을 볼 수 없는 사실을 개탄하며 박물관을 설치하게 된 경위를 설명하고 동참을 호소하였다.[14] 동아일보는 "민간인으로서 역사적 보배를 보존하기 위하여 세워진 이 기관은 실로 이것이 처음이라 하겠고, 더욱이 우리의 고물이 부지중에 점점 흩어져 없어지는 이 시대에 시기적으로 적당한 계획이라 하겠더라"라는 보도를 하였다.[15] 박물관 설립은 한국문화에 대한 원한경의 관심이 표출된 것이라고 말할 수 있다.

원한경은 1934년 10월 12일 연희전문학교 교장 취임사에서 연희교육의 이상과 목적을 제시하였다. 그는 한국 사람의 역사와 전통에 뿌리를 둔 민족주의와 "교수와 학생을 통한 가르침과 활동으로 예수의 정신을 반영할 것을 목표로 한다"고 하여 기독교정신에 입각한 민족정신의 확립이라는 연희전문의 교육이념과 목표를 분명하게 재천명하였다.[16] 그는 다양성의 존중, 협동적 자세, 사회적 책임감을 갖고 기독교 정신으로 봉사하는 것 등의 실천적 교육 목적을 제시하였다. 이것은 화충학풍 이상의 한 표현이었다. "서구에서 온 사람들이 학교를 설립하기 위해 동양 사람과 화합하였다. (……) 이 목표를 달성하기 위해 해외 네 교단의 선교회들과 한국의 감리교회, 장로교회가 지원을 하였다." 그는 선교사들이 한국에 와서 한국 사람과 더불어 교육기관을 세운 일 자체를 동서의 화합으로 보았다. 4개 선교회가 합의하여 한 학교를 세운 것도 같은

13) Horace H. Underwood, *Modern Education in Korea*, 276~281쪽.
14) H. H. Underwood, "A Museum at Chosen Christian College", *The Korea Mission Field*, Vol.25(Jan. 1929), 16쪽.
15) 『동아일보』 1929. 1. 13.
16) Horace H. Underwood, "The Inaugural Address," *The Korea Mission Field*, Viol.30(Dec. 1934), 260쪽.

맥락에서 보았다. 이런 측면에서 그는 연희전문이 동서양을 막론한 최고의
교육기관에서 최선의 과정을 제공하여 세계로 나가 사용할 도구를 갖춰주고
서양문화와 한국문화의 합류를 도모하려는 비전을 갖고 있었다.

> "동서양의 교육기관에서 연구된 최선의 과정을 제공하고, 이런 과정을 통해
> 젊은 세대들에게 실제로 세상에 나가서 사용할 수 있는 도구를 갖추도록 해주어야
> 한다. (……) 4천년에 걸쳐 이루어진 한국의 문화유산을 가치 있게 받아들이고
> 이를 한국인의 기억 속에 간직하도록 하며, 오늘날의 의미를 부여하여 오늘을
> 사는 한국인들이 그 참뜻을 이해하도록 할 것을 목표로 삼는다."[17]

그의 교육이념 재천명은 연희전문이 일제의 식민지 통치 속에서도 한국어,
한국문화, 한국문학, 한국사를 가르치고 연구하여 서구 선교사들이 기독교
개종 일변도의 사역에 머무르는 단계를 벗어나 민족문화의 발전에 기여하는
전통을 수립하게 하였다. 그의 교장 재임시에 교수진은 당대의 권위자들로
구성되었다. 국문학에 정인보, 국어학에 최현배, 이윤재, 역사학에 백낙준,
손진태, 이인영, 조의설, 경제학에 백남운, 이순탁, 백상규, 조병옥, 신태환,
영어에 정인섭, 이양하, 김선기, 법률에 유억겸, 사회학에 하경덕, 한문에 민태식,
기독교 성서에 갈홍기, 철학에 고형곤 등이 교수로 있었다. 이렇게 하여 당시의
국학자들을 거의 다 포용하는 큰 특징을 이루었다. 그들을 경제적으로도 잘
대우하여 그들의 노력이 결실을 맺음에 따라 오늘날 연세대학교의 학풍은
온고지신의 태도와 실사구시의 입장을 취하게 되었다.[18]

원한경은 근대문화를 발전시키는 일에 대해 외적인 물질적인 변화보다
도덕적, 정신적, 사회적 변화를 추구해야 한다고 주장하였다.[19] 그는 더 나은

---

17) Horace H. Underwood, "The Inaugural Address," 260~261쪽.
18) 손인수, 『원한경의 삶과 교육사상』, 연세대학교출판부, 1992, 202쪽.
19) Horace H. Underwood, "Recapturing Vantage Points," *The Korea Mission Field*, Vol. 5(1936), 196쪽.

한국인을 만드는 데 일조하는 교육, 더 나은 한국인이 되도록 도움을 주는 선교를 주창하였다. 기독교인 되는 것도 장로교인이나 감리교인이 되기 위한 것이 아니라 하나님의 가르침에 따라 그리스도인의 삶을 살기 위한 것이라고 주장하였다. 그와 같은 뜻에서 연희전문의 교육목표의 하나는 "기독교 신앙의 결실의 실례로서 봉사하는 사회기관을 세우는데 있다"고 천명하였다. 또한 권리의 행사보다 의무 수행을 앞세우고 섬김 받기보다 섬기는 자세를 갖추기를 앞세우면 우리의 민주사회 건설노력이 놀라운 생명력을 가질 것이라고 역설하였다.[20] 그 자신이 외국인이면서도 한국에서 학문적으로 봉사하기 위해 국학을 선두에 두고 식민통치의 억압과 제약 속에서도 한국어, 한국문학, 한국민속, 한국역사 연구에 박차를 가하게 하여 한국학을 체계화 하고 학생들에게 가르쳐 민족혼을 배양하며 한국학의 학문적 전통을 세우게 하였다.

　그는 교육이 한국인을 위한 것이 되려면 가급적 빨리 한국인에 의한 것이 되어야 한다고 주장하였다. 선교사들이 학교를 세웠을지라도 계속 관여하는 것을 원치 않았다. 교장으로서 그는 부교장에 유억겸, 도서관 및 박물관장에 이묘묵, 문과과장에 백낙준, 상과과장에 이순탁, 수물과장에 이춘호, 과학관장에 이원철을 임명하였다. 이는 한국인의 성품과 자질에 대한 신뢰의 표시였고 자치와 자립정신의 실천이었다. 해방 후에도 미군정의 고문으로서 학교의 재건을 위해 노력하였으나 새로이 종합대학으로 출발한 연희대학교의 총장직을 끝내 맡지 않았다. 지역차별이나 교파의 대립도 원치 않았다. 그리하여 기독교 신자가 아닌 정인보와 사회주의자인 백남운도 포용하여 교수로 받아들였다. 이처럼 그는 융합, 포용, 통섭의 학풍을 주장하여 화충의 토대를 더한층 굳게 했다.

---

20) Horace H. Underwood, *Twelve Talks by a Teacher* (Seoul: The Christian Literature Society, 1941), 48쪽.

## 4. 베커(Arthur Lynn Becker, 白雅德)

베커는 1879년에 미국 미시간 주의 리딩 (Reading)에서 농부의 아들로 태어났다. 시골 고등학교를 수석으로 졸업한 그는 알비온 대학(Albion College)을 졸업하였다.[21] 대학 에서 수학과 자연과학을 전공하였고, 농구 선수로 활동하였다. 학생자원선교회(Student Volunteer Society)에 가입하여 활동하면서 그 는 의사, 교사, 과학도가 필요한 사회에 기독 교 복음을 전하기 위해 자신이 가진 지식을 나눠야 한다는 선교관을 품었다. 그에게 제 일 먼저 찾아온 기회는 중국의 광동대학

베커(1927)

(Canton Christian College)의 교수직이었다. 그러나 1903년, 북감리교의 극동선교 담당인 무어(John J. Moore) 감독과 해외 선교부 총무 올드햄(Oldham)이 알비온 대학을 방문하여 한국선교의 중요성에 대해 강연했을 때 베커는 큰 감동을 받았다. 또한 *Korean Repository*에 실린 한국관련 글을 읽고 한국에 현대과학을 가르칠 교사가 필요하다고 인식하여 한국행을 결단하게 되었다.

이처럼 베커는 학부만 마치고 과학교육에 열의를 품고 있다가 때마침 교단에 서 신학교육을 받지 않아도 되는 교육선교사를 선발하자 그런 기회에 힘입어 한국으로 파송되었다. 그럼에도 불구하고 그는 한국의 교육현장에 임하면서 '영적이고 과학적인 진리'가 필요하다고 하면서 성경과 과학 탐구의 양립이

---

21) 19세기 말~20세기 초에 미국의 중서부에 신학교 진학 예비과정으로 여러 교파에서 많은 소규모의 대학들을 세웠다. George Marsden, *The Soul of American University* (NY, Oxford: Oxford University Press, 1994), 79~84쪽. 이중 초기 한국선교사들이 많이 다닌 학교로는 Hamilton, Park College등이 있다. Albion College는 1835년에 창립된 감리교단 소속 대학이다.

가능다고 보는 견해를 나타냈다.

북감리교 선교사로서 베커는 1903년 4월 9일 한국에 도착하였다.[22] 내한 직후 그는 서울에서 언더우드를 만나 대학설립에 대해 의견을 듣고 협력을 요청받았으나,[23] 평양으로 발령받은 후 장로교선교회의 교육담당인 베어드 (W. M. Baird, 裵偉良, 1862~1931)를 만나 뜻을 같이 하고 교과의 장벽을 넘어 맥큔(George S. McCune, 尹山溫, 1873~1941)과 함께 교육 활동을 펼쳤다. 전반적으로 선교사의 인력이 부족했지만 교육 분야는 그 수요에 비해 더 턱없이 부족하였다. 청일전쟁과 러일전쟁에서 일본이 이긴 것을 목격한 후에 서구교육에 대한 한국인들의 인식이 바뀌어 교육 열기가 뒤늦게 급등했기 때문이었다.

이러한 가운데 그는 1905년 감리교 선교회 연회의 결의에 따라 배재학당의 벙커(Dalzel L. Bunker)와 이화학당의 프라이(Lulu E. Frye)와 함께 북감리교 조선선교회의 교육위원회 위원이 되었다. 그는 이 교육위원회를 이끌면서 감리교 진영의 선교교육정책을 수립하고 실행하는 역할을 하였다.

한편, 1900년의 뉴욕 세계선교대회와 1910년의 에딘버러 세계선교대회 이후에 전개된 세계 선교정책은 피선교지에서 선교회들 간의 연합사업을 권장하는 추세를 보였다. 한국에서도 감리교와 장로교 선교회들이 합동으로 평양에 숭실대학을 운영하기로 함에 따라 베커는 숭실중학교의 교장과 부학장이 되어 숭실대학의 설립에 일조하였다. 또한 수학, 물리, 화학, 삼각법 등을 가르치며 과학분야의 발전에 기여하였다. 대학에서 농구선수로 활동했던 그는 서구 스포츠를 소개하는 일에도 기여하였다. 1907년에는 학생들과 함께 평양

---

22) Evelyn B. McCune and Heather M. Thompson, *Michigan to Korea: Arthur L. Becker 1899-1926* (477쪽의 책이지만 No Data), 36~38쪽. 베커와 함께 John Z. Moore(1874~1963), Carl W. Rufus(?~1946), Robert Sharp(1872~1906)도 동행하였다. 이들은 모두 교육 분야에서 활동하였는데, 교육담당 선교사는 대학만 졸업하고 신학교를 졸업하지 않아도 선발되었다. 샤프는 배재학당에서 일하다가 1906년 공주지역 순회전도 중 발진티부스에 걸려 사망하였다.

23) Evelyn McCune, *Michigan and Korea, 1899-1914* (San Francisco: The McAllister Street Press, 1977), 59~60쪽.

최초의 전화 가설 공사를 하였다. 1908년에는 조선 정부로부터 한국 최초로 대학인가를 받은 숭실대학에서 변린서와 김두화 두 학사를 처음 배출하였다. 그러나 한일합병으로 인해 숭실은 1924년에 다시 총독부의 인가를 받아야했다.

베커는 1910년에는 미시간 대학(University of Michigan)에서 「동양의 고등학교에서 사용할 화학의 기초(Elementary Chemistry for Use in Oriental High School)」라는 논문으로 화학분야의 석사학위를 받았다. 이것은 그가 조선에서 학생들에게 어떻게 화학을 가르칠까를 고뇌하다가 맺은 열매였다. 숭실에서 화학을 가르칠 사람이 없었기 때문에 그 자신이 석사과정에서 화학을 공부하였다. 그로부터 10년 후인 1921년에는 미시간 대학교에서 물리학으로 박사학위를 취득하였다. 박사 후 과정에서는 핵물리학으로 유명한 오펜하이머의 지도를 받았다. 그는 자신의 필요에 따라 수학, 화학, 물리학을 두루 공부하여 그에게서 배우는 학생들에게 폭 넓은 학문의 기회를 주고자 하였다. 1928년에는 죠지아 공과대학의 부교수가 되어 미국에서도 과학교육을 위한 경륜을 축적하였다.

그가 첫 번째 안식년을 마치고 귀임했을 때, 한국은 일본에 병탄되어 있었고, 1911년 8월 23일에 제1차 「조선교육령」이 공포되었다. 숭실대 안에서는 장로교와 감리교 선교사 가운데 교육관의 괴리가 깊어가고 있었다. 대다수의 장로교 선교사들은 세례 받은 기독교인 학생들만 입학시킬 것을 주장하였다. 그러나 베커를 비롯한 감리교 선교사들은 비신자에게도 학교의 문호를 개방하자는 열린 교육정책을 주장하였다. 베커는 언더우드가 주축이 되어 제시한, 서울에 새로운 대학을 교파 연합으로 설립하자는 안을 다른 감리교 선교사들과 더불어 적극 찬동하였다. 평양의 연합활동이 제대로 이루어지지 않고 있는데다가 서울이 다른 곳보다 앞서 가고 있다고 보았기 때문이었다.[24] 그는 또한 마펫(S. Moffett)을 중심으로 하는 서북계 장로교 선교사들이 교육과 재정의 운영을 일방적으로 행하면서 목회자 양성교육에 치중하여 과학교육 시간을 줄이고

---

24) Missionary Correspondence of the M. E. C. in Korea 1912-1949. Missionary Files, Methodist Historical Center, Madison, NJ. 213쪽.

약화시키는 것을 문제점으로 여기고 있었다.[25] 언더우드도 베커를 필요로 하여 서울 합류를 요청하였고, 이에 따라 감리교의 빌링스 선교사가 1914년 3월 27일에 베커를 서울로 전임시키는 조치를 취하였다. 비록 생각은 달랐지만, 베커는 베어드를 비롯한 장로교 측의 동료들과 10여 년간 동고동락했던 평양 생활을 정리하고 떠나는 것이 쉽지 않았다. 그러나 북감리교 선교회가 평양에서 장로교 선교회와 연합교육을 하는 일을 그만두기로 결정함에 따라 베커는 1914년 3월 31일에 언더우드가 거주했던 서울의 옛집으로 이주하고 4월 1일부터 YMCA에 임시로 마련된 대학준비반인 배재대학부에서 가르치고 행정을 책임 맡게 되었다.

서울에 온 베커는 새 대학을 건설하는 일에 적극 참여하였다. 그는 신흥우와 함께 도쿄에 가서 그곳에 있는 감리교 해리스(Merryman C. Harris) 감독의 중개로 일본문부성 관리를 만나 연희동의 새 대학 부지를 확보하는 절차를 밟았다. 또한 도쿄제국대학의 과학대학을 비롯하여 산하의 여러 교육기관들을 시찰하고 교육상과 여러 대학의 총장들도 만났다. 특히 와세다 대학교의 설립자인 오쿠마 백작으로부터 기독교의 훌륭한 교육이념을 지키고 조선총독부 관계자들을 너무 의식하지 말라는 조언을 받았다. 이 조언은 후에 베커가 과학교육뿐 아니라 학교 전체를 효율적으로 경영하는 데에 영향을 주었다. 과학기자재 구입에 과도한 지출을 한 것이 우려되기도 했지만, 그 결과 연희전문은 한국에서 최고의 과학교육 기자재를 갖게 되었다. 한국으로 돌아와 총독부의 교육담당자인 세키야를 만났을 때는 새 대학에서 일본식의 대학보다 학생들의 자유로운 과목선택권을 우선시하는 미국식 교육방식을 택할 것임을 밝히고 성경과 과학 과목을 개설하는 일에도 총독부 측의 이해를 얻었다. 학생수급에 관해 베커는 이미 40여 명이 확보되어있고 한국인은 비록 대부분 농부 출신이지만 자기의 경우처럼 누구나 다양하게 잘할 수 있으므로 다양한 과목을 개설하도

25) E. McCune and H. Thompson, *Michigan to Korea: Arthur L. Becker 1899-1926.* 367~368쪽.

록 해야 한다고 주장하였다. 세키야와 만난 후 언더우드에게도 새로운 대학에서는 일본이 좋아하지 않을지라도 미국식 학제를 따라 기독교청년들을 교육하여 기독교지도자를 양성해야 한다고 보고하여 언더우드의 호감을 얻었다.

1915년에 설립된 영문명의 조선기독교대학(Chosen Christian College)은 1917년 4월 7일 조선총독부로부터 기독교 정신에 의해 운영되며, 기독교인 교수들로 구성되고 성서적인 기독교 정신을 이행하는 법인체로서 연희전문학교라는 이름으로 정식인가를 받았다. 이때 캠퍼스의 설계도는 베커가 작성한 것이었다.

베커는 수학, 물리, 화학 과목을 맡아 가르치며 한국에 새로운 교육의 장을 열었다. 평양에서 가르칠 때 그가 신임했던 조교 노춘택, 임용필, 김인식을 포함한 상급반 학생 20명을 서울로 스카우트하여 수물학과가 설립 초기에 농학과처럼 지원자가 없어 폐과되는 일을 면케 하였다. 베커는 초대 수물과 과장, 이사(1915~17, 1918~20, 1924~41), 학감(1915~21, 1938~41), 부교장(1922~27)을 역임하였고, 이사회에서 건축위원으로 봉사하였다.

새 대학에서 그는 학문 간의 통섭 교육을 실시하였다. 수물과의 교과목은 수학, 물리학, 천문학, 화학, 측량법, 기계제도, 전기공학, 건축학, 공장기계, 지질학 등이었다. 문과생도 동식물학, 생리학, 지질학, 천문학을 택하게 하였고, 신학과에서도 동식물학, 지질학, 천문학을 이수하게 하였다. 전체 학생들에게 운동도 권장하였다. 경제적으로 어려운 학생들을 위해 자조장학을 장려했으며, 졸업생의 진로문제를 해결하는 일에도 힘썼다. 수물과의 첫 졸업생들인 김술근(金述根), 이원철(李源喆), 임용필(任用弼), 장세운(張世雲), 이 네 명을 모두 미국의 유수한 대학(순서대로 각각 하버드, 미시간, 맬크, 시카고)으로 유학을 보냈다. 이후에도 많은 유학생을 보내어 해방 후 과학 분야의 인물난 속에서 소중한 과학 발전의 밑거름이 될 수 있도록 준비시켰다. 여름방학 때는 수학과 과학 과목의 교사양성을 위해 사범반을 설치하였다. 숭실에서도 과학관을 건립했던 그는 연희전문에서도 매사추세츠 주 핏츠필드(Pittsfield) 감리교회의 재정지원을 받아 아펜젤러관을 건립하여 실험실을 확충하고 한국 과학교육의 기초를 닦았다.

그는 한국 최초의 고등교육기관들인 숭실과 연희전문의 두 학교에서 과학교육의 토대를 쌓고 두 학교의 부교장을 지냈다. 1923년에 조선총독부의 개정 조선교육령에 따라 문과, 상과, 신과를 남기고 수물과가 폐쇄되자 1924년에 학칙을 개정하여 수물과가 다시 설치될 수 있게 하려고 많은 노력을 기울였다. 그는 한동안 배재고등학교장도 역임하였다가 일제말 1942년에 강제 추방되었다. 해방 후인 1946년, 다시 내한한 베커는 연희대학의 이사로 봉직하였고, 미군정기 초대 국립부산대학교 총장으로 선임되기도 하였다. 그의 제자로는 인하공대 초대학장인 이원철, 서울대 총장과 문교부장관을 역임한 최규남, 연세대 총장서리 장기원 등이 있다. 베커는 한국에 서구 근대과학을 처음 소개하고 연희전문 창설과 발전에도 그 토대를 쌓은 인물이지만 제대로 평가를 받지 못하고 있다. 그가 남긴 글들도 그의 활동 때문인지 그리 많지 않아 크게 주목을 받지 못하고 있다.[26] 베커가 남긴 글들은 다음과 같다.

(1) "A Trying Trip," *The Korea Mission Field*, II(4), 1906.

(2) "An Educator's Visit to Chosen," *The Korea Mission Field*, X(2), 1914.

(3) "Schedule and Notice of Language Class," *The Korea Mission Field*, X(3), 1914.

(4) "A Christian Lower School System in Korean City," *The Korea Mission Field*, X(10), 1914.

(5) "Chosen Christian College," *The Korea Mission Field*, XVIII(3), 1922.

(6) "The Educational Conference," *The Korea Mission Field*, XIX(9), 1923.

(7) 「星과 電子論」, 『延禧』 2, 1923.

(8) "Conference on Co-operation," *The Korea Mission Field*, XX(4), 1924.

(9) "Wonsan Beach," *The Korea Mission Field*, XX(10), 1924.

(10) 「物理學 發達 略史」, 『延禧』 4, 1925.

---

26) 나일성 편저, 『서양과학의 도입과 연희전문학교』, 연세대학교 출판부, 2004, 211~212쪽.

(11) "Korea's Contribution to World Art," *The Korea Mission Field*, XXII(8), 1926.

(12) "The Explosion Spectra of the Alkaline-earth Metals," 『科學』 창간호, 1929.

베커의 부인과 그의 친구 한 명도 연희가 기억해야 할 인물들이다. 그의 아내 루이스 스미스 베커(Louise Smith Becker)는 숭실에서 1905년부터 1914년까지 음악을 가르치다가 연희전문에서는 설립 초기인 1914년부터 1941년까지 가르쳤다. 파아니스트인 그녀는 평양에서 최초로 피아노를 선보였고, 연희에서도 채플 시간에 찬송가와 합창을 가르치며 한국에 서양음악을 소개하는 데 기여하였다.

그 외에 알비온 대학시절부터 베커와 같이 하숙하고 공부한 동기동창 루퍼스(W. Carl Rufus, 1876~1946) 북감리교 선교사도 과학교육 분야에서 중요한 역할을 하였다. 루퍼스는 평양의 숭실에서는 물론 서울에서도 베커와 동조하였다. 그의 전공은 천문학이었으며, 1915년에 연희전문이 개교한 때로부터 이 학교에서 한국 최초로 천문학 강좌를 개설하였다. 경주의 첨성대를 한국 고대의 천문대라고 세계에 알린 것도 그였다. 뉴욕의 머피건축회사(Murphy and Dana Architects)가 설계한 연희전문 청사진에 천문대(Observatory) 계획이 들어 있는 것도 그의 아이디어였던 것으로 보인다. 한국 최초의 근대 천문대가 세워질 뻔했던 그의 꿈이 이루어지지 못했던 것은 그가 1917년 교수직에서 사임하고 미국으로 돌아갔기 때문이었던 것으로 여겨진다. 그는 총독부가 천문학 등 과학 분야의 수업시간을 줄이게 하고 성경교육을 금하는 교육정책을 펴는 것에 반대하다가 1917년에 한국을 떠나야 하였다. 그는 미시간 대학에서 물리학 교수로 재직하다가 1935년에 다시 한국에 돌아와 연희전문에서 베커와 합류하였다. 그러나 1942년 일제의 선교사 일체 추방령에 의해 다시 미시간 대학으로 돌아갔다. 그곳에서 1945년 은퇴한 루퍼스는 1946년 생을 마감하여 다시 한국에 돌아오지 못하였다. 그는 "Korea Astronomy"란 글에서 서운관(書雲觀)에 있던 측우기를 소개하면서, 이왕가박물관의 앞에 전시되고 있는 측우기가 1442년에 전국 각 도에 배부되었고, 서양의 우량기보다 200여 년 앞섰다고 소개하였다. 그 외에도 그는 한국에서 교육선교 활동의 연륜은 짧았으나 아래와 같이 한국에 관해 여러 편의 글을 남겼다.<sup>27)</sup>

(1) "On the Departure of Mr. Rockwell," *The Korea Mission Field,* VII(3), 1911

(2) "In the Beginning," *The Korea Mission Field*, VIII(9), 1912.

(3) "The Celestial Planisphere of King Yi Tai-jo," *The Transactions of the Korea Branch of the Royal Asiatic Society*, IV, 1913.

(4) "Korea's Cherished Astronomical Chart," *Popular Astronomy*, XXIII(4), 1915.

(5) "Correspondence," *The Korea Mission Field*, XI, 1915.

(6) "Co-operation: A Korean Story," *The Korea Mission Field*, XII(5), 1916.

(7) "The Corelation of Missionary Methods," *The Korea Mission Field,* XII, 1916.

(8) "A Human Adding Machine," *The Korea Magazine*, I(5), 1917.

(9) "The Prohibition of Tobacco," *The Korea Mission Field*, XIII(5), 1917.

(10) "Letter to the Editor," *The Korea Mission Field*, XIII(8), 1917.

(11) "The Old Korean Magistrate," *Korea Magazine*, I, 1917.

(12) "Tobacco in Current Korean Stories," *Korea Magazine*, I, 1917.

(13) "Anti-Foreign Tablet," *Korea Magazine*, I, 1917.

(14) "Trip to Kyungju," *Korea Magazine*, I, 1917.

(15) "The Observatory of Silla," *Popular Astronomy*, 24, 1917.

(16) "The Kwago(Nation Examination)," *Korea Magazine*, II, 1918.

(17) "Japanese Educational System for Koreans," *Korea Magazine*, II, 1918.

(18) "Manichean Influences in the Stone cave Temple at Kyungju," *Michigan Academy of Science, Arts and Letters*, III, 1923.

(19) "Silla's tar Tower," *The Korea Mission Field*, XXX(1), 1934.

(20) "Religion and Science," *The Korea Mission Field*, XXXII(1), 1936.

(21) "High Light of Silla's Civilization," *The Korea Mission Field*, XXXII(5), 1936.

---

27) 나일성 편저, 『서양과학의 도입과 연희전문학교』, 연세대학교 출판부, 2004, 215~216쪽.

(22) "Korea Astronomy," *The Transactions of the Korea Branch of the Royal Asiatic Society*, XXVI, 1936.

(23) "Making Time in Korea," *Popular Astronomy*, 44, 1936.

(24) "Korean Observations of the Great Comet of 1664," *Journal of American Astronomical Society*, 164, 1939.

(25) "The Influence of Islamic Astronomy in Europe and the Far East," *Popular Astronomy*, XLVII (5), 1939.

(26) "Idealization in Chinese Asterisms," *Journal of American Astronomical Society*, 1941.

(27) "Astronomy for Emperor in the Twelfth Century," *Journal of American Astronomical Society*, 1943.

(28) "The Soochow Astronomical Chart," *Sky and Telescope*, 6(6).

(29) "A Political Star Chart of the Twelfth Century," *The Journal of the Royal Astronomical Society of Canada*, XXXIX(2), 1945.

## 5. 피셔(James Earnest Fisher, 皮時阿)

피셔는 테네시 주의 피크빌(Pikevile)에서 태어났으며, 1911년에 버지니아 주의 에모리앤헨리 대학(Emory and Henry College)을 졸업하였다. 졸업 후에는 필리핀과 일본에서 교사의 경력을 쌓았고, 1916년에는 뉴욕시의 비브리칼 신학교(Biblical Seminary)에서 성직자 수련을 하였다. 이듬해 컬럼비아 대학원에 진학하였다가 제1차 세계대전의 발발로 학업을 계속하지 못하고 해군에 입대하였다. 1919년에 컬럼비아로 돌아와 심리학을 전공하고 영문학을 부전공으로 하여

피셔(1927)

석사학위를 받았다. 1918년에 해군에 있을 때 하디(Annie Elizabeth Hardie)와 결혼하였다가 자녀없이 이혼하였다.

피셔는 1919년 남감리교 선교사로 파송 받아 내한하여 연희전문에서 영문학과 심리학을 가르쳤다. 그는 1925년 다시 컬럼비아 대학으로 돌아가 교육학을 전공하여 박사학위를 받고 연희전문에서 교육학 담당교수로 봉직하였다. 1934년 미국으로 돌아가 정부기관에서 근무했던 그는 제2차 대전 중에는 극동담당 전문가로 활동하였다. 해방 후 1945년에 다시 내한하여 미군정청에서 학무국장(Director of the Political and Education)으로 활동하던 피셔는 여론 담당수장(Chief of the Bureau of Public Opinion)으로도 활동하였다. 또한 그는 미소공동위원회의 정치보좌관과 1948년 유엔 감시 하의 한국 총선 및 대한민국 정부수립의 공식참관인으로도 활동하였다. 한국전쟁 때는 전략심리홍보담당관으로 활약하였고, 휴전 후에는 일본에 가서 아오야마 대학과 다이쇼 대학에서 교육학을 가르쳤다.

그는 컬럼비아 대학에 제출한 박사학위논문을 *Democracy and Mission Education in Korea*(1928)라는 책으로 출판하였다. 이 책에서 그는 한국 선교 초기에 세워진 기독교 학교들의 교육활동이 한국의 민주주의 형성에 어떠한 영향을 미쳤는지를 논구하였다. 그는 초기 기독교계의 학교들이 인도주의적, 평등주의적, 민주주의적 이상을 가르치고 학생선발이나 교과과정에서 이를 실천하여 한국 민주주의 문화형성에 실질적 기여를 하였다고 보았다. 이 책은 모두 8장으로 구성되어 있는데, 그 내용은 1)합방 이전에 선교사들이 교육의 장을 마련한 상황, 2)일제하 초등, 중등, 대학에 대한 등급별 수량과 교육상황, 3)정규학교 이외의 YMCA, 구세군 경영의 고아원, 성경학교, 간호사 양성소 등이었다. 그는 교육을 인간 가치의 증진으로 보고 선교교육의 사회적 기여에 대해 다음과 같이 언급하였다.

(1) 병자와 환자에 대한 과학적 치료

(2) 빈민, 고아 등에 대한 조직적인 보호책

(3) 미신숭배 감소

(4) 어린이 존중

(5) 조혼과 혼인습속 개선

(6) 여성에 대한 태도와 처우 개선

(7) 민주주의 사상과 자존심의 앙양, 민족 재평가

(8) 학문과 문화교육의 개선, 한글의 보급 및 일반화

(9) 민주주의적인 인간관계, 발전, 계급차별 타파

(10) 사회복지에 대한 봉사와 새로운 관심 고취

(11) 알콜, 마약 계몽

(12) 근대과학적인 학교교육 요청과 존중 증대[28]

이 책에서 피셔는 한국의 미션스쿨들이 시행한 기독교교육의 역사와 교육내용에 대해 긍정적인 면모와 아울러 비판적으로도 고찰하였다. 그는 민주적 종교철학(democratic philosophy of religion)의 입장에서 선교사들의 교육활동과 조선총독부의 교육정책을 비판적으로 분석하고 대안을 제시하였다. 한국에서의 기독교 교육활동이 민주주의를 소개하고 실습하는 일과 밀접한 관계를 가지며 전개되었다고 보았다. 그러나 민주주의적인 교육방법과 교육목표가 한국의 교육현장에서 아직 생소하다고 판단하고 이것을 어떻게 기독교적 가치와 병행시켜 교육시킬지를 고심해야 한다고 주장하였다. 그는 연희전문학교도 그런 문제에서 예외적이지 않다고 보았다. 기독교교육의 목적은 학생들의 기독교 개종보다 "삶을 더 잘 이해하여 가장 중요하고 윤택한 삶을 살게 하는 요소들을 더 잘 제어할 수 있게 만드는 것"이라고 주장하였다. 기독교 개종과 선교교육에만 목적을 둘 것이 아니라 한국인의 삶의 향상이란 보다 보편적인 가치를 향해 목표를 수정해야 하고, 그 일을 위해 기독교교육 이외에

---

28) James E. Fisher, *Democracy and Mission Education in Korea*, New York: Teachers College, Columbia University, 1928(Reprint, 연세대학교출판부, 1970), 96쪽.

인문, 과학기술, 예술과 관련된 교육을 강화해야 한다는 것이었다. 또한 산업화 특히 농업분야를 강화하는 교육도 긴요하다고 보았다.

피셔는 선교교육기관에 대한 총독부의 정책과 정치적인 문제도 언급하였다. 총독부의 관리 통제가 공헌한 점도 있지만, 한국을 일본에 동화시키려는 일본의 식민지 교육의 목표는 선교사들의 교육목표와 다르다고 단언하였다. 일본의 애국적인 행사들에 종교와 관련된 것이 많아 선교사들과 총독부 당국의 시책이 곧잘 대립된다는 점을 지적하고 양자가 상호 신뢰하고 존중하며 협력하여 한국인의 삶을 향상시킬 것을 제안하고, 일본 치하에 있는 상황에서 일본의 교육, 문화, 철학을 더 이해하려고 노력하도록 권장하였다. 그러나 일본의 식민통치를 인정하는 그런 언급은 한국인의 정서에 완전히 배치되는 것이었다.

그는 한국의 전통문화나 토착신앙에 관심과 애정을 가져야 한다는 점도 강조하였다. 선교사들의 문화적 우월감이 한국인들로 하여금 문화적 열등감을 갖게 하였다고 비판하고 한국문화와 전통에 대한 바른 평가와 존경 없이는 최고의 교육효과를 볼 수 없다고 주장하였다.

피셔 자신도 한국의 산하와 전통 및 문화를 사랑하여 부츠, 맥밀런 선교사들과 같이 백두산을 탐사하고 "The Boots-McMillan Expedition to Paik Doo San"이란 기행문을 1930년 10월 *The Korea Mission Field*에 남겼다. 그들은 그 전에 알려지지 않은 백두산 일대의 제반 정보를 수집하였으며, 고무배를 타고 천지의 수심을 측정하고 그 때의 사진도 남겼다. 그러면서 당시 한국의 젊은이들이 한국전통문화에 대해 흥미를 잃어가는 것을 우려하기도 하였다. 그런 뜻에서 그는 미션스쿨이 한국의 건축과 토착신앙 등에 대한 교육을 강화할 것을 촉구하였다. 이처럼 피셔는 동서화충의 교육철학을 가지고 교육현장에서 연세의 전통을 세우는 데에 기여하였다. 그는 그 외에도 *Democracy as a Way of Living*(1946), *Landmarks of Democracy, Pioneers of Modern Korea*(Seoul: C.L.S., 1977) 등의 저서들을 남겼다.

## 6. 해리 A. 로즈(Harry A. Rhodes, 盧解理)

로즈는 그로브시티 대학을 졸업하고 프린스턴 대학에서 석사과정을 마치고 프린스턴신학교를 졸업한 후, 1908년에 북장로회 선교사로 내한하였다. 그의 한국 부임은 언더우드가 미국에서 선교사 모집활동을 한 결과로 이루어졌다. 내한 후에는 평안북도 강계와 선천 및 만주에서 활동하다가 1918년 연희전문학교 교수로 발탁되었다.

그는 연희전문의 설립이사, 이사, 학감, 신학과장으로 성경, 영어교육과 채플운영을 주도하여 학교의 정체성을 다지는 데에

로즈(1927)

기여하였다. 1925년에는 그로브시티 대학(Grove City College)에서 신학박사학위를 취득하였다. 문서선교의 중요성을 인식한 그는 출판, 문화 분야에서도 활동하였다. 1921년에는 『기독신보』 사장직을 맡았고, 1922년에는 조선예수교서회 편집위원으로 활동했으며, 해방 후에는 대한기독교서회 평생회원으로 활동하며 출판문화 향상에 기여하였다. 그 밖에 북장로교 한국선교회의 실행위원으로 일제의 신사참배 강요에 항의하기도 하였다. 한편 그의 부인(Edith Brown Rhodes)도 연희에서 음악 교수로 봉직하였다.

그는 무엇보다도 역사저술 분야에서 특별한 기여를 하였다. 1933년에는 한국기독교역사를 간략하게 기술하여 『조선긔독교회략사』란 책을 출간하였다. 이 책에서 그는 개신교사에 국한하지 않고 천주교의 전래와 박해에 관한 내용까지 담아 기독교 전체를 포괄적으로 서술하였다. 이것은 한글로 저작된 최초의 한국교회사 책이고 에큐메니즘에 의한 저술로서 일반신도들에게도 읽혀 대중화에 기여하였다. 이 책은 해방 후 한국기독교회사 소형 문고본의

한 모델이 되었다.

그는 북장로교 한국선교회의 희년(1934)을 맞아 *History of Korea Mission Presbyterian Church, U.S.A. 1884-1934*(Seoul: Chosen Mission of the Presbyterian Church, USA, 1934)를 펴낸 데 이어 해방 후에는 캠벨(Archibald Campbell)과 함께 *History of Korea Mission Presbyterian Church, U. S. A. Volume II, 1935-1959*(Seoul: The Presbyterian Church of Korea, Department of Education, 1965)를 간행하였다. 이 두 책은 북장로회 선교사들의 공통된 인식을 반영하는 형태로 저술되었다. 그는 대표 집필자로서 연례보고서를 비롯한 선교사들의 각종보고서, 회의록, 저서, 저널 기사 등을 두루 살펴 역사적으로 종합 정리하였다. 또한 그는 백낙준의 조언을 많이 참조하였고 그의 학위논문을 여러 곳에서 인용하였다. 한국사 분야는 게일의 *History of Korean People*을 많이 참조한 것으로 보인다. 두 책은 한국학 분야의 도서로 분류되기는 곤란하지만 그 풍부한 내용으로 인해 한국장로교회사의 연구 자료로서 크게 신뢰받고 있고, 그의 업적은 백낙준, 민경배로 이어지는 한국교회사 연구의 초석이 되고 있다. 특히 1권에서 연희전문의 설립문제가 다른 어느 문헌보다 상세히 기록되어 있어 연세대학교 설립 전후사를 연구하는 데에도 도움을 준다.

그는 위의 저서 외에 『오경문답』(1923), 『모압녀인 룻』(1931)을 저술하였고 『인물설교십강』(1933), 『성경고유인명사전』(1937), 『성경요람』(1940) 등의 번역서적도 출간하였다. 또한 『神學指南』, 『神學世界』, *The Korea Mission Field* 등의 저널에도 금강산을 등반하고 쓴 기행문[29]을 비롯하여 50여 편의 글을 남겼다.

로즈의 활동과 글에 나타난 성향을 보면 어느 한편으로 기울기보다 포괄적인 통찰력을 가졌고, 교회연합운동을 강조하는 입장에 있었다. 그는 한국교회가 처음 조직화를 이룰 때 교파의 벽을 넘어 단일교회를 설립하지 못한 사실을

---

29) Harry A. Rhodes, "Students at the Diamond Mountain," *The Korea Mission Field* (Feb. 1924), 40쪽.

비판했고, 연희전문의 설립문제 관련 기록과 천주교회 및 감리교회를 아울러 서술한『조선긔독교회략사』에서 에큐메니컬적인 신학적 입장을 보여주었다. 그는 이처럼 언더우드와 상통하는 화합일치(和合一致)의 정신과 신학으로 연세 신학의 초석을 놓았다.

특별히 주목할 점은 그가 강계와 선천에서 활동할 때 백낙준과 인연을 맺고 후에 그를 연희전문의 교수로 스카우트한 사실이다. 백낙준이 연세대학을 재창립하였고 국학진흥에 깊은 관심을 쏟았던 사실을 생각하면 그를 교수로 발탁한 일만으로도 로즈가 화충학풍(和衷學風)의 수립을 위해 큰 공을 세웠다고 할 수 있을 것이다. 백낙준으로 하여금 미국의 파크 대학으로 유학을 떠나게 한 사람은 평북 선천의 신성학교 교장이었던 맥큔(G. S. McCune, 尹産溫) 선교사 였다. 로즈는 선천의 백낙준을 계속 주시하여 프린스턴 신학교를 거쳐 프린스턴 대학에서 석사과정을 밟고 있는 그를 미국에서 만나 연희전문에서 함께 일할 것을 제의하였다. 그 후 백낙준은 예일 대학교 대학원 종교학과에서 한국교회사 에 관한 논문으로 박사학위를 취득하였다. 그의 지도교수인 라뚜렛(Kenneth S. Latourette)은 예일 대학교에서 사학과, 종교학과, 예일 신학대학원(Yale Divinity School)의 교수로 있었다. 중국 선교사 출신이기도한 그는 *Christian Mission in China*를 비롯해 100권 이상의 저술을 남겼다. 그의 주된 관심은 서양의 기독교가 동양에 전래되는 과정에서 동양사회와 동양문화와 어떻게 접촉을 이루고 수용되는지를 보는 데에 있었다. 라뚜렛의 이러한 영향은 백낙준 이 연희전문의 교수가 되어 화충학풍을 진작시키고 연세대학교의 학풍을 이룩하는 중요한 토대가 되었다. 그런 면에서 로즈는 백낙준을 영입함으로써 이러한 학적인 맥락이 연희전문에 이어지고 그 시대의 역사적 요구에 따라 연희전문 고유의 학풍 형성의 한 토대가 되는 계기와 여건을 제공하는 공헌을 하였다고 할 수 있다.

## 7. 맺음말

서구대학의 기본 이념은 진리(Veritas)의 탐구이다. 그 'Veritas'는 본질적으로 하나님에 관한 진리를 가리킨다. 연희전문 창립 이념도 "진리가 너희를 자유케 하리라"(요한복음 8:31~32)고 하는 기독교 정신을 바탕으로 하고 있다. 그렇지만 이 학교는 서구중심주의나 기독교중심주의 교육에 국한되지 않고 국학도 중시하여 화충학풍이라는 전통을 세웠다. 국가나 대학이나 공동체의 발전은 좋은 전통을 잘 계승하면서 새로운 전통을 만들어 나갈 때 이루어진다. 대학의 발전도, 세계를 향해 뻗어가는 것도, 전통을 계승하고 새로운 전통을 창조하는 것에 달려있다. 그러므로 연세대학교가 계승해야 할 전통이 무엇인지 밝히는 일은 그 전통의 계승과 발전을 위해 매우 긴요한 일이라고 하지 않을 수 없다.

연희전문학교(Chosen Christian College)는 체제 면에서 애초에 종합대학을 목표로 하여 창립되었고, 조직구성도 사실상 문과, 상과, 신과, 수물과, 상과, 농과 등의 종합대학 체제로 운영되었다. 조선총독부가 대학령이 없다는 구실로 대학 설립을 허가하지 않아 전문학교란 명칭을 붙이고 있었을 따름이었다. 이 학교가 처음부터 이런 목표를 세우고 있었기 때문에 1920년대에 종합대학 인가신청을 다시 하게 했고 마침내 해방 후에 종합대학교 개편이 보다 용이하게 이루어지게 하는 내적 요인이 되었을 것이다. 또한 이 학교가 넓은 시야로 화충학풍을 도모하여 한국학을 비롯한 현대 한국문화의 창조와 발전을 추구할 추동력을 얻는 데도 기여했을 것이다.

연희전문과 세브란스에서 가르친 선교사들은 모두 교파의 벽을 넘은 에큐메니즘을 지향하였다. 교수로서 그들은 본국에서 고등교육을 받았을지라도 학문상으로 뛰어난 전문 소양을 지녔던 것은 아니었고 비교적 젊은 나이에 선교사로 와서 경험도 부족하였다. 그런 약점에도 불구하고 그들은 타문화권인 한국에 와서 선교활동의 차원을 넘어 한국의 전통과 문화에 관심을 갖고 근대 서구

학문의 방법론으로 연구하여 한국학 연구의 초석을 마련하였다. 나아가서 신생대학의 학풍의 수립에도 선구적 역할을 하였다. 당시에 대다수의 주한 선교사들이 기독교 선교를 교회 내적인 사역으로 한정하고 있었고, 한국문화에 대한 깊은 성찰이 없어 선교현장에서 마찰을 일으킨 경우도 많았지만, 연희전문에서 활동한 선교사들은 대부분 그런 단계를 넘어서 있었고, 오히려 그런 점에 대해 비판적인 안목을 지니고 있었다.

언더우드 부자는 연희전문의 교육방침을 제시하였고, 한글 연구에 힘써 문법책들과 사전들을 편찬했다. 원한경은 거북선 연구나 한국근대 서구교육 연구 등을 통해 한국학 연구의 시동을 걸었다. 베커는 과학교육의 필요성을 인식하고 성경교육과 과학교육의 양립을 주장하며 과학발전을 위한 토대를 놓았다. 피셔는 심리학, 영문학, 교육학을 비롯한 다양한 학문을 수련하고 연희전문에서 민주주의 교육과 관련된 학풍의 수립에 기여하였다. 로즈도 기독교사와 한국 선교회사를 한국사와 에큐메니즘의 큰 맥락에서 조명하고 백낙준을 연희전문 교수로 영입하여 화충학풍의 수립에 직접, 간접적인 기여를 하였다.

연희전문의 창립에 사실상으로 주체적인 역할을 한 사람들은 당연히 오리엔탈리즘적 관점을 지녔을 것으로 짐작되는 선교사들이었다. 그러나 연희전문이나 세브란스의전에서 보여준 그들의 학문적인 자세는 기본적으로 오리엔탈리즘을 넘어서고 있었다. 그런 점에서 선교사 교수들은 자신들의 연구 역량을 넘어 한국인 학자들에 의해 더 본격화된 국학연구의 터전을 마련해줄 수 있는 충분한 소양을 지니고 있었다. 더 세밀한 규명이 있어야겠지만 몇몇 주요 선교사들이 보여준 점들만으로도 그들이 화충학풍을 세우는 일에 기본토대가 되었다고 말할 수 있을 것이다.

김 도 형

# 연희전문의 학풍과 민족문화운동[*]

## 1. 머리말

서양 선교사를 통해 근대학문을 직수입하였던 연희전문학교는 한국 근대학
문 형성의 산실이었다. 당시 한국 사회의 과제를 변혁하는 방향에서 서양
학문을 수용하되 이를 한국의 전통 문화·학문과 창의적으로 통합하였던 것이
다. 이런 문제의식은 설립자 언더우드의 교육 이념에서 비롯되었다. 그는
처음부터 대학교육을 지향하고, 서양 근대학문을 체계적으로 교육하면서 동시
에 한국 민족문화를 긍정적으로 이해하였다. 이는 에비슨 교장을 거쳐 원한경
교장으로 이어졌다. 그리하여 1932년 연전에서는 "기독교주의 하에 동서고근
(東西古近) 사상의 화충(和衷)으로 문학, 신학, 상업학, 수학, 물리학 및 화학에
관한 전문교육"을 행한다는 교육 방침을 천명하게 되었다.[1]

동서고금의 사상을 '화충'한다는 것은 매우 중요하고도 획기적인 방안이었
다. 주지하듯이 한국의 근대화, 근대학문은 부득이 서양문명과 사상을 수용하지
않으면 안되었다. 그러나 연전에서는 서양의 근대사상을 수용하면서도 이에
전적으로 흐르지 않고, 동양의 옛 사상, 조선의 역사와 문화를 결합하고자
하였다. 특히 조선 문화를 서양 사상과 결합한 것은 일제하에서 민족주의,

---

[*] 이 글은 필자가 쓴 「1920~30년대 민족문화운동과 연희전문학교」, 『東方學志』 164,
2013의 글을 다시 정리, 보완한 것이다.
1) 『延禧專門學校狀況報告書』, 「本校敎育方針」, 1932.

민족정신을 유지할 수 있는 중요한 노선이었다. 이런 점은 식민지 학문을 생산하던 경성제국대학이나, 혹은 실용적인 '전문교육'만 추구하던 다른 전문학교들과 구별되는 연희전문학교의 특징이었다.

연희전문에서 민족문화를 연구하고, 조선어와 조선 역사·문화를 가르친 것은 당시 한국 사회에서 제기되었던 민족운동, 민족문화운동을 학교 안으로 끌어들인 것이었다. 연전 교수들은 국내의 여러 조직이나 매체를 통하여 문화운동, 민족문화운동에 적극적으로 동참하였고, 이를 자신의 학문으로 정립하였다. 또한 연전에는 사회주의 계열의 민족문화, 역사 연구도 학교 안으로 통합하였다. 본고에서는 민족문화운동을 연전의 민족 교육과 연구로 '화충'한 연전 교수들-정인보, 최현배, 백낙준, 백남운 등-을 중심으로 '동서화충'으로 정립된 연전 학풍의 의미를 살펴보고자 한다.

## 2. '동서화충'의 학풍 배경 : 1920~30년대 민족문화운동과 연전

연희전문학교의 민족교육에 영향을 끼쳤던 민족운동, 민족문화운동은 구 계열이 있었다. 하나는 한말 계몽운동에서 비롯된 박은식, 신채호 등의 민족주의 역사학이었고, 또 다른 하나는 신지식층, 부르주아 계열의 중심적 기관인 『동아일보』의 민족문화론이었다.[2]

### 1) 민족주의 역사학의 국수보전론(國粹保全論)

청일전쟁 후, 서양문명의 우월성이 여러 경로를 통해 인정되면서 전통 유학을 수학하던 유생층의 사상에도 변화가 일어났다. 이른바 '개신유학자'로 불리는

---

2) 이지원은 계몽운동에서 시작된 국수보존론이 1910년대 일제의 식민정책을 거치면서 ① 독립운동의 이념이 된 저항적 국수보존론(박은식, 신채호)과 ② 자본주의 근대화론의 문명적 국수보존론(신지식층)으로 분화한다고 하였다(이지원,『한국 근대 문화사상사 연구』, 혜안, 2007, 제2장).

118

박은식, 장지연, 신채호 같은 사람들이었다. 그들은 서양의 새로운 사조를 접하고 천하 형세와 시국 변화를 인식하였으며, 국가와 민족을 구하기 위한 '변통갱신(變通更新)'을 주장하였다. 시세 변화에 따라 구사상을 변역(變易)하고 서양의 신학(新學)에 담긴 실용을 강구하며, 서양의 법률, 정치까지 수용하여 '변법'해야 한다고 하였던 것이다. 그들은 변역, 변법을 곧 '개화'라고 보았다.[3]

변법개혁론자들은 서양 학문의 전면 수용에는 찬성하지 않았다. 서양 학문도 우리 단점을 보완하는 차원에서 '취사(取捨)'해야 한다고 하면서, 우리 역사 속에 형성된 장점들과 애국심을 키우기 위해 역사를 강조하였다.[4] 그들이 역사 속에서 찾은 것은 민족의 정신, 곧 국수(國粹), 국혼(國魂), 국성(國性) 등이었다. 변법개혁론자들은 국혼의 원천을 단군에서 찾았고, 단군을 중심으로 우리 역사 체계를 세웠다. 신채호는 『독사신론(讀史新論)』에서 단군을 계승한 부여족을 조선 민족의 주족(主族)으로 파악하면서, 단군－부여－고구려－발해로 이어지는 정통론을 주장하였다.

이 계열의 사람들은 1910년 나라가 망하자 대부분 국외로 망명하였고, 그곳에서 민족운동의 일환으로 역사 연구에 집중하였다. 물질적 힘의 약세로 일제의 지배를 받고 있지만, 역사를 통해 민족정신, '국수', '국혼'을 보존하면 언젠가 나라를 되찾을 수 있다고 판단하였기 때문이다. 박은식의 『한국통사(韓國痛史)』 (1915)는 바로 '국혼'을 지키기 위해 저술된 것이었다. 그는 국교·국학·국어·국문·국사 등을 나라의 혼(魂)이라고 하고, 비록 군대나 기계 등 물질적인 약세로 나라가 망했더라도 "국교와 국사가 망하지 아니하면 그 나라도 망하지 않는 것"이라고 믿었다.[5]

신채호는 '국수'에 근거한 민족의 고유정신을 강조하였다. 그는 유교 도덕 때문에 나라가 망했다고 보고, 유교를 대신하여 "나라 없는 국민의 특별 도덕"을

---

3) 김도형, 「張志淵의 變法論과 그 변화」, 『韓國史硏究』 109, 2000 참조.

4) 『丹齋申采浩全集(下)』, 「歷史와 愛國心의 關係」, 76~77쪽.

5) 『韓國痛史』, 「結論」, 198쪽(『朴殷植全書』 上, 376쪽).

수립해야 한다고 주장하였는데, 그 가운데 "고유의 국수적 도덕"을 거론하였다. 신라의 화랑정신과 같이 자신을 버리면서 나라를 구한 애국의 희생, 곧 '낭가사상(郎家思想)'이라고 보고, 이를 계승하는 것이 외국의 윤리와 학설을 고취하는 것보다 낫다고 하였다.6)

박은식, 신채호의 역사 연구를 통해 우리나라 근대역사학이 성립되었다. 곧 민족주의 역사학이었다. 이런 박은식, 신채호의 학문과 역사학이 1920~30년대 연전에 계승되었다. 그 과업은 정인보, 이윤재7) 등의 몫이었다.

## 2) 1920~30년대 민족문화운동과 연전

(1) 1920년대 부르주아 민족운동의 한 축은 『동아일보』가 이끌었다. 『동아일보』는 1차 대전 후 세계정세의 변동 속에서 '문화주의'를 창간 이념으로 표방하였다. 1920년대 중반 이후 이들의 정치적 입장이 '자치론'으로 흐르기도 하였지만, 줄곧 부르주아 문화운동의 기반으로 '민족문화'를 강조하였다. 『동아일보』의 문화운동을 이념적으로 이끈 이가 송진우(宋鎭禹, 1890~1945)였다. 그는 1910년대 일본 유학시절에 이미 실력양성을 주장하면서도, 동시에 조선 문화, 역사 속에서 '국수'의 중요성을 강조하였다. 이는 여타의 유학생과 다른 점이었다.

『동아일보』는 새로운 시대의 변화에 따라 조선 민중이 세계문명에 공헌하고, 또 조선이 문화의 낙원이 되어야 한다고 주장하였다.8) 그들은 이런 운동을 통틀어 '개조'라는 말로 집약하였다. 이를 위해서 ① 민족의 단결과 민족적 사업, ② 서양 신문명의 적극적 수용, ③ 경제 발달과 교육 확장 및 악습

---

6) 『申采浩全集(下)』, 「道德」, 136~140쪽.

7) 이윤재는 1922년부터 북경대학에서 역사학을 수학하였는데, 그때 신채호를 만나 그의 역사학을 계승하였다. 그는 1920년대 말에서 30년대 초반에 연전에서 역사학을 가르쳤다.

8) 『동아일보』 1920. 4. 1, 「主旨를 宣明하노라」.

개량, ④ 사회 각 방면에서 실력 충실[실력양성]과 문화의 행복 등을 달성하자고 하였다.9) 요컨대 민족을 새로운 차원에서 결집하고 산업이나 교육을 발전시켜 민족의 실력을 충실하게 하면서, 동시에 문화적으로 새로운 신문화를 건설하자는 것이 문화운동, 개조운동의 핵심이었다. 『동아일보』를 중심으로 추진된 신문화운동, 실력양성운동은 서양문명을 적극적으로 수용하면서도 동시에 조선의 민족문화를 새로운 차원에서 계승 혹은 변용하는 방안이었다.

『동아일보』에서는 우리 민족이 문화적 창조 능력이나 외국 문화 수용을 소화하는 능력이 있으므로, 서양 문화와 조선 문화를 조화, 창조하여 신문화를 일으키자고 하였다. 그들은 조선 민족이 오랜 역사 속에서 정신적으로는 조선혼(朝鮮魂)을, 생활상으로는 조선식(朝鮮式)을 형성하였다고 지적하였다.10) 즉 조선인은 단군이 만든 조선혼과 조선식을 계승하여 이를 역사적으로 축적하여 유형[물질]과 무형[정신, 혼]의 문화를 만들었다고 하면서 민족적 자부심도 드러내었다.

따라서 조선의 신문화를 일으키기 위해서는 무엇보다도 역사적으로 축적된 조선 문화를 연구, 보급해야 한다고 하였다. 특히 "조선인의 입장에서 조선을 위해서의 조선학의 연구 및 건설을 주의"하자고 하면서, "조선 연구는 조선인이 주인"이고 따라서 "조선의 학풍이 도리어 외객(外客)을 우러러보기에 얼을 빠뜨리"는 현상을 비판하였다.11)

그들이 조선의 신문화 수립을 위해 강조한 것 가운데 하나가 '조선 글의 장려'였다. 『동아일보』 창간 직후에 「조선인의 교육에 일본어 강제를 폐지하라」는 사설을 게재하고,12) "조선어의 압박, 즉 교육 용어를 일본어로써 강제하는 폐해와 고통에 대하여는 인내할 수 없다"고 주장하였다. 일본어를 강제로

---

9) 『동아일보』 1920. 4. 7, 「世界改造의 劈頭를 當하여 朝鮮의 民族運動을 論하노라(4)」.

10) 『동아일보』 1920. 6. 22, 「自精神을 喚하고 舊思想을 論」.

11) 『동아일보』 1927. 3. 24, 「朝鮮의 原始相(上)」校刊三國遺事의 感.

12) 『동아일보』 1920. 4. 12, 「朝鮮人의 教育 用語를 日本語로 強制함을 廢止하라(中)」.

사용하게 하는 것은 조선인의 능력을 소모하는 것이고, 또 조선인의 독특한 문화를 파괴하는 것이라고 진단하였던 것이다. 한글보급운동은 『동아일보』가 1930년대 초반에 이르기까지 계속 추진하던 핵심 사업이었다.

『동아일보』의 신문화운동은, 한편으로는 조선의 고유한 문화를 계승하는 작업이면서, 또 다른 한편으로는 서양문명, 기독교 등의 문화에 대한 기여도 인정한 것이었다. 이런 점에서 『동아일보』는 연전과도 원활한 협조 관계를 유지할 수 있었다. 정인보가 『동아일보』의 논설반으로 활동하였으며, 최현배의 「조선민족 갱생의 도」도 『동아일보』 지면을 할애 받았다.

(2) 1920년대 중반 부르주아 민족운동에서 기독교 세력도 중요한 부분을 차지하였다. 서북지방과 장로교를 기반으로 한 수양동우회와, 서울·경기지역과 감리교를 기반으로 한 흥업구락부가 대표적이었다. 이 세력은 각각 국외의 안창호, 이승만과 연결되어 있었다. 연전의 교수, 이사 등은 주로 기독교계 대표로 여러 단체와 운동에 참여하였다.[13] 또한 이들은 민족적 연합 세력인 신간회에도 참여하였다(유억겸, 이관용, 이순탁, 조병옥 등).

1931년 신간회가 해소되자 부르주아 세력의 활동 공간은 매우 축소되었다. 이들은 일제의 대륙침략 아래에서 새로운 활로를 찾지 않을 수 없었다. 이를 주도한 것이 『동아일보』였다. 『동아일보』는 신간회 해소 이후 '민족적 중심단체의 재조직'을 주장하고, 문화혁신론을 주창하였으며, 이를 기반으로 민족운동, 정치운동, 경제운동 등을 새롭게 진전해야 한다는 것이었다.

『동아일보』가 중심이 되어 추진한 문화혁신론은 조선의 고유문화·사상을 제고하는 것이었다. 민족문화 선양 사업으로 한글 보급(문자 보급), '민족문화의 산물인 사적' 보존 사업, 위인 선양 사업 등이 추진되었다. 한글 보급을 위한 조선어강습회도 전국적으로 개최되었다. 또 이순신·권율·단군 등을 선양하고,

---

13) 장규식, 『일제하 한국기독교민족주의 연구』, 혜안, 2001 참조.

특히 이순신 유적 보존 사업(현충사, 제승당, 충렬사 등) 등을 추진하였다. 민족문화운동에는 활동 공간이 축소된 안재홍 등의 비타협적 부르주아층도 참여하였다.

『동아일보』가 주도하던 민족문화 사업에는 연전 교수들도 적극적으로 참여하였다. 이순신 유적 보존 사업에 정인보, 유억겸 등이 위원으로 활동하였다. 이윤재는 『동아일보』에 「이순신」을 연재하였고, 이를 책으로 간행할 때 정인보가 서문을 써 주었다. 정인보는 동아일보와 일정한 연관이 있었고, 특히 송진우와 가까운 사이였다. 정인보가 『동아일보』에 「양명학연론」, 「5천년간 조선의 얼」을 연재한 것도 송진우의 권유 때문이었다. 한글 보급, 조선어강습회도 연전 교수의 몫이었다. 최현배, 정인보, 백낙준 등과 연전 출신 국어학자들이 큰 역할을 하였다.

이런 흐름 속에서 1935년 전후에 '조선학운동'이 일어났다. 이 운동은 정인보, 안재홍이 중심이 된 '다산정약용 서거 100주년 기념' 학술활동에서 비롯되었다. 정인보는 조선학의 핵심을 조선 후기의 실학에서 찾았고, 특히 정약용의 학문을 새롭게 평가하였다. 이 운동에는 연전의 백낙준과 백남운도 동참하였다.

문화·학술계의 민족적 분위기 속에서 새로운 학문을 지향하는 조직으로 중앙아카데미 창설운동도 제기되었다.[14] 『동아일보』는 1936년 신년을 맞아 세계 각국의 학술 연구기관을 소개하고, 일제하에서 우리의 학술기관을 세우는 문제를 제기하였다. 이 운동도 연전 교수들이 주도하였다. 특히 백남운은 「학술기간부대의 양성-중앙아카데미 창설」이라는 글을 통해 대규모의 학술단체로서의 중앙 아카데미 창설을 제안하였고, 백낙준은 「학술 조선의 총본영 -조선 문고를 세우자」라는 글에서 조선 문화 연구를 목표로 하는 소규모의 '조선 문고' 설치를 주장하였다. 그 규모나 성격은 조금씩 다르지만, 모두 민족문화 연구를 통한 식민지 하 조선의 미래를 개척하기 위한 것이었다.

---

14) 김용섭, 『남북학술원과 과학원의 발달』, 지식산업사, 2005, 18~27쪽.

## 3. 연희전문학교의 민족교육과 학풍 정립

### 1) 1920년대 연희전문의 민족교육

연전은 위에서 본 국내외 민족문화운동과 발을 맞추어 역사와 문화를 연구하고 교육하는 일을 선도하였다. 곧 박은식, 신채호의 민족주의 역사학은 물론, 『동아일보』의 민족문화운동이 교내에서 모두 공존, 통합되고 있었던 것이다. 서양 선교사와 미국에서 수학한 교수들은 서양의 근대학문을 수용하면서 동시에 조선 민족의 역사문화와 문학을 연구하고 가르쳤다. 언더우드의 이념을 계승하고 한국에 대한 믿음을 학문으로 정리한 바 있는 원한경을 비롯한 선교사의 한국 연구와[15] 더불어 문과의 정인보, 백낙준, 최현배 교수 등의 민족문화연구가 바탕이 되었던 것이다.

1920년대 문과 과장, 부교장을 지낸 원한경은 부친 언더우드의 한국 연구를 계승하여 연전의 민족문화 학풍 수립에 기여하였다. 그는 먼저 언더우드가 편찬한 『한영문법(韓英文法)』과 『한영자전(韓英字典)』을 개정하였다. 원한경은 1915년 『한영문법』을 개정하고, 1917년에 연전 교수로 취임한 이후 『한영자전』 개정작업을 시작하였다. 『한영자전』은 영한, 한영사전을 모두 포함한 것이었지만, 원한경은 영한사전으로 만들었다. 개정작업은 1923년 봄에 완료되어 수정 보완을 거쳐 1925년에 『영선자전(英鮮字典)』으로 출간하였다.

원한경은 미국의 뉴욕 대학에서 박사학위를 받았다. 그의 박사학위논문은 기독교의 근대교육을 다룬 *Modern Education in Korea*였다. 특히 이 논문에서는 한국인과 일본인 사이의 '교육적 차별'에 주목하였다. 또 한국인들의 지적 수준을 낮게 보는 서구인들의 글을 비판하면서 한국인의 자질을 강조하였다. 원한경의 한국 문화에 대한 연구는 1930년대에 한국의 선박 연구(*Korean Boats and Ships*, 1933)로 이어졌다.

---

15) 류대영, 「연희전문, 세브란스의전 관련 선교사들의 한국 연구」, 『근대 학문의 형성과 연희전문』, 연세대학교 출판부, 2005.

    서양의 근대학문과 조선의 민족문화를 결합하기 위한 노력은 정규 교육을 거치지 않은 정인보를 연전 교수로 초빙하면서 본격화되었다(1922). 전통적인 한학, 특히 양명학을 수학한 정인보를 교수로 초빙한 것은 매우 획기적인 일이었다. 정인보는 뛰어난 한문학 실력을 바탕으로 중국문학, 한국문학, 그리고 중국철학 등을 강의하였고, 강의 중간 중간에 역사를 가르쳤다.

    연전의 조선어 교육을 주도한 사람은 최현배였다. 최현배는 1910년대 초반 조선어강습원에서 주시경으로부터 우리 말글을 배웠다. 최현배는 교토대학(京都大學) 문학부 철학과에서 교육학을 전공하였으며, 동시에 언어학, 사회학, 철학, 윤리학, 심리학 등을 공부하였다. 일본 유학을 결산하면서 그는 「조선민족 갱생의 도」를 발표하였다(1926). 그해 4월 연희전문의 교수로 부임하여, 논리학, 철학, 심리학 등을 강의하면서, 우리말을 과외로 가르쳤다. 한글을 통한 민족정신을 고취하기 위한 것이었다.

    정인보, 최현배와 더불어 연희전문의 민족문화의 기틀을 세운 사람은 백낙준 이었다. 백낙준은 평북 정주 출신으로, 미국인 선교사 맥큔(尹山溫, G. S. McCune) 교장의 도움으로 선천의 신성학교에서 공부하였다. 백낙준은 1911년 '105인사건'에 연루되자 이를 피해 중국 천진으로 건너가 신학서원에 입학하였다. 이 시기 그는 영어와 함께 성경, 동양 고전을 두루 익혔다. 다시 백낙준은 맥큔의 모교인 파크(Park) 대학에 유학하여 역사학을 전공하였고, 이어서 프린스턴 신학교에 진학하여 신학사 학위를 받았으며, 다시 프린스턴 대학에서 문학석사(역사학), 예일 대학에서 박사학위를 받았다(1927). 백낙준은 역사학자 이면서 신학자였다. 그 해 가을에 귀국하여 연희전문의 교수가 되었다. 그는 주로 성경을 가르쳤는데, 동서양 고전에 통달했고, 또한 역사학자로서의 안목이 있었기 때문에 그의 수업은 일반적인 성경 과목이 아니라 고금의 동서 문명을 폭넓게 아우른 강의로 진행되었다. 곧 문과 과장이 되어, 연전의 민족교육을 구상하고 지휘하였다.

    이와 같이, 학문적 배경이 전혀 다른 정인보, 최현배, 백낙준은 자신의 전공에 따라 동양과 서양의 학문을 아우르면서 연전에서 우리 민족의 역사와 문화를 교육하고 연구하였다. 동양적, 조선적 입장에서 서양학문을 수용하거나, 혹은 서양의 학문과 조선의 사상 문화를 결합하였던 것이다. 이 세 사람이 '의기 상통'하여 '화충의 학풍'의 기초를 다져 나갔다.

당시 연전의 학문적 분위기와 민족교육에 대해서는 백낙준의 회고 속에서 확인할 수 있다.

> 내가 연전에 와서 처음 강의를 할 때, 교실에 들어와 방청한 분이 정인보님이었다. 정인보님은 내가 중국에서 공부를 하였다 하여 한문학 이야기를 듣고자 한 것이며, 이래서 우리는 가까워지고 나는 정인보님에게 실학에 관한 지식을 많이 얻게 되었다. 내가 문과 과장으로 있으면서 실학 내지는 국학을 진흥시켜야겠다고 느끼고 그런 방향으로 애쓴 것은 정인보님의 깨우침과 협력이 있었기 때문이었다. 내가 연전에 왔을 때, 최현배님은 교육학, 철학, 윤리학 등을 강의하고 있었다. 우리는 의기 상통하여 한국어를 가르쳐야 하겠다고 생각하였으나, 일본 총독부의 교육 정책에 위반되므로 최현배님이 교과 내용을 유인물로 만들어 과외로 가르쳤다.[16]

곧 정인보의 조선사, 조선 문학 강의와 최현배의 조선어 강의를 통해 연전이 국학(조선학)의 본산이 되었다는 것이었다.

연전은 전문학교로서는 독특하게 학과의 '연구실'을 만들었다(1929). 이 가운데 민족문화 연구의 산실은 '문과연구실'이었다. 문과연구실은 "제반(諸般) 참고서류를 수집하여 조선 문학, 영문학 및 역사학의 연구에 편의를 도모"하고자 하였다.[17] 비록 한차례에 그쳤지만, 문과연구실에서는 교수의 연구논문집 『조선어문연구(朝鮮語文研究)』를 간행하였다(1931). 문과 과장 백낙준은 이 논문집 간행이 민족의 위대한 업적과 자취를 이어받기 위한 작업이라고 천명하였다.

---

16) 『백낙준전집(9)』, 「종강록」, 연세대학교 출판부, 1995, 484쪽.
17) 『延禧專門學校狀況報告書』, 1930, 8쪽.

논문집에는 정인보의 「조선문학원류초본(朝鮮文學源流草本)」과 최현배의 「조선어의 품사분류론」, 「한글의 낱낱의 글자의 쓰히는 번수로서의 차례잡기」 등 논문 3편이 실렸다. 조선의 문학과 어학을 대상으로 한 연구논문집의 발간은 당시 식자층에게도 충격적이었다.

근래에 조선에 관한 학문이 갑자기 발흥(勃興)하는 눈치가 있다. 경성제국대학을 중심으로『조선학보』의 발간이 있고 청구(靑丘)학회의 발기가 있거니와 이때에 연희전문학교 문학부에서 연구집을 발행하는 것은 전자의 관학임에 대하여 이것이 사학의 진출로 매우 의의있는 일일뿐 아니라 어떻게 말하면 쾌활한 일이다. 전문학교의 교명으로 본다면 이러한 사업이 도리어 외도라고도 할 수 있을 것이나 아직 사립대학이 없는 조선이니만큼 없어서는 안 될 이 사업을 연희에서 선편(先鞭)을 착(着)한 것을 감사히 여기어야 할 것이다. 장차 대학으로 승진하겠다는 계획을 가진 연전으로서는 물론 당연한 사업이겠지마는 (……)[18]

즉 대학을 지향하던 연전이 사립으로, 그것도 전문학교로 관학을 대표하는 경성제대의 조선 연구에 대항하였다고 본 것이다. 평자는 이를 전문학교 수준의 '외도'로 보면서도, 사립대학이 없는 사정 속에서 이를 주도한 연전에 감사해야 한다고 하였다. 그 내용에 대해서도 그 "방면의 권위자인 정인보 교수와 최현배 교수의 독창적 연구로서 조선학 연구의 중대한 공헌이 되고 학술적 태도의 지침이 되리라"고 평가하였다.

민족문화를 연구하고 민족정신을 가다듬어 가던 연세학풍의 발전에 이념을 달리하는 백남운도 가세하였다.[19] 그는 도쿄상과대학에서 조선경제사를 공부하고 1925년 4월에 연전 상과 교수로 부임하였다. 당시 연전 상과는 유물론이

---

18) 「讀書室−私學의 進出」, 『東光』 19, 1931, 68쪽.
19) 백낙준은 후에 "그때 연희전문학교는 민족주의자들의 소굴이라고도 하였다. 물론 그 중에는 백남운과 같이 유물주의사상에 젖어 있던 사람이 없던 것은 아니었다"라고 회고하였다(백낙준, 「民族敎育 參與 첫 10年」, 『새교육』, 1968 ; 『백낙준전집(9)』, 16쪽). 백낙준도 백남운 등의 '민족주의'적 입장을 인정하였다.

강하였다. "상과 교수들의 사상이 대체로 유물론으로 치구(馳驅)하는 반대로 문과 교수들은 유심론으로 머리를 파묻"는다는 중평이 있을 정도였다.[20] 그러나 연전의 학풍이 이념적으로 비교적 자유로웠고, 그들은 이념을 초월하여 조선의 문화와 역사를 연구하는 데 방향을 같이 하였다. 가령 백남운은 유억겸, 이춘호, 이순탁 등의 교수와 함께 조선사정조사연구회에 참여하여 민족문화, 정신의 유지에 기여하였다. 특히 상과의 백남운은 정인보와 매우 친밀하였다. 그는 경제사 연구에 필요한 고문헌 수집에서 정인보의 도움을 받았다. 백낙준도 백남운의 연구를 직간접으로 도와주었다. 이렇게 사상적 성향을 달리하는 사람들이 서로를 존중하며 어울린 것이 연전의 분위기였다. 이런 점에서 당시 사회에서는 문과의 최현배, 정인보와 함께 백남운을 포함하여 '연전 삼보(三寶)'라고 칭하였다.[21]

이와 같이 연전의 학문적 분위기는 독특하였다. 신실한 기독교 신앙을 가진 문과 과장 백낙준, 전통 한학에서 출발하여 양명학과 역사학에 일가견을 이룬 정인보, 마르크스주의 경제사학자였던 상과의 백남운, 그리고 서양의 교육학과 더불어 한글을 연구한 최현배 등은 계급 문제에서 전혀 어울릴 것 같지 않은 성향을 지녔지만, 민족적 이념을 공유하면서 기독교 학교의 울타리 속에서 비교적 자유롭게 학문을 연구하고, 각별한 친분을 유지하였다. 신앙과 이념을 달리하면서도 학문적 차원에서는 서로 인정하고 교감하고 조화를 이루면서 연전의 '동서화충의 학풍'을 만들어 갔다.

## 2) 연전학풍의 정립 : '동서고근 사상의 화충'

1920년대 국내외에서 일어난 민족문화운동을 배경으로 연전은 민족교육과 민족문화를 연구하는 본거지로 자리 잡게 되었다. 그리하여 연전에서는 이런

---

20) 漢陽學人, 「左傾敎授·右傾敎授, 延禧專門敎授總評(續)」, 『三千里』 12, 1931.
21) 위의 글 ; 漢陽學人, 「新進學者 總評(一), 延禧專門敎授層」, 『三千里』 10, 1930.

방향을 하나의 교육 방침, 곧 학풍으로 정립할 수 있었다. 1932년 「학교보고서」에 이런 점이 분명하게 표명되었다.

본교는 기독교주의 하에 동서고근 사상의 화충으로 문학, 신학, 상업학, 수학, 물리학 및 화학에 관한 전문교육을 시(施)하야 종교적 정신의 발양으로써 인격의 도야를 기(期)하며 인격의 도야로부터 독실한 학구적 성취를 도(圖)하되 학문의 정통(精通)에 반(伴)하야 실용의 능력을 병비(幷備)한 인재의 배출로써 교육 방침을 삼음.[22]

기독교 이념 아래에서 교육과 학문 연구를 행하는 목표 및 방법이 바로 "동서고근 사상의 화충"으로 정립되었던 것이다. 교육을 통하여 기독교적 인격을 이루고, 또한 학문과 실용 능력을 겸비한 인재를 만들고자 하였다. 학교의 학칙에서는 단순하게 조선교육령에 따라 '전문교육'만을 실시한다고 하였지만, 실제적으로는 전문학교 수준을 넘어 '대학' 수준에서 '학문의 정통'을 추구한 점을 표명하였던 것이다. 유억겸은 이를 연전 창립초기부터 줄곧 실천해오던 학교의 교육과 학문 연구의 방향을 정립한 것으로 이해하였다.

연전에서 '동서고근 사상의 화충'을 학문 연구와 교육의 지표로 설정한 것은 일제하 조선 사회가 지닌 문명화, 근대화의 과제를 서양 문화와 조선(동양) 고유의 문화·사상을 결합하여 해결하고자 한 것이었다. 그리고 이런 방침은 당시 식민지하 민족문화를 주창하던 조선의 사상계, 문화운동을 반영한 것이었다. 1920년대, 30년대 초반 『동아일보』를 중심으로 전개되던 신문화운동(민족문화운동)과, 또 다른 한편으로는 국외에서 강조되던 민족주의 역사학, 국수론 등이 큰 영향을 주었다.

기독교 이념 아래, 조선의 현실과 민족을 위한 교육을 지향한 것은 1934년 9월, 교장으로 취임한 원한경의 취임사에서도 잘 표현되었다.[23] 이 취임사는

---

22) 『延禧專門學校狀況報告書』, 「本校敎育方針」, 1932.

"대학을 목표로"라는 제목 하에 조선에 필요로 하는 인재를 키우려는 연전의 의지였으며, 그 교육은 조선의 전통 문화와 역사 속에서 필요한 것을 선택하고 이를 서양의 근대학문과 결합하는 방안이었다.

먼저, 원한경은 조선 문화의 중요성을 인식하고, 이를 계승한다는 점을 분명하게 표현하였다.

> 지금으로부터 4천 년 전에 강화 마니산에 제천단을 쌓으신 단군의 종교적 정신을 위해서 감사하며, 대동강안에선 기자성의 유물을 위해서 감사하고, 천여년 전 신라가 나은 최치원과 같은 현인들과 그의 뒤를 이어나온 유명한 선생들을 위해서 저는 감사합니다. (……) 반만년 조선 문화고(文化庫)에서 무엇이나 조선인으로서 기억할 만하고 명심할 만한 것을 취하며, 또는 금일에 사용될 만하고 현대 민중에게 줄만한 모든 것을 취택(取擇)하랴는 것이며 (……)

무엇보다도 원한경은 조선 역사에 대해 감사하였고, 조선 문화 가운데 계승해야 될 것은 계승하고, 민중에게 혜택이 될 수 있는 것은 가려 택하려 하였던 것이다. 그리하여 현대의 문제, 곧 식민지하 조선 문제를 연구하겠다는 것이었다.

그리고 원한경은 학문과 실용을 익히는 학생들에 대해서도 이렇게 말하였다.

> 3만5천여 권의 장서가 있는 본교 도서관에 동서 문학을 종람하는 청년 제군을 보시겠고, 문과연구실에는 이조 및 고대 서적과 싸우는 이를 보시겠으며, 상과연구실에는 조선경제 상태의 발전을 위하야 이 문제를 연구하는 이들을 보실 것이오. (……) 일방(一方)에서는 일반 자연과학을 연구하는 학생들을 보시겠으며, 또 다른 한쪽에서는 조선농촌문제를 연구하는데, 다른 한편에서는 조선가옥제도 개량을 위하야 연구하고 있는 학생 여러분을 보실 것입니다.

---

23) 「元漢慶校長의 就任辭, "大學을 目標로"」, 『延禧同門會報』 3, 1935.

곧 동서양의 문헌을 공부하여, 이를 당시 조선의 현실 문제를 해결할 수 있도록 교육하고자 한 것이었다.

'동서화충'의 교육 방침을 천명한 연전에서는 자연스럽게 민족교육을 추진하였다. 이는 1920년대 이래 줄곧 계속되던 것이었지만, 조선어 교육을 추진한 것은 특이할 만하다. 공식적으로 조선어를 가르칠 수 없었기 때문에 처음에는 지망자를 모아 과외로 가르쳤다. 그러다가 1929년에 학칙을 개정하면서 문과 1~3학년에 각각 2시간씩 정식 조선어 과목을 개설하였다. 문과 과장이던 백낙준은 경성제국대학에서 조선어를 정규 과목으로 가르치는 것을 보고 용기를 얻어 연전에서도 이를 정규 과목으로 가르치게 되었다고 회고하였다.[24]

조선어 과목을 정규 과목으로 가르치면서 1932년부터 문과 입학시험에 조선어 과목을 부과하였다. 이를 주관한 최현배는 "중등학교를 마치고, 전문학교에 입학을 지원하는 조선 청년의 조선말에 대한 이해력과 사용력이 얼마나 한가를 알아보고자 함"이었다.[25]

1920년대를 통하여 구축된 연전의 민족문화 교육은 1930년대 들어 화충의 학풍, 교육 방침으로 확립되었다. 이런 학풍은 적어도 일제의 대륙 침략 이전까지는 그 맥을 이어갈 수 있었다.

---

24) 『백낙준전집(9)』, 「회고록」, 146쪽.
25) 崔鉉培, 「조선사람은 조선말을 얼마나 아는가?-延禧專門學校 文科 入學試驗에 朝鮮語를 보이고 나서의 所感」, 『한글』 2, 1932, 54~56쪽. 조선어 문제는 주로 이해력, 사용력을 묻는 시험이었다. 철자법은 아직 통일된 것이 없었기 때문이었다. 주로 낱말의 뜻과 낱말을 사용한 문장 구성, 속담이나 시조 등의 해석, 그리고 작문 문제로 구성되었다. 작문 문제로 출제된 논제는 ① 전문학교 입학시험에 조선어 과목을 있음을 보고(1932), ② 나는 왜 文學에 뜻하는가(1933), ③ 전문 교육을 받는 조선 청년의 임무를 논하라(1934), ④ 문학의 필요를 논하라(1935), ⑤ 성공의 要訣을 논함(1936), ⑦ 시골서 서울 중등학교에 입학시험 보러 서울로 올라온 생도가 시골 계시는 그 어머니에게 보내는 편지(입학시험에 합격하였다는)(1937), ⑧ 음악의 필요를 논함(1938) 등이었다(『滿鮮高等專門學校 入學試驗問題集』 해당 연도 ; 『每日申報』 1938. 4. 3. 등 참조).

## 4. 연희전문학교 학풍의 전개

### 1) 정인보의 민족주의 역사학과 조선학운동

정인보(1935)

연전은 전통 학문만 수학한 정인보를 교수로 초빙하였다. 학교 경영진은 외국 대학에서 공부한 선교사, 교수들에 의해 새로운 근대학문을 가르치면서 동시에 한국의 민족문화 교육은 한학에 정통한 정인보 같은 사람이 담당해야 한다고 생각하였다. 그들이 초기부터 지향하던 동서의 화충, 통합의 정신이었다고 할 것이다.

정인보는 당시 "조선 한문학의 제1인자"로 평가받았으며, 학교에서는 한문학과 조선 문학을 가르쳤다.[26] 한문학을 강의하면서 그 속에 깃든 민족문화를 가르치던 정인보는 1930년대에 교외의 민족문화에 참여하면서 동시에 자신의 논의를 학술적으로 정리하였다. 한국의 사상사, 정신사를 양명학을 중심으로 검토하면서 새로운 도덕론을 제기하였고, 또한 역사학 속에 담긴 민족의 고유사상과 정신을 강조하였다. 그리고 이런 학술연구를 사회적인 학술운동으로 전개하여 조선학운동을 주도하였다.

정인보는 일찍, 상해에서 박은식, 신채호 등 민족주의 학자들과 교유하였다.[27] 또한 국내에서는 동아일보와 송진우와 깊은 연관을 가졌다.[28] 이는

---

26) 漢陽學人, 「新進學者 總評(一), 延禧專門學校 敎授層」, 『三千里』 10, 1930.

27) 정인보는 1913년 상해에서 동제사에 가입하여 활동하면서 박은식을 만났고, 같은 집에서 '同鼎食'하였다. 박은식은 나이 차이에도 불구하고 정인보를 "끔찍이 사랑해 주고", 정인보는 박은식을 "형님"이라고 불렀다. 또 박은식이 상해임시정부의 대통령이 되었다는 소식을 듣고는 '介潔無垢한 애국적 老志士'이며, '문장은 圓滑暢達한 점에서 당대 조선의 제1인'이라고 평하였다(鄭寅普, 「介潔無垢의 朴殷植 先生」, 『開闢』 62, 1925, 38쪽).

당시 연전이나 정인보의 학문 활동의 지형을 보여주는 것이었다.

이런 학문적 인연 속에서 정인보는 먼저 양명학을 정리하였다. 이 글을 통해 그는 조선시대의 역사와 학술계를 비판하고, 당시의 현실 문제를 포함한 학문 자세, 새로운 도덕으로 '실심(實心)'을 주장하였다. 그는 먼저 조선시대 5백년의 역사를 "허(虛)와 가(假)로서의 연출한 자취"라고 비판하고, 이에 대한 '실심'의 학문으로 양명학을 제기하였다. 곧 조선의 학문이 성리학으로 정립되면서 유학자들이 모두 개인의 영리만을 위하던가, 아니면 중화만을 존중하는 학문이 되었고, 이는 실심이나 실행이 없는 헛된 학문[虛學], 거짓 행위[假行]만이 가득 찼다는 것이었다. 아울러 정인보는 근대학문의 형성과정에서 전개된 서양 학문의 수용에서도 실심(實心)이 없이, 서양의 학설만 좇아가고 있다고 지적하였다. 이런 학문적 태도는 곧 박은식, 신채호가 주장하던 변법개혁론의 전통이었고, 자신이 몸담고 있던 연전의 국학 연구에서 제기된 '동서화충'의 학문적 태도이기도 하였다.

정인보는 양명학을 바탕으로 조선 고유의 문화와 정신도 추구하였다. 이는 신채호의 역사론, 국수론을 1930년대 차원에서 계승한 것이었다. 정인보는 신채호의 역사학에 '탄복'하면서, 1935년 1월 1일부터 「오천년간 조선의 얼」을 『동아일보』에 연재하기 시작하였다. 정인보가 역사 관련 글을 쓴 것은 일본의 조선사 연구를 "언제든지 깡그리 부시여 바리리라"는 결심 때문이었고,[29] 이를 위해서는 반드시 민족정신인 '얼'의 흐름을 정리하여야 하였던 것이다.

한편, 정인보의 민족문화운동은 조선 후기 실학을 계승하는 방향으로 추진되었다. 당시 현실 문제를 해결하기 위한 학술운동으로서 '조선학운동'이었다. 이때의 조선학은 1920년대의 그것과는 달랐다. 1920년대 거론된 '조선학'은 민속, 토속 등의 연구를 통하여 일본과의 차별성(혹은 위계성)을 정립하려고

---

28) 實心을 강조하던 정인보에게 양명학에 관한 글을 부탁한 것도 동아일보 사장 송진우였다(『동아일보』 1933. 9. 9.).

29) 鄭寅普, 『朝鮮史硏究(下)』, 「附言」, 서울신문사, 1947, 361~362쪽.

하였다면, 이때는 새로운 민족문화를 정립하고, 자주적 국가건설을 지향한 것이었다. 따라서 자연스럽게 조선후기 개혁론이었던 실학에 주목하게 되었다. 이는 한말 계몽운동에서 제기된 변법개혁론의 전통이기도 하였다.

이와 같이 정인보는 양명학에서 말하는 실심의 학문을 조선 역사 속에서 찾고자 하였다. 조선의 역사 속에서 간간이 잔존하던 '민족의 얼'을 밝히는 일이었고, 또한 주자학과 대비되는 '실심의 학문', '실행의 학문', 곧 실학에 주목하였다. 이런 점에서 양명학에서 말하는 '양지(良知)'는 '5천 년간 조선의 얼'을 올바르게 아는 일이었다. 「양명학연론」에서 '실심'을 제기한 다음 자연스럽게 「5천년간 조선의 얼」을 연재하였고, 조선학운동을 통하여 실학을 조선학으로 규정하였다.

정인보 등에 의한 민족문화, 국학론은 일제의 파시즘 체제가 강화되면서, 새로운 차원의 민족론으로 발전, 변전하여 갔다. 곧 민족적 측면을 바탕으로 세계적, 계급적 성격 등이 결합된 새로운 민족주의론으로 정립되었다. 고유문화를 바탕으로 민족 문제를 새롭게 정립한 안재홍 등의 신민족주의론과도 통하는 것이었다.

## 2) 최현배의 '조선민족 갱생(更生)'과 민족문화

1920년대 전반기 부르주아 계열의 문화운동에는 교육과 식산흥업을 통한 실력양성론이 여전하였다. 신문화의 수립을 위해서 조선인의 습관, 성격을 고치자는 논의도 그 운동의 일환이었다. 이런 논의는 민족적, 정치적 입장의 차이에도 불구하고, 여러 사람들에 의해 제기되었다. 최현배의 「조선민족 갱생의 도」도 이런 사회적 여론 속에서 제기된 것이었다.

이 글은 일본 유학을 마치면서 저술된 것이었다. 대학 졸업 후, 그는 1년간 일본에 더 머물면서 이 글을 작성하였다. "일본에의 10년 유학의 학창 생활의 선물"이었다고 스스로 규정하였다.[30] 연전 교수로 부임하면서 그는 이 글을

『동아일보』에 연재하였다.

최현배는 집필 이유를 단행본으로 간 행할 때(1930) 표명하였다. 첫째는 조선 을 사랑하고 조선을 위해 일하겠다는 청년 학생들이 조선을 역사적으로, 현실 적으로 이해하는 데 도움을 주기 위한 것이었고, 둘째는 시대적 진운, 문화적 발달에 조금이라도 도움을 주고, 특히 민족이 수난을 받는 시기의 지식인으로 서 '민족적 갱생'을 위해 근본적인 길을 제시하겠다는 사명감 때문이었다.[31]

최현배

조선 민족의 갱생을 위한 최현배의 방안은 '민족적 쇠약증'이라는 병을 고치자는 것이었다. 그는 조선의 '민족적 쇠약증'은 조선시대 이후 얻어진 병으로, 이로 인해 ① 조선 5백년 간의 악정으로 인한 문약의 폐, ② 사상 자유의 속박과 유교 전횡, ③ 중국의 학문만 배우는 무자각, ④ 한자의 해독,[32] ⑤ 양반 계급의 횡포, ⑥ 번문(繁文) 욕례(褥禮)의 누설(縷紲), ⑦ 불합리, 불경제의 일상생활 방식, ⑧ 조혼의 폐해, ⑨ 나이 자랑하 기, ⑩ 미신의 성행과 과학정신의 위축, 자력주의의 절멸 등의 증상이 나타났다 고 하였다.

그리하여 그는 이 병을 치료하기 위해서는 무엇보다도 민족의 생기를 진작하 는 것에서 시작해야 한다고 하였다. 갱생의 길을 "생기진작-이상수립-갱생확 신-불단노력"이라는 순서에 따라야 한다고 하였다. 그는 민족의 생기 진작, 민족의 이상 수립을 주장하면서 민족의 쇠약증을 고칠 수 있는 '갱생'의 노력과

---

30) 崔鉉培, 『朝鮮民族 更生의 道』, 東光堂書店, 1930, 1쪽.
31) 위의 책, 2~3쪽.
32) 그는 "아! 아! 한자! 한자! 이는 우리에게 정히 망국적 문자이었다"라고 규정하였다.

방안을 구체적으로 제기하였다.[33] 이 방안은 대체로 당시 부르주아 문화운동에서 제안하던 것들이었다. 곧 민족의 자질, 성질을 고치고, 경제적으로 실력을 키워가자는 것이며, 이를 위한 계몽, 교육 운동을 제기하였던 것이다.

그런 가운데서도 최현배는 민족에 대한 사랑과 민족의 역사적, 문화적 능력에 대한 확신을 매우 강조하였다. 특히 그는 조선 민족의 역사, 문화적 능력을 인정하고 "인문 진운에 막대한 기여를 한 민족으로, 향상하여 가는 인류사회에 영구히 존속 발전하여 증진하여 가는 문화적 행복을 충분히 향락 번영할 자격이 있을 것"이라고 자신하였다. 그는 조선 민족이 역사적으로 세계 어느 민족에 견주어도 손색이 없고, 오히려 문화적으로 우월하다는 증거로 '한글'을 들었다. 그는 우리의 한글은 "탁월한 독창력의 최대 발현, 최후 완성"이라고 높이 평가하고, 인류의 역사에서도 "공전절후(空前絶後)의 문자적 완성"이며, 문화사상의 독특한 지위를 지녔다고 하였다.[34] 그리하여 최현배는 민족갱생의 방안 가운데 특히 "민족 고유 문화의 발양"을 제기하고, 특별히 "우리 말과 글의 연구, 애육, 선용"할 것을 주장하였다. 한글을 전문적, 학문적으로 연구하는 학자 양성을 주장하면서 동시에 한글을 보급하고 문맹을 타파해야 할 것도 제창하였다.

이런 논리에 따라 최현배는 연전에서 조선어 연구와 교육을 담당하고, 이후 문화운동과 발맞추어 한글 보급운동, 조선어사전 편찬 사업 등을 주도하면서 「조선민족 갱생의 도」를 실천하였다.

그러면서도 주목되는 것은 최현배가 민족문화의 진흥을 통해 세계 인류의

---

33) 그는 민족 갱생을 위한 노력이 ① 신교육(조선 사람 자각 및 조선 민족의 행복을 위한 교육), ② 계몽운동(민중을 위한 교육기관 정비, 야학, 강습소, 신문 잡지 등), ③ 체육장려, ④ 신도덕의 수립(진실, 신의, 용기, 독립 자존, 사회적 의무, 근면 등), ⑤ 경제 진흥(근로 역작, 자작 자급 등), ⑥ 생활방식 개선(의식주 개량), ⑦ 민족고유문화의 발양 등의 방면으로 전개되어야 한다고 보았다. 그 외 미신타파, 조혼 폐지, 무용의 정신, 민립대학의 실현, 민족의 현실 생활에 대한 통계적 조사 연구 등을 제안하였다.
34) 위의 책, 174~175쪽.

진보와 문화 발달까지 고려하고 있었던 점이었다. 그는 세계 평화, 세계의 보편적 이상이 거론되던 당시에 자신이 강조하는 '민족적'이라는 말이 구시대, 구제도의 유물처럼 보일 수 있다는 점에 동의하였다. 그러면서도 식민지하의 조선에서는 아직 '민족'의 구별이 필요하다고 하였다. 즉 민족은 혈통, 생활 근거지, 언어, 그리고 역사 등이 다르므로, 아무리 물질적 평등의 사회가 실현되어도 민족은 소멸되지 않는다는 것이었다. 민족의 역사, 언어, 혈통 등을 거론한 것은 분명 당시 일본과 구별되는 조선 민족을 염두에 두었음이 분명하다. 그러면서도 그는 조선 민족의 고유한 특질을 발휘하여 창조와 개조를 이루어 나간다면, 궁극적으로 세계 인류의 진보, 문화에도 기여할 수 있을 것으로 보았다. 그는 인류 번영, 문화 진보 등을 추구하는 민족주의를 '신문화적 민족주의'라고 하였다. 구시대의 민족주의를 '상호 쟁탈의 민족주의'라면, 자신의 '신문화적 민족주의'는 '상호 협조의 민족주의'라고 하였던 것이다. 민족과 인류를 함께 고려한 학문적 태도는 곧 '동서고근 사상의 화충'의 이념과 통하는 것이었다.

### 3) 백남운의 민족주의적 경제사학

백남운은 사회주의 역사론을 우리 역사 속에 적용하여 우리 민족사를 체계화하였다.[35] 그는 1925년에 연전 교수로 부임하여 주로 경제학과 경제사를 강의하였다. 조선사정조사연구회 등에서 활동하면서 교내에서는 1926년 5월, 이순탁 교수와 더불어 경제연구회를 창립하였다. 이 단체는 "경제의 이론 및 실제 문제의 토구(討究)와 단체적 훈련 및 통일을 촉진"시키자는 목표를 천명하였다. 1927년 이후에는 조선경제사를 비판적 관점에서 정리하기 시작하였다.

백남운은 역사 연구의 필요성, 곧 일제 식민지 하에서의 역사 연구가 가지는 민족적 속성을 명확하게 인식하였다. 이런 목표를 위한 역사학의 방법으로

---

35) 방기중, 『한국근현대정치사상사연구』, 역사비평사, 1992 참조.

백남운(1927)

백남운이 택한 것은 사적유물론이었고, 이를 통해 그는 특히 "조선 역사의 특수성"을 비판하고, 과학적, 보편적 역사관을 주장하였다. 그는 당시 사적유물론 일각에서 제기되던 '아시아적', 혹은 '동양적'이라는 특수성, 정체성도 비판하였다.

백남운은 세계사의 보편적 발전법칙에 따라 조선경제사의 발전 단계를 ① 원시씨족공산제, ② 삼국정립시대의 노예경제, ③ 삼국시대 말기에서 최근세에 이르기까지의 아시아적 봉건사회의 특질, ④ 아시아적 봉건국가의 붕괴과정과 자본주의의 맹아형태, ⑤ 외래자본주의 발전의 일정과 국제관계, ⑥ 이데올로기 발전의 총과정 등으로 정리하였다. 이러한 문제의식을 세운 백남운은 우선 ①②단계를 『조선사회경제사』(개조사, 1933)로 정리하고, ③단계의 일부를 후에 『조선봉건사회경제사(상)』(개조사, 1937)으로 간행하였다. 그와 동시에 그는 학문 연구와 더불어 다양한 사회활동, 집필 활동도 전개하였다. 식민지 이식 자본주의의 본질과 국제경제에 대한 평론 활동도 행했고, 봉건 말기의 자본제 맹아, 상품생산에 대한 이론적. 실증적 작업도 추진하였다.

이러한 백남운의 역사 연구의 결론은 물론 당시 식민지하 조선 문제를 해결하기 위한 것이었다. 그는 조선사를 과학적, 보편적으로 파악하여 조선사 연구의 법칙성을 밝혀내면 앞으로 조선 문제도 이 법칙에 따라 해결될 것이라고 하였다. 그는 "금후 밟을 갱생(更生)의 동향도 역시 역사법칙의 운동과정에 의할 것이다", 또 "현실의 위압적 특수성에 대해 절망을 모르는 적극적인 해결책"이라고 하였다. 곧 현실에 대응한 실천적인 역사학이었고, 민족해방에 기여하는 역사학을 지향하였던 것이다.[36]

이와 아울러 연전의 민족적 학문 분위기 속에서, 백남운은 이 연구를 동료 교수의 도움을 받으면서 진행하였다. 그는 책의 서문에 "고문헌 수집에서는 외우(畏友) 정인보 교수의 시사에 힘입은 바가 많았다. 나아가 백낙준 교수 및 본교 도서관 직원들 (……) 직접 또는 간접으로 여러 가지 편의를 제공받은 점"을 거론하고 감사를 표하였다.[37] 이런 학문적 신뢰 속에서 백남운은 정인보 등과 실학과 정약용 연구, 곧 조선학운동에 참여하여 자신의 경제사 연구를 체계화하였다. 그리고 앞서 지적한 바와 같이 중앙아카데미 창설을 통한 식민지 하 조선문화를 중심으로 한 학술운동도 구상하였던 것이다.

백남운은 1938년 경제연구회 사건(여운형 초청 강연회)으로 이순탁, 노동규 등과 검거되었다가, 1940년에 출옥하였다. 연전에서 축출된 백남운은 1945년 해방 공간에서 다시 '학술원'을 세우고 새로운 국가건설을 위한 다양한 학술, 정치운동을 전개하게 되었다.


## 5. 맺음말

'화충의 학풍'이 표방된 것은 1930년대 초반이었다. 그러나 이 학풍은 멀리로 는 언더우드의 교육 사업, 계몽운동에서 시작되어, 1915년 연전 설립 이후 지향한 근대적 대학교육, 특히 1920년대의 민족문화 교육을 통하여 형성되었다. 이는 또한 당시 한국사회의 개혁과 변화를 주도하던 개혁론과의 밀접한 연관 속에서 정립된 것이었다. 주지하듯이, 한국의 근대개혁론은 항상 서양문명 인식과 수용의 수준과 노선을 둘러싸고 다양한 논의들이 전개되었고, 연희전문 의 학풍은 그런 동향 속에서 형성되었다. 연세는 이 학풍을 민족문화운동 속에서 사회적으로 실천하였다.

---

36) 방기중, 위의 책, 9쪽 ; 447쪽.
37) 방기중, 위의 책, 4쪽.

'동서고근 사상의 화충'이라는 연세학풍은 연세 교육의 첫발을 시작한 언더우드의 교육이념에서 비롯되어, 1930년대 초 부교장 원한경, 학감 유억겸에 의해서 체계적으로 정립되었다. 그 사이 1920년대 정인보, 최현배, 백낙준, 백남운 등 '동서화충'을 학문적, 교육적으로 실현한 교수들의 활동이 있었기 때문이었다. 화충의 이념은 당시 1920년대, 민족 문제를 해결하기 위해 제기된 부르주아의 신문화운동과 국외 민족주의 역사학자의 역사 연구 등을 그 배경으로 하였다.

연희전문은 한국 근대학문 형성의 근거지였다. 새로운 학문을 직접 들여온 자연과학, 실용적인 상과의 학문도 그러하였지만, 특히 조선인의 측면에서 이루어진 '문과'(어문학, 역사)의 학문과 교육은 식민지 학문에 저항하면서 형성된 한국의 근대학문이었다. 연전의 학문을 이끌던 학풍은 당시 지식인의 신문화운동과 국수보전론의 전통 위에서 이루어졌다. '동서고근 사상의 화충'을 지향하는 교육과 연구, 특히 어문학과 역사학을 통한 민족문화 계승의 근거지가 되었다. 정인보가 신채호의 글을 『동아일보』에 소개, 연재한 것이나 자신 스스로 「5천년간 조선의 얼」을 저술한 것은 바로 국수보전론, 민족주의론의 한 단면이었다. 또한 한편으로는 최현배가 「조선민족 갱생의 도」를 통해 민족 개조의 길을 모색한 것도 이런 문화운동의 일환이었다.

연세의 학풍은 1930년대 전반에 학문적, 교육적으로 절정에 달하였다. 전문학교 수준에 맞지 않게 각 학과에 연구실을 두고, 학문적 수준을 유지하였다. 특히 문과연구실은 민족문화 연구의 산실이었다. 비록 창간호로 그쳤지만 연구논문집 『조선어문연구』의 간행은 획기적인 것이었다. 식민지 학문의 본산 경성제국대학에 맞설 수 있는 자세와 수준을 보였던 것이다. 이 직후에 화충의 연세학풍이 「학교보고서」에 체계적으로 정리되었던 것이다.

이런 교내의 활동을 바탕으로 연전 교수들이 1930년대 초반 민족문화운동에 동참하고, 이를 이끌었다. 신간회 해소 이후 국내 민족주의의 주된 흐름이 민족문화운동으로 방향을 바꾼 시점이었다. 동아일보 등이 주도하는 민족문화 선양 사업, 조선어 보급 운동에 동참하면서, 한편으로 독자적으로 조선학운동을 제안, 주도하였다. 정인보가 그 중심인물이었고, 백남운이 이념을 넘어 동참하였으며, 그 외 최현배, 이윤재, 손진태 등이 각자의 역할을 담당하였다. 변화된 사회에 따라 민족주의 이념도 새롭게 정립하면서, 이에 맞는 새로운 학문을 구축해 나갔다.

민족문화운동을 주도하던 연세의 학풍은 1930년대 후반, 일제의 대륙 침략으로 점차 억압되었다. 전쟁의 바람이 연희 학원에도 미쳤던 것이다. 일본어 상용 정책에 따라 10여년 조선의 얼을 지키던 조선어 강좌가 폐지되었고, 그 대신 '일본 정신을 체득'하기 위한 일본학이라는 과목이 개설되었다. 급기야 일제는 연전을 적산으로 처리하면서 교장 원한경을 미국으로 추방하고, 언더우드 동상도 철거하였다. 마침내 일본인을 교장으로 앉히고는 민족문화 연구의 산실이었던 문과와 유일한 자연과학의 교육장이었던 문과와 이과를 폐지하고, 대신에 '동아과(東亞科)'라는 학과를 만들었다(1943). 이런 소용돌이 속에서 교수들은 여러 민족운동(수양동우회, 흥업구락부, 조선어학회, 경제연구회 사건 등)에 관련되어 옥고를 치르거나 강단을 떠나야 하였다. 급기야 일부 교수들은 일제의 침략을 옹호하는 활동을 전개하게 되었다.

그러나 민족문화 연구를 바탕으로 정립된 화충의 연세학풍은 연전 출신에 의해 계승되었다. 정인보의 민족사학을 계승하고 백남운의 역사론을 결합한 홍이섭은 일제 말기 『조선과학사』라는 역작을 세상에 내어 놓았다(1944). 연전에서 강의하였던 손진태, 이인영은 새로운 민족주의론을 정립하였다. 이런 흐름을 이어 해방 후, 연세는 다시 새로운 민족문화 영역을 개척할 수 있었고, 그 바탕에는 '화충의 연세학풍'이 있었다.

# 연희전문의 문학 교육에서 보여진
# 동서고근 화충의 실제

선교사들이 선교지에 도착하기 전에 해당 국가의 언어를 미리 배우는 사례는 매우 많다. 언어를 알아야 주민들에게 접근할 수 있기 때문이다. 1884년 조선에 도착한 언더우드 1세는 상당히 빠른 속도로 조선어를 배워, 1년만에 제중원에서 물리와 화학을 조선어로 가르쳤으며, 아펜젤러와 함께 「마가복음」을 번역해 임시본을 간행하였다. 3년만에 조선어 문법관련 책 2권과 한영(韓英) 및 영한(英韓) 사전도 편찬하였는데, 그는 단순히 서양인의 조선어 학습에 그치지 않고 산골마을까지 찾아다니며 조선을 연구하였다. 물론 선교 차원의 방문이었지만, 그가 조선문화를 체험하고 『한국개신교수용사(The Call of Korea)』(1908)를 발표했기에, 조선(동양)과 서양의 낯선 만남이 융화될 수 있었다.

언더우드(Underwood) 선교사 집안이 4대에 걸쳐 원(元)씨를 성으로 쓰고 한국 묘지에 묻힌 것만 보더라도 한국인과 하나가 되기를 원했음을 알 수 있다. 원한경(元漢慶) 교장은 취임사에서 "우리는 서양인으로 이곳에 오는 것을 요구치 않고 조선사정에 깊이 동정하고 그리스도의 정신을 가지고 온 이를 환영합니다. (……) 이 학교가 이러한 통일적 이상 아래 설립된 것은 그 역사를 아는 이에게 명백히 들어나는 사실이올시다"[1]라고 말했는데, 이는 선교사들의 연합선교와 연합교육만을 강조한 것이 아니라, 연희전문의 교육방

---

1) 『延禧同門會報』 3, 1935.

침을 다른 식으로 천명한 것이기도 하다.

연희전문의 설립자 언더우드도 대학과 전문학교의 차이를 알았기에 사립대학을 설치하려고 애썼지만, 총독부의 교육방침에 따라 사립대학은 끝내 인가받을 수 없었다. 언더우드가 각계에 보낸 편지에서 그러한 노력과 좌절이 입증되었다. 학자를 양성하는 것이 목표가 아니라 전문인을 양성하는 것이 목표였던 전문학교에서 학풍(學風)이라는 말이 가능한가? 교수 개인에게는 가능할 수 있겠지만, 학생들에게도 가능한가? 교수와 학생 몇 사람의 예를 들어가면서, 연희전문의 문학 및 어학 교육을 통해 '동서고근의 화충'이 어떻게 실현되었는지 찾아보기로 한다.

## 1. 한문시대 서양 유학생 출신 교수들의 합류

당시 조선 지식인들은 서양 선교사가 세운 연희전문학교가 서양식 교육을 할 것이라고 생각하였다. 그러나 상황보고서에서 밝힌 교육방침은 동양과 서양의 화충이었다.

> 본교는 기독교주의 下에 東西 古近 사상의 和衷으로 문학, 신학, 상업학, 수학, 물리학 및 화학에 관한 專門敎育을 施하야 종교적 정신의 發揚으로써 인격의 陶冶를 期하며 인격의 도야로부터 篤實한 학구적 성취를 圖하되 학문의 精通에 伴하야 實用의 능력을 幷備한 인재의 배출로써 교육 방침을 삼음[2]

연희전문의 교육방침은 동양과 서양이 하나가 되는 교육이고, 학문 이전에 '인격의 도야'를 목표로 하는 교육, 즉 조선시대 유학(儒學)과 일맥상통하는 점이 있었다. 다만 유학과 다른 점이 있다면, 유학은 인격 도야에서 그쳤지만 연희전문의 교육은 거기서 그치지 않고 학구적 성취와 실용의 능력을 겸비한

---

2) 『延禧專門學校狀況報告書』, 1932, 「本校敎育方針」.

인재를 배출하는 데 있었다.

## 1) 백낙준, 백남운 교수의 수학 과정

'동서고근의 화충'이라는 교육방침을 실현하려면 당연히 동양교육을 받은 교수와 서양교육을 받은 교수들이 함께 하나가 되어 가르쳐야 했다. 서양 선교사들은 당연히 서양식 교육을 받은 교수였지만, 한국인 교수들은 서양 유학생들을 임용해야 했다. 1910년대에는 서양 유학생들이 드물었지만 연희전 문학교는 서양 유학생들을 교수로 대거 받아들였는데, 그들이 유학을 떠나기 전의 조선사회는 아직 한문학시대였으므로, 대부분 한문학적 소양을 지닌 상태에서 서양학문을 받아들였다. 연희전문학교의 교육방침 이전에, 교수 자신이 동서고근의 화충을 체현한 것이다. 그러한 예를 백낙준(白樂濬, 1895~1985)에게서 찾아볼 수 있다.

백낙준은 1910년 기독교 학교인 평안도 선천의 신성중학에 입학하여 윤산온 (尹山溫, George S. McCune) 선교사의 지도를 받고, 중국 톈진신학서원(天津神學書 院)에 유학하여 중국어와 영어 강의를 들었다. 그가 미국 파크 대학으로 유학한 것도 윤산온 선교사의 추천에 의한 것인데, 윤산온 자체가 파크 대학 출신인데다 그 대학의 설립자 딸과 결혼했으며, 교수로 재직하기도 했었다. 백낙준이 용재(庸齋)라는 동양식 호와 조지 백(George Paik)이라는 서양식 이름을 함께 가지게 된 것도 이러한 유학과정 때문이다.

프린스턴 대학교 대학원에서 역사학과 신학을 연구한 백낙준은 1925년 예일 대학교 대학원에서 종교사 연구를 시작해 1927년 철학박사학위를 받았다. 한국사를 연구하면서 서양의 기독교가 한국에 어떻게 들어와 발전했는지를 박사논문 주제로 삼은 것 자체는 연희전문학교 교육방침을 염두에 두지 않은 선택이었는데, 결국은 1927년에 연희전문학교 교수로 부임하여 '동서고근의 화충'을 체현하는 데 앞서게 되었다. 학업과정에서 이미 준비가 되어 있었던 것이다. 그는 강의와 연구 이외에도 조선기독교서회 이사, 조선어학회 회원, 영국 황실아주학회 한국지부 이사, 진단학회와 조선민족학회 발기인 등으로 폭넓게 사회활동을 벌였는데, 이러한 활동 역시 '동서고근의 화충'을 연희전문 캠퍼스에 국한시키지 않고 조선사회로 확충시킨 결과라고 볼 수 있다.

'동서고근의 화충'을 교육이념으로 삼으려면 서양 유학생 출신 교수뿐만 아니라 당연히 '동(東)'을 담당할 교수도 필요했는데, 신학문을 배우지 않은 한학자(漢學者) 정인보(鄭寅普, 1892~1950)가 백낙준이 부임하기 전부터 이미 한문과 조선문학을 가르치고 있었다. 일본 도쿄상과대학 출신의 백남운(白南雲, 1894~1979)도 전라남도 고창군 아산면 반암리에 있던 부친의 서당에서 어린 시절에 한학(漢學)을 배웠다. 그가 뒷날 동암(東巖)이란 호를 쓰게 된 것도 어린 시절 반암 고향에서의 한학 공부에 기원한 것이다.

백남운의 부친 백낙규는 전라도 유림들에게 존경받는 한학자였으며, 위정척사(衛政斥邪)를 주장했던 전형적인 유학자였다. 연희전문학교 도서실에 기증된 백낙규의 문집『수당유고(遂堂遺稿)』권4에는 외국에서 유학하고 있는 아들 남운에게 보낸 편지「답남운서(答南雲書)」·「기차자남운서(寄次子南雲書)」등의 서신 10여 편이 실려 있는데, 정신 수양, 마음 다스리는 법, 한문공부(漢文工夫)의 방법과 필요성을 가르쳤다. 백남운은 아버지의 가르침에 따라 한문공부를 체계적으로 했으며, 아버지와 한문 편지를 주고받을 만한 수준이 되었다. 다른 사회주의자들에 비해서 고서를 많이 읽었으며, 연희전문학교 교수로 부임한 뒤에도 학문성향이 전혀 다른 정인보와 학자로서의 교류를 친밀하게 한 것도 한학(漢學)의 배경 덕분이라고 할 수 있다.


2) 4년 과정을 통한 영어와 한문, 조선어 강의시간

'동서고근의 화충'이라는 교육방침을 실현하려면 동양과 서양을 제대로 배우기 위해 동양과 서양의 언어 교육이 필수적이다. 전문학교는 대학이 아니기에 3년 과정이었지만, 연희전문의 문과는 동서양 언어교육에 많은 시간을 배정했기에 4년 과정이었다. 1921년 학칙을 보면 매학년 영어(英語 : 讀方, 會話, 解釋, 書取, 暗誦, 作文) 5시간, 영문학(英文學 : 文法, 書取, 作文) 3시간씩 배정하여 매주 8시간 영어를 가르쳤다. 예습하고 복습하는 시간까지 계산하면 학생들이 상당한 시간을 영어와 함께 살았던 셈이다. 한문(漢文) 3시간도 1~2학년에는 독방(讀方)과 해석(解釋), 3학년에는 저술(著述)을 가르쳐, 읽고 쓰기에 부족함이 없게 하였다.

총독부에서 1938년부터 조선어 교과과정을 개설하지 못하게 하였지만, 연희전문에서는 1938년 11월에 학칙을 개정하여 문과에 조선어를 개설하고 입학시험에도 조선어를 출제하였다. 조선어를 사용하지 못하게 하던 30년대 말, 40년대 초 문과의 조선어와 한문 강의시간의 변화는 아래와 같다.

1939년  조선어(문법, 조선문학) 1~2학년 3시간씩, 3~4학년 2시간씩
        한문(한문학사, 강독) 1~4학년 2시간씩
        문학개론 1학년 2시간
1940년  학칙 개정(일본문학 필수)
1941년  국문학(일본문학-강독, 작문, 국문학사), 한문(강독, 작문, 한문학사), 문학
        개론, 조선문학
1942년  (3년 과정으로 단축) 국문학 유지, 문학개론(2시간) 외에 한문(8→6시간),
        조선문학(5→4시간)은 이수학점이 줄어들었음


## 3) 조선어에 유럽 언어학을 받아들인 김선기

학생들이 4년 동안 수준 높은 영어와 한문을 배웠기에 다른 대학이나 전문학교에 비해 상대적으로 많은 유학생이 배출되었고, 이들이 자연스럽게 '동서고근의 화충' 대열에 참여하였다. 연희전문 문과 시절 최현배에게서 조선어 강의를 듣고 언어학자가 된 김선기(金善琪, 1907~1993)의 회고담을 들어보자.

**남** 그때 선생님께서는 한글학회에 언제부터 관여를 하셨어요?

**김** 오래 됐죠.

**남** 유학가시기 전부터 관여하셨어요?

**김** 그렇죠. 파리에 가는게 좋을 것 같아 파리에 갔다가 다시 영국에 가는게 좋을 것 같아 가니까, 다니엘 존스가 환영을 해요, 아주 반가와서. 왜냐하면 영어를 알아 듣게 하니까.

**남** 어디서 영어를 배웠죠?

**김** 어떻게 배웠는지 기억은 안 나는데, 전화 통화가 될 정도로 하니까 그렇게 반가워해요. 영국서는 교수가 맞아들이기 전에는 입학이 안돼요. 나는 가자마자 영어를 하니까 (모교 덕택이지) 학교 다닐 때 성적이 아주 나쁘진 않았을거야. 아, 꿈 속만 같아.

**남** 연전 졸업이 30년이었군요.

**김** 사이드 스토리(side story)랄까. 내가 중학교 4학년을 마치지 못하고 중국으로 가서 동양대학에서 공부하다가, 중앙대 은사인 이옥령 은사는 여기의 책임자이니까 저를 잘 아세요. 그래서 찾아 뵙고. 북경 가서 거길 다니다가 연전으로 전학을 했지.

이옥령 덕택으로 나도 맘대로 돌아다니는 사람이라, 지구를 세 바퀴를 돌아다녔으니 생활이 어떻겠어? 어릴 때 부모님 사랑을 나만큼 받은 사람이 없고 학교에서 최현배 선생의 사랑도 상상을 할 수 없었지. 최현배 선생이 중앙대를 나오셔서 나를 그렇게 좋아하셨어. 그도 조선어학회에서 같이 활동을 했으니까. 최현배 선생과는 사제 관계를 넘어섰지.

**남** 외솔과의 인연으로 어학을 전공하시고 언어에 관심을 가지셨나요?

**김** 내가 어렸을 때, 한자를 한 번에 외워서 할아버지의 귀여움을 많이 받았지. 부모님도 좋아하시고. 그래서 말에 대한 관심이 있었어.

**남** 결국 조선어학회, 한글학회와의 인연이 외솔과의 인연이 아니겠습니까?[3]

이 대담은 1991년 5월 27일 알렌관에서 김선기의 제자 남기심 교수의 질문을 통해 진행되었는데, 세상을 떠나기 2년 전이라 "내가 85세인데 기억력이 많이

---

3) 연세원로녹취록.

줄었어요"라는 말에서 알 수 있듯이 어떤 부분에서는 기억이 헷갈리기도 했다. 그러나 언어학 분야의 석학인 다니엘 존스 교수와 전화 인터뷰를 통해서 영국 런던대학에 유학을 가게 된 것이 모교의 영어교육 덕분이라는 것을 그는 분명히 강조했다.

김선기(1941)

김선기도 어린 시절에는 다른 아이들처럼 한학(漢學)을 배웠지만, 중학생 시절에 중국 대학에 유학갔다가 연희전문으로 전학하여 다시 영어와 한문, 조선어를 배우면서 '동서고근의 화충'을 학문의 화두로 삼았다. 최현배의 조선어 강의에 감동하여 조선어학회에 가입했으며, 1930년 연희전문을 졸업한 뒤에는 조선어학회 사전편찬원이 되었다. 조선어학회에서는 1934년에 김선기를 프랑스 파리로 파견했는데, 유럽 언어학을 받아들일 수 있을 정도의 외국어 실력을 지니고 있었기 때문이다.

그는 파리 유학시절의 학습과정을 스승 최현배에게 편지로 보고하였다. 그 편지에 따르면 첫째, 그는 1935년 3월 1일에 파리 대학에 입학하였다. 둘째, 언어학 강의는 시기가 늦어 듣지 못하고, 성음학 강의를 듣기 시작했다고 한다. 셋째, 가을부터는 언어학과 음성학을 연구하겠다는 것이다. 넷째, 파리 대학에서 언어학계의 거성들의 발자취나 현실을 보고 감격하였다는 것이다(『한글』 3 ; 6·7·8合, 1935)[4]

파리 유학시절에 서울에서 조선음성학회가 발족되자 그도 발기인이 되었는데, 첫 학기에 언어학이 아니라 음성학 강의가 개설되는 바람에 그의 학문진로가 언어학에서 음성학으로 바뀌게 되었다. 1935년 7월 영국 런던의 유니버시티

---

4) 연세대학교 국학연구원 편, 『연세 국학 연구사』, 「연세와 국학 연구자들 '김선기'」, 연세대학교 출판부, 2005, 586쪽.

컬리지에서 열린 제2회 만국음성학대회에 참석하려던 조선음성학회 간사 정인섭이 병원에 입원하는 바람에, 연희전문 시절 그에게 강의를 들었던 김선기가 대신 참석케 되었다. 그런 인연으로 그는 다니엘 존스에게 인정받아 런던대학에 입학하였으며, 일반음성학 이론을 바탕으로 한국어음성학 연구를 논문으로 써서 석사학위를 받고 연희전문의 교수로 부임하였다. 유럽언어학이 연희전문의 국학 연구에 접목되어 동서고근의 화충이 한 단계 더 깊어진 것이다.

연희전문 교수가 된 뒤에도 조선어사전 편찬에 깊이 관여하던 그는 1942년 일제 경찰이 만들어낸 일명 조선어학회사건에 연루되어 연희전문 스승 및 선배들과 함께 함경남도 홍원경찰서에 체포되어 모진 고문을 받았으며, 연희전문 교수직에서 해임되었다. 1945년 광복 뒤에는 서울대학교로 옮겨 언어학과를 창설하여, 한국의 국어학이 아닌 전세계의 언어 일반을 연구하는 언어학을 궤도에 올려놓고, 문교부 차관으로 교육행정에 나서기도 하였다. 조선의 조선어가 아니라 세계 각국의 언어를 관통하는 일반 언어학 연구를 시도할 수 있었던 바탕이 바로 연희전문 시절 '동서고근의 화충'이라는 교육방침의 결실 가운데 하나라고 볼 수 있다.

## 2. 강의 개설과 문학 창작

### 1) 정인섭의 영문학과 손진태의 동양사의 만남

연희전문학교 문과에서 가장 오래 재직한 교수 가운데 한 사람이 바로 정인섭 교수이다. 국학자들이 여러 차례 민족운동에 관련되어 학교를 떠났지만, 영어를 가르쳤던 정인섭 교수는 민족운동에 직접 연루되지 않았기에 강단을 계속 지켰고, 윤동주에게도 영어뿐만 아니라 문학개론을 비롯한 과목들을 가르쳤다.

정인섭(鄭寅燮, 1905~1983)은 와세다대
학 영문과를 졸업한 서양문학 전공자였지
만, 자신의 학문적 사명을 '세계문학'에 두었
다. 조선의 근대문학을 발전시키기 위해서
는 서양의 문학을 번역해야 했기에 해외문
학연구회를 조직하고 기관지『해외문학』을
간행하는 등 해외문학파의 주역으로 활동했
지만, 궁극적인 목표는 해외문학의 한국어
번역뿐만 아니라 한국 고전의 영어 번역도
포함되었다. 그는 1927년에 발표한 「飜譯藝
術의 有機的 機能」이라는 글에서 "문학주의

정인섭(1936)

의 일도를 내포하고 객관적 견지에서 외국 것을 한국화하고 한국 것을 외국화하
는 데 그 종합적 명제의 焦點과 目標가 있어야 하겠다"고 주장하였다.

그는 실제로 한국 고전을 외국화하는 데에 힘썼는데, 시조(時調)를 영어로
번역하면서 영어권 독자들이 감정적으로 받아들일 수 있는 적당한 형태를
만들어내기 위해 많은 고심을 하였다. 「시조 영역론」에서 "한국 시가 중에서
「시조」라는 것의 특수성을 생각하여야 될 것")이라고 하면서 "시조의 특수성을
인정하여 그것의 본질 내지 외형적 효과를 영시형(英詩型) 속에 전환시켜야
한다"고 주장하였다. 그가 영어로 번역한 시조는 초장 중장 종장의 3장체
형식을 살리면서도 영시의 형식도 잘 지켜, 영어권 독자들이 '시'로 받아들이는
데에 별문제가 없었다고 한다. 그가 생각한 '세계문학'은 서양문학을 한국에
소개하는 것이 아니라, 한국의 독자가 서양문학을 읽고 서양의 독자가 한국문학
을 읽을 수 있게 되는 것이다. 한국문학과 서양문학이 같은 공간에서 만나는
것이야 말로, 동서고근의 화충을 실현한 예라고 할 수 있다.

---

5) 정인섭,『비소리 바람소리』, 정음사, 1968, 76쪽.

정인섭은 한국 시가를 영어로 번역하는 일에만 힘쓴 게 아니라, 한국 민속을 조사하는 일에도 앞장섰다. 그와 함께 민속 조사를 주도한 학자가 역시 연희전문 학교에서 동양사를 가르쳤던 손진태 교수이다.

손진태(1940)

역사 민속학자 손진태(孫晉泰, 1900~?)는 중학 시절에 주시경 선생에게서 조선어를 배웠다. 일본 와세다대학 사학과에 유학하여 공부하는 동안, 몇 차례 귀국하여 전국을 답사하며 민속(民俗)을 채집하였다. 1933년에 귀국하여 이듬해부터 연희전문에서 강사로 임용되어 동양사를 강의하였다. 그의 학문적 관심이 학부 시절부터 민속학으로 기운 것은 역사를 자유롭게 연구할 수 없었던 식민지 상황에서 민족 연구를 위한 방법이기도 했다. 채집된 자료를 정리하여『조선고 가요집』(1929, 日文),『조선신가유편(朝鮮神歌遺編)』(1930, 韓日對譯),『조선민담 집』(1930, 日文) 등을 간행하고, 1932년에 정인섭, 송석하 등과 조선민속학회를 조직하여 조선민속 간행을 주도하였다.

민속학계에 남긴 그의 가장 큰 공로는 민속학을 독자적인 과학으로 인식하고 이를 학문으로 정립시킨 점이다. 민속학을 역사연구의 보조수단으로 여겼던 최남선(崔南善)이나 이능화(李能和)와 달리 그는 본격적인 민속학자였다. 선배들이 문헌에만 의존하였던 것과 달리, 그는 현장에 나가 일차자료들을 수집함으로써 민속학이 실증과학임을 인식시켰다.

그는 우리 민족문화의 본질을 캐는 데 있어 주변문화 곧 중국·만주·시베리아 일대의 문화와 비교하는 새로운 방법을 이용하였다. 특히, 설화연구에 있어 발생과 전파과정을 밝히고 우리 설화가 지닌 특질을 고찰한 점은 큰 성과라 하겠다. 설화는 민속과 연결되는 고리이니 그가 설화연구를 한 것은 당연하다고 생각되지만, 그가 시조를 '세계적으로 자랑할 만한 문학'이라고까지 높이 평가한 것은 뜻밖이라고 할 수 있다. 그는 「시조와 시조에 표현된 조선사람」(『新民』, 1926년 7월)이라는 글에서 우리의 민족성이 시조에 잘 나타나 있다고 설명하더니, 이듬해 발표한 글에서는 이미 시효가 지난 조선시대의 시조 형태만 고집하지 말고 새로운 형태를 개발하자고 주장하였다.

> 門下漢인 우리가 보면 近日 作家들에게는 이러한 缺點이 보인다.
> 一, 短型詩調만을 詩調로 생각하는 듯한 傾向
> 二, 古調, 古型, 古語를 固執코저 하는 傾向
> 우리는 支那文化의 奴隷生活로부터 처음으로 「우리文化」란 것을 發見하엿다. 함으로 無條件, 無批判的 으로 古代文化를 崇拜코저 하고 그것에 盲從코저 한다. (줄임) 우리가 지금 古調, 古型, 古語로서 우리들의 思想과 感情을 잘 表現할 수 잇슬가? 그러한 型式의 無批判的 固執은 우리의 生動하는 思想 感情의 自由 表現을 無限히 沮害하는 것이다. (줄임) 함으로 우리가 將來의 새로운 詩調를 建設코저 함에는
> 一, 字數, 行數, 用語에 반다시 古型式을 盲執치는 말ㅅ것
> 二, 比較的 豊富히 思想 感情을 表現할 수 잇는 長型의 詩調型式을 利用할ㅅ것
> 의 두 가지를 特히 主張하고저 한다.[6]

손진태는 당시 민족주의 진영에서 주장하던 시조부흥운동에 문제가 있다고 보았다. 규범적인 평시조만을 시조라 고집하지 말고, 생동감 있는 장형시조를 적극적으로 지어보라고 젊은 작가들에게 권면한 것이다. 옛 시조의 전통을 살리면서도, 창조적으로 계승하여 혁신하라는 뜻이다.

정인섭과 손진태는 와세다대학 유학 선후배로, 서양문학과 동양사 전공의 교수들이지만 조선민속 조사를 함께 다녔다. 손진태가 1928년 「온돌예찬」에서 "온돌은 조선 문화의 '태반(胎盤)'이자 '자모(慈母)'다"라고 온돌을 칭찬하였으

---

6) 손진태, 「반드시 古型을 固執함은 退步」, 『新民』 1927년 3월호, 83~85쪽.

며, 정인섭은 1927년 일본 도쿄(東京) 니혼서원(日本書院)에서『온돌야화(溫突夜話)』라는 설화집을 간행하였다. 유럽에서는 벽난로 앞에서, 일본에서는 이로리(圍爐裏)를 둘러싸고 옛날이야기가 전승되듯이, 한국에서는 온돌방에서 옛날이야기가 전해졌음을 나타내는 제목이다. 외국에 없는 온돌을 중심으로 우리의 옛날이야기를 외국에 전하려고 외국에서 출판한 것인데, 두 사람의 합작이라고 생각할 수도 있다. 정인섭은『온돌야화』를 바탕으로 하여 화자를 보완하고 내용을 신화, 전설, 민담, 우화, 고전소설로 분류하여 총 99화를 수록한『Folk Tales from Korea』를 1952년 영국에서 출판하였다.[7]

손진태는 1939년에 보성전문학교 교수로 부임하면서 연희전문학교의 강의를 이인영에게 물려주었기에, 그의 민속학 연구업적을 총정리한『남창 손진태 선생 유고집』은 고려대학교 박물관에서 간행되었다. 문학 관련 논문은 제2권『우리의 역사와 문화』에 실렸는데, 이 가운데 민속과 문학이 만나는 접점은 '무당(巫堂)－무당노래(巫歌)－민요(民謠)－동요(童謠)'로 이어진다. 서양에 없는 무당을 한국문화의 근원 가운데 하나로 본 것인데, 무당을 노래로 연결시켜 구비문학 전반으로 이끌어낸 것이 역사학자의 관점으로는 특이하다. 1938년에 입학한 윤동주의 동기생인 김삼불(金三不, 1920~?)을 비롯하여 강한영(姜漢永, 1913~2009), 정병욱(鄭炳昱, 1922~1982) 등의 판소리 1세대 연구자들이 모두 연희전문학교 문과에서 문학을 배웠다는 사실이 우연만은 아니다. 김삼불은 김일성종합대학, 강한영은 중앙대학교, 정병욱은 연희대학교를 거쳐서 서울대학교에서 판소리를 비롯한 한국고전문학을 가르쳐, 연희전문의 국학이 풍성한 결실을 맺게 하였다.

## 2) 문과 강의실의 정인섭과 손진태

1938년 4월에 입학한 윤동주가 첫 번째 여름방학에 고향 용정에 돌아와,

---

7) Zong In-sob, *Folk Tales from Korea*, Routledge&Kegan, Paul Ltd., London, 1952.

광명중학 2년 후배인 장덕순에게 연희전문 이야기를 들려주었다. 그날의 기억을 장덕순은 뒷날 이렇게 회상하였다.

> 동주는 나를 데리고 해란강(海蘭江 : 이름은 예쁘지만 꽤 살풍경한 강이었다)가를 거닐면서 문학 공부의 필요성을 강조하고, 문학을 공부하려면 자기가 다니는 학교가 가장 적당하다는 것을 역설하기도 하였다.
>
> 문학은 민족사상의 기초 위에 서야 하는데, 연희전문학교는 그 전통과 교수, 그리고 학교의 분위기가 민족적인 정서를 살리기에 가장 알맞은 배움터라는 것이다.
>
> 당시 만주땅에서는 볼 수 없는 무궁화가 캠퍼스에 만발했고, 도처에 우리 국기의 상징인 태극 마크가 새겨져 있고, 일본말을 쓰지 않고, 강의도 우리말로 하는 '조선문학'도 있다는 등등 (……) 나의 구미를 돋우는 유혹(誘惑)적인 내용의 이야기를 차분히, 그러나 힘주어서 들려주었다.[8]

장덕순도 2년 뒤에 연희전문 문과에 입학하여 강의를 들었지만, 그 사이에 교수와 강의는 달라졌다. 함경도 사투리의 윤동주 시를 한글로 쓰게 만들어 준 최현배 교수도 퇴임하고, 손진태 교수도 보성전문학교 교수로 옮겨 갔다. 윤동주의 입학 동기인 유영(柳玲, 1917~)의 회상을 통해, 그들의 강의실을 둘러보기로 하자.

> 외솔 선생의 『우리말본』 강의를 들었을 때 우리는 얼마나 감격했고 또 영광스러웠고 연희 동산이 얼마나 고마운 것인가를 뼈저리게 느꼈다. (……)
>
> 그리고 누구보다도 동주를 울렸고 우리 모두를 울린 선생이 있는데, 그분이 바로 손진태 교수다. 손교수께서 역사 시간에 잡담으로 퀴리 부인 이야기를 하신 것이다. 퀴리 부인이 어렸을 때 제정 러시아 하에서 몰래 교실에서 폴란드말 공부를 하던 때 마침 시학관이 찾아와 교실을 도는 바람에 모두 폴란드말 책을 책상 속에 집어넣었다. (……)

---

8) 장덕순, 「윤동주와 나」, 『나라사랑』 23, 1976, 143~144쪽.

손 선생은 이 이야기를 소개하시고 자신이 울며 손수건을 꺼내자 우리들도 모두가 울음을 터뜨려 통곡을 하였다.[9]

손진태가 역사 시간에 우리말의 중요성을 간절하게 들려주는 한편, 정인섭은 해박한 문학강의를 통해 윤동주를 비롯한 문학청년들의 시심을 키워 주었다. 역시 유영의 같은 글을 통해, 정인섭의 강의실을 들여다보자.

동주는 교실과 서재와는 구별이 없는 친구다. 달변과 교수 기술과 박학으로 명강의를 하시는 정인섭 선생님에게는 누구나가 매혹되는데, 학기말 시험에 엉뚱하게도 작문 제목을 하나 내 놓고 그 자리에서 쓰라는 것이다. 밤새워 해 온 문학개론의 광범위한 준비가 다 수포로 돌아갔다. 억지 춘향으로 모두 창작 기술을 발휘하기에 정신이 없었다. 그래서 필자 역시 진땀을 빼며 써냈더니 점수가 과히 나쁘지 않아 천만다행이라고 안심하고 말았는데, 나중에 보니까 동주는 바로 그 제목의 그 글을 깨끗이 옮겨서 신문의 학생란에 발표하였다. 제목은 「달을 쏘다」라는 것이다. 여기서 우리는 모두가 말없는 동주에게 멋지게 한 대 맞고 말았다. 이렇게 보면 그는 교실과 하숙방, 그리고 생활 전부가 모두 창작의 산실이었다.

시험문제는 한 학기 동안 배운 범위 안에서 출제하는 것이 상식이지만, 정인섭은 학생들의 시심을 키우기 위해 작품 제목을 출제하였다. 당연히 평소에 시를 많이 보던 윤동주가 가장 잘 썼다. 서양식 석조건물인 기숙사에 살며, 달밤에 솔숲을 내다보며 지은 글이다. 윤동주는 이 글을 조선일보에 10월에 투고하였고, 이듬해인 1939년 1월 23일 조선일보 학생란에 발표되었다. 중학 시절의 습작 말고는 첫 번째 중앙지에 게재된 작품이다. 정인섭은 강의실의 제자 윤동주에게 문학개론 강의만 한 것이 아니라, 직접 글을 쓰게 하여 시인의 길로 들어서게 만든 것이다.

---

9) 유영, 「연희전문 시절의 윤동주」, 『나라사랑』 23, 1976, 122~126쪽.

## 3. 한문학 소양 속에 기독교를 받아들인 윤동주의 시

　윤동주가 연희전문학교를 다니던 시절에 문단에 등단하려면 신문사의 신춘문예에 당선되거나 잡지사의 추천을 거치는 것이 대표적인 방법이었다. 1924년에 연희전문학교 문과에 입학한 박용철은 27세에 김영랑과 함께『시문학』을 창간하여 문단을 주도했으며, 1927년에 문과에 입학한 김유정은 치기 어린 문학청년답게 "더 배울 것이 없다"면서 연희전문을 중퇴하고 문학활동에 전념해 1935년에 소설「소낙비」가 조선일보 신춘문예에 당선되고「노다지」가 중외일보 신춘문예에 당선되어 화려하게 등단했지만, 이들은 학업기간이 워낙 짧기 때문에 그들의 작품 속에 연희전문 문과 출신의 특색이 두드러지게 드러나지는 않는다.

　연희전문 문과 재학생이던 신백수, 이시우, 조풍현, 홍이섭, 최영해 등이 1934년에『삼사문학』이라는 격월간 문학잡지를 간행했는데, 이들은 당시 문단에서 독특한 존재였다. 3호에 실린 신백수의「12月의 腫氣」라는 시를 보면

> 젖내를퍼뜨리는귀염둥이太陽
> 입김엔近視眼이보여준돌잽이의꿈이서린다
> hysteria徵候를띠운呼吸器의嫉妬
> 또한
> 나의心臟이白熱을許容하면
> 熱帶가故鄕인樹皮의分泌物이rubbler質의悲鳴을낳다
> 어제의方程式이適用될1934年12月14日의거품으로還元한나
> 하품
> 기지개는太陽의存在를認識치않는다

한자와 영어가 뒤섞인 시의 형태를 보여주는데, 이들의 모더니즘 시에서는 설익은 냄새가 난다. '동서'가 한데 어우러지긴 했지만, 독자들에게 널리 사랑받기

에는 표현이 껄끄러웠다. '동서고근의 화충'이라는 연희전문의 학풍이 온전한 문학작품으로 승화된 예는 이들의 몇 년 후배인 윤동주에게서 성공적으로 나타난 다.

## 1) 윤동주가 받아들인 한문학 소양

윤동주(1941)

윤동주의 조상들은 함경북도 회령에서 오래 살았다. 증조부 윤재옥이 함경북도 종성군 동풍면 상장포에 살다가 1886년에 맞은편 땅인 북간도 자동으로 건너갔다. 두만강을 건너 이주하는 사람들이 아직 별로 없던 시절에 농사지을 땅을 넓히기 위해 용단을 내린 것이다.

명동촌은 두만강변의 회령과 종성에 살던 학자 네 사람이 가족들을 이끌고 강 건너 정착하면서 1899년 2월 18일에 시작되었다. 문병규의 집안 40명, 김약연의 집안 31명, 그의 스승인 남도천의 집안 7명, 김하규의 집안 63명, 모두 141명의 대가족이었다. 이들은 학전(學田)부터 떼어놓은 뒤에 각 집안의 땅을 분배했으며, 학전을 바탕으로 세 군데 서당을 세우고 한학(漢學) 책을 사다가 자제들을 가르쳤다. 뒷날 서당이 한 군데로 합해지면서 명동서숙(明東書塾) 이름을 따서 명동촌이라는 이름이 생겨났다. 1년 뒤에 윤씨네 18명이 이사왔는데, 윤하현의 맏아들 윤영석이 김약연의 누이동생 김용과 결혼하면서 마을의 중심 집안이 되었다. 그 사이에서 태어난 맏아들이 바로 윤동주이다. 이들은 마을을 정착시키면서 학교를 먼저 세우고, 그 다음으로 교회를 세웠다. 마치 청교도들이 영국과 풍토가 비슷한 뉴잉글랜드 일대에 정착하면서 교회와 학교를 먼저 세우고 인디언들과 싸워가면서 새로운 나라를 준비했던 것처럼, 이들도 청나라 주민들과 싸워가며 그들의 이상적인 공동체 명동촌을 키워나갔던 것이다.

15세 되던 1931년에 명동소학교를 졸업한 윤동주는 명동에서 20리쯤 떨어진 화룡현 대랍자(大拉子)의 중국인 소학교에 6학년으로 편입해 계속 공부했다. 명동촌에서 조선어로 생활하고 학습하던 윤동주는 자연스럽게 중국어를 쓰며[10] 중국 아이들과 어울렸는데, 그러한 기억이 뒷날 그의 대표작 가운데 하나인 「별 헤는 밤」에 나타난다.

    별 하나에 追憶과
    별 하나에 사랑과
    별 하나에 쓸쓸함과
    별 하나에 憧憬과
    별 하나에 詩와
    별 하나에 어머니, 어머니

    어머님, 나는 별 하나에 아름다운 말 한마디씩 불러봅니다. 小學校때 冊床을 같이 했던 아이들의 이름과, 佩, 鏡, 玉 이런 異國少女들의 이름과 벌써 애기 어머니 된 계집애들의 이름과, 가난한 이웃사람들의 이름과, 비둘기, 강아지, 토끼, 노새, 노루, 프랑시스 쟘, 라이너 마리아 릴케, 이런 詩人의 이름을 불러봅니다.

전문학교 졸업반이 된 윤동주는 어린 시절의 기억을 회상하며 추억과 사랑과 쓸쓸함과 동경과 시와 어머니 등 별 하나에 아름다운 말 한 마디씩 찬찬히 불러보다가 소학교 때 책상을 같이 했던 중국 소녀들의 이름에 이르러선

---

10) 윤동주는 이미 명동소학교 시절부터 중국어와 일본어를 정규과목으로 배웠다. 1915년 에 발표된 중국 정부의 '교육법'에 따라 (중국어는) 반드시 가르쳐야 하는 정규과목이었 다(송우혜, 『윤동주평전』, 푸른역사, 2004, 86쪽). 그러다가 중국인 학교로 전학하면서 생활 자체가 중국어로 바뀌었다.

감정이 흘러넘쳐 걷잡을 수 없이 패(佩), 경(鏡), 옥(玉) 등의 이름을 산문체로
주워섬겼다. 광명학원 중학부에서 일본어 교육을 받다가 연희전문학교에 와서
조선어 교육을 받으면서 그의 시가 부드러운 한글투로 바뀌었지만, "佩, 鏡,
玉 이런 異國少女들의 이름"에 이르러선 한자어들이 자연스럽게 내뱉어진
것이다.

윤동주는 연희전문학교 문과 시절에 한문과 중국어 성적이 뛰어났는데,
명동촌의 서당 분위기와 중국인 학교를 다녔던 학업과정이 그에게 많은 영향을
끼쳤던 것으로 보인다. 연희전문 문과에서는 4년 내내 한문을 가르쳤는데,
4년 동안 윤동주의 성적은 다음과 같다.

### ▪ 1학년 성적

수신(80), 성서(89), 국어(81), 조선어(100), 한문학(85), 문학개론(70), 영문법(80),
영독(英讀 81), 영작(74), 영회(79), 성음학(78), 동양사(85), 자연과학(75), 음악(95),
체조(79), 국사(74)

### ▪ 2학년 성적

수신(80), 성서(94), 국어(86), 한문(90), 영문법(50), 영독(87), 영작(90), 영회(72),
서양사(90), 사회학(65), 경제원론(75), 논리학(85), 체조(82), 교련(88)

### ▪ 3학년 성적

수신(87), 일본학(70), 성서(85), 국문학(87), 한문(90), 지나어(98), 영문학사(80), 서양
사(90), 심리학(73), 체조(83), 교련(88), 불란서어(74), 법학(78)

### ▪ 4학년 성적

수신(85), 일본학(65), 성서(71), 국문학사(86), 한문(90), 지나어(96), 영독(81), 영작
(60), 영회(80), 영문학(74), 사학개론(85), 철학(85), 교육학(75), 체조(85), 교련(79),
불란서어(84), 무도(84)

이상에서 볼 수 있는 것처럼, 그가 나중에 전공으로 선택한 영어보다 한문(85,
90, 90, 90) 성적이 더 높으며, 중국어(지나어 98, 96)도 만점에 가까워 전체

과목 가운데 조선어 다음으로 높다. 그의 시에서 한문학적인 배경, 동(東)과 고(古)의 영향을 무시할 수 없다는 증거이다.

윤동주는 3학년 되던 1940년 여름방학에 고향 용정으로 돌아와, 외삼촌 김약연 목사에게 『시전(詩傳)』을 배웠다고 한다.11) 명동학교 교장이었던 김약연 은 명동학교가 1929년에 사회주의자들에게 장악되어 인민학교로 개편되자 학교를 내놓고 평양신학교에 입학했다가, 1년만에 목사안수를 받고 명동교회 로 돌아와 목회하고 있었다. "『시전(詩傳)』을 배웠다"고 한 것을 보면 단순한 한문 학습이 아니라 주자(朱子)의 주(註)까지 배울 정도로 수준이 높았던 듯하다. 김약연 목사 자체가 '동서고근의 화충'을 실현한 목회자였는데, 누가 먼저 제안해서 『시전(詩傳)』을 배우게 된 것인지 알 수 없지만, 전문학교 3학년 여름방학에 배웠으니 윤동주의 시인 형성에 중요한 요소가 되었음이 당연하다.

그가 29세 되던 1945년 2월 16일 후쿠오카 형무소에서 세상을 떠나자, 아버지 윤영석이 시신을 고향으로 옮겨와 3월 6일 용정 동산의 중앙교회 묘지에 유해를 안장하였다. 6월 14일 '詩人尹東柱之墓'라고 새긴 비석을 무덤 앞에 세웠는데, 윤영석과 함께 북경 유학을 하고 돌아와 명동학교 교사로 재직했던 해사(海史) 김석관(金錫觀)이 비문을 짓고 글씨를 썼다.

> 嗚呼! 故詩人尹東柱, 其先世坡平人也. 童年畢業於明東小學, 反和龍縣立第一高等科, 嗣入 龍井恩眞中學, 修三年之業, 轉學平壤崇實中學, 閱一歲之功, 復回龍井, 竟以優等成績卒業于 光明學園中學部. 一九三八年升入京城延禧專門學校文科, 越四年冬卒業. 功已告成, 志猶未 已, 復於翌年四月, 負笈東渡, 在京都同志社大學文學部, 認眞琢磨. 詎意學海生波, 身失自由! 將雪螢之生涯, 化籠鳥之環境, 加之二堅, 不仁以一九四五年二月十六日長逝, 時年二十九. 材可用於當世, 詩將鳴於社會, 乃春風無情, 花而不實, 吁可惜也! 君夏鉉長老之令孫, 永錫先生 之肖子, 敏而好學, 尤好新詩, 作品頗多, 其筆名童舟云.
>
> 一九四五年六月十四日

---

11) 원본대조 윤동주전집 『하늘과 바람과 별과 詩』, 연세대학교 출판부, 2004, 339쪽.

海史金錫觀 撰並書
弟一柱·光柱謹堅

아! 고(故) 시인 윤동주군은 본관이 파평이다. 어릴 때 명동소학교를 졸업하고, 다시 화룡현립 제1교 고등과에 들어가 배웠으며, 용정 은진중학에서 3년을 배운 뒤, 평양 숭실중학에 전학하여 1년 동안 학업을 쌓았다. 다시 용정에 돌아와 마침내 우수한 성적으로 광명학원 중학부를 졸업하고, 1938년 서울 연희전문학교 문과에 진학하여 4년 겨울을 보내고 졸업했다. 공을 이미 이루고도 그 뜻은 오히려 남아, 다음해 4월에 책상자를 짊어지고 일본으로 건너가 교토 도시샤 대학 문학부에서 진리를 갈고 닦았다. 그러나 어찌 뜻하였으랴. 배움의 바다에 파도 일어 몸이 자유를 잃을 줄이야! 배움에 힘쓰던 생애가 변하여 조롱에 갇힌 새의 처지가 되었고, 거기에 병까지 더하여 1945년 2월 16일에 세상을 떠나니 그때 나이 스물 아홉이었다. 그 재주가 당세에 쓰일 만하고, 시로써 장차 사회에 울릴 만했는데 봄바람이 무정하여 꽃이 피고도 열매를 맺지 못하니, 아아 아깝도다. 그는 하현장로의 손자이며 영석선생의 아들로서, 영민하여 배우기를 즐긴데다 신시(新詩)를 더욱 좋아하여 작품이 매우 많았으니, 그 필명을 동주(童舟)라 했다.
1945년 6월 14일에 해사 김석관 짓고 쓰다.
아우 일주, 광주 삼가 세우다. (필자 역)

윤동주는 서당 마을에 태어나 중국어를 사용하며 자랐고, 서울에 유학하는 중에도 고향에 돌아오면 『시전(詩傳)』과 『맹자』를 배웠다. 죽어서도 비석의 앞뒤 문장이 한문으로 지어졌으니, 그가 한문학세대였음은 분명하다. 다만 그의 집안에서는 그가 한문이 아닌 한글로 시 쓰는 것을 이해하여, "영민하여 배우기를 즐긴데다 신시(新詩)를 더욱 좋아하여 작품이 매우 많았다"고 평가했다.

할아버지는 손자 동주가 고등고시 공부하기를 바라고 아버지는 아들 동주가 의사가 되기를 원해서 문과 진학을 반대했지만, 그 영민한 재주로 한글 시를 짓자 "신시(新詩)를 더욱 좋아하여 작품이 매우 많았으니, 그 필명을 동주(童舟)라

했다."고 비문에 썼다. 비문은 고인의 한평생을 가장 간결한 문장으로 기록하는 문체인데, 문단에 정식으로 등단하지도 못한 문학청년이 신문 잡지에 투고한 작품까지 찾아 "작품이 매우 많았으니, 그 필명을 동주(童舟)라 했다."고 기록하였다. 한시(漢詩)만 알던 집안 어른들에게 신시(新詩)는 낯선 사물이었지만, 그를 시인으로 인정한 것이다. 이름도 없이 세상을 떠난 문학청년이 집안에서 시인으로 인정받았기에, 뒷날 나라에서도 시인으로 인정받을 수 있었다.

## 2) 영문학과 기독교 교육

명동촌 윤동주 생가 바로 옆에 명동교회가 있던 것을 보아도 알 수 있듯이, 윤동주의 집안은 기독교 신앙이 두터웠다. 가정에서는 할아버지 윤하현 장로와 외삼촌 김약연 목사의 신앙교육을 받으며 자랐고, 유아세례를 받고 명동교회에 등록한 뒤, 9세 되던 1925년에 기독교 학교인 명동학교에 입학했다. 용정으로 이사온 뒤에는 캐나다 선교부가 운영하는 은진중학에 다니다가, 3학년 때인 1935년 9월에 미국 장로교선교사가 운영하는 평양 숭실학교에 편입하였다. 윤동주의 아버지 윤영석은 "젊어서는 중국 북경으로, 일본 동경으로, 하고 널리 다니면서 영어를 배우는 등 문학 쪽의 공부를 한"[12] 지식인인데다, 윤동주도 서양 선교사들이 가르치는 은진중학과 숭실중학을 다니면서 당시로서는 드물게 영어를 가까이 했다. 그러나 이 시기의 시에서는 아직 영어나 기독교 분위기가 두드러지게 드러나지는 않는다.

총독부가 숭실중학에 신사참배를 강요하자, 윤동주는 20세 되던 1936년 3월에 자퇴하고 용정으로 돌아와 광명학원 중학부 4학년에 편입했다. 그해 6월 10일에 쓴 시 「이런 날」을 보자.

사이좋은正門의 두돌긔둥끝에서

---

12) 송우혜, 앞의 책, 2004, 222쪽.

五色旗와 太陽旗가 춤을추는날,
금(線)을끊은地域의 아이들이즐거워하다,
아이들에게 하로의乾燥한學課로
해ㅅ말간 倦怠가 기뜰고
‘矛盾’ 두자를 理解치몯하도록
머리가 單純하엿구나,
이런 날에는
잃어버린 完固하던 兄을,
부르고싶다.

오색기(五色旗)는 만주국이 일본인, 조선인, 한족(漢族), 만주족, 몽골족 등 오족(五族)이 협화(協和)하여 건국되었음을 의미하는 깃발이고, 태양기는 일본의 국기다. 남의 나라 국기가 휘날리는 운동장에서, 깃발과 상관없는 아이들을 보며 윤동주는 “‘矛盾’ 두 자를 이해치 못하도록 / 머리가 單純하였구나”라고 탄식하였다. ‘오족 협화(五族協和)’는 ‘화충(和沖)’이어야 했지만, 중학생 윤동주는 이미 ‘모순(矛盾)’으로 받아들였다. 일본어 위주의 ‘문화적 혼종성’이 그에겐 ‘모순’이었던 것이다.

윤동주가 다니던 시절의 연희전문학교는 영어를 잘 가르치기로 이름났는데, 1학년부터 ‘영문법’, ‘영독(英讀)’, ‘영작’, ‘영회(英會)’ 등 네 과목이나 배웠다. 영어로 읽기, 쓰기, 짓기, 말하기를 별도의 과목으로 배웠던 것이다. 윤동주가 문과에서 배운 과목 가운데 문학과 관련된 서양학문의 성적은 다음과 같다.

- **1학년**
  성서(89), 문학개론(70), 영문법(80), 영독(英讀 81), 영작(74), 영회(79), 성음학(78).
- **2학년**
  성서(94), 영문법(50), 영독(87), 영작(90), 영회(72), 서양사(90), 사회학(65).
- **3학년**

성서(85), 영문학사(80), 서양사(90), 불란서어(74).

■ **4학년**

성서(71), 영독(81), 영작(60), 영회(80), 영문학(74), 사학개론(85), 철학(85), 불란서어
(84).


문과가 아니라 영문과라고 해야 맞을 정도로 영어 관련 과목이 많은데,
윤동주의 문과 동기였던 유영(柳玲, 전 연세대 영문과 교수)은 자신들이 연희전
문에서 영어 배우던 시절을 이렇게 회상하였다.

> 하경덕 교수의 영문법 강의는 숙제 발표로 우리를 적잖이 골렸는데, 동주
> 역시 상당히 시달림을 받았으나 나중에 서로 이야기한 일이지만 그렇게 하교수가
> 밉더니 지금은 그렇게 고마울 수가 없다고 고백을 하였다. 이러한 훈련의 덕은
> 동주를 일본에서 계속 영문학을 전공케 한 것이라고 생각할 수 있다.
> 이양하 선생의 강의는 또 다른 면에서 동주에게 많은 영향을 주었다고 생각이
> 든다. 그 분은 스스로 수필을 쓰시고 또 시도 좋아하시어 당시 몇몇은 평론이며
> 시를 써서 그 분의 지도와 조언을 받았다. 동주 역시 자주 접촉하여 지도를 받은
> 바 있다. 말이 서투르고 더디면서도 깊이 있는 강의, 무게 있는 강의에 모두
> 머리를 숙였다. 들어가면서 바로 우리는 그 분과 더불어 언더우드 동상 앞에서
> 기념 사진을 찍었다.13)


이양하는 영시 강의뿐만 아니라 뒷날『하늘과 바람과 별과 詩』의 원고를
받고 출판을 잠시 보류하게 할 정도로 윤동주의 시인 형성에 많은 영향을
끼쳤다. 연희전문학교의 영어 교육을 바탕으로 윤동주는 자연스럽게 일본
릿교 대학 영문과로 유학을 떠났으며, 도시샤 대학 편입도 영문과로 했다.
윤동주에게 영어와 함께 '서(西)'의 한 축을 이룬 과목은 문과 4년 동안
계속 배웠던 성서(聖書)이다. 기독교 학교에서 계속 교육받으며 자랐던 그는

---

13) 유영, 「연희전문 시절의 윤동주」, 『나라사랑』 23, 1976, 124~125쪽.

문과 1학년 첫 학기에 '성서' 강의를 들으면서 처음으로 기독교적인 시를 썼다.

> 발에 터분한 것을 다 빼어 버리고
> 黃昏이 湖水위로 걸어 오듯이
> 나도 사뿐사뿐 걸어 보리이까?
>
> 내사 이 湖水가로
> 부르는 이 없이
> 불리워 온 것은
> 참말 異蹟이외다.
> 오늘 따라
> 戀情, 自惚, 猜忌, 이것들이
> 자꾸 金메달처럼 만져지는구려.
>
> 하나, 내 모든 것을 餘念 없이
> 물결에 씻어 보내려니
> 당신은 湖面으로 나를 불러내소서.

1938년 6월 19일에 쓴 「異蹟」이라는 시는 『신약성서』「마태복음」 14장 25절부터 33절까지 실린 이적, 즉 예수가 물 위를 걷자 베드로가 따라서 걸었던 이야기를 소재로 하고 있다. 모태(母胎) 신앙이었던 그가 전문학교에 들어왔다고 해서 신앙이 더 깊어진 것은 아니었겠지만, 자신의 신앙을 시로 표현하려는 시도는 이때부터 시작되었다. 그러나 "戀情, 自惚, 猜忌, 이것들이 / 자꾸 金메달처럼 만져지는구려."라는 구절에서 보이듯이, 기독교가 소재로만 쓰였을 뿐이지 한 편의 시로 형상화되지는 못했다. 그랬기에 윤동주는 『하늘과 바람과 별과 詩』를 편집할 때에 이 시를 싣지 않았으며, 시집이 출판된 뒤에도 이 시는 독자들의 눈을 끌지 못했다.

그는 3학년이 되자 이화여자전문학교 영어성서반 학생들과 함께 영어로 성경공부를 했다. "이화여전 구내의 협성교회에 다니며 케이블 목사 부인이 지도하던 영어성서반에 참석"[14]한 것인데, 영어와 성서가 함께 어우러진 모임이다.

문과 졸업을 앞두고 지은 시 「별 헤는 밤」에 "비둘기, 강아지, 토끼, 노새, 노루, 프랑시스 쟘, 라이너 마리아 릴케, 이런 詩人의 이름을 불러봅니다."라는 구절이 자연스럽게 나오는 것은 중학생 시절에 『백석시집』을 필사하면서 「흰 바람벽이 있어」라는 시를 읽은데다, 문과 3·4학년을 다니면서 불란서어를 2년 동안 배웠던 덕분이다. 원본대조 윤동주전집 『하늘과 바람과 별과 詩』에 실린 윤동주 연보에 의하면, 3학년 『시전(詩傳)』을 배우던 무렵에 "릴케, 발레리, 지이드 등을 탐독하는 한편 프랑스어를 자습"[15]하였다고 한다.

## 3) 동양 고전과 기독교의 만남 「서시」

윤동주가 연희전문 졸업기념으로 출판하려 했던 시집의 처음 제목은 「病院」이니, 전문학교 시절에 지은 시 가운데 19편을 뽑고, 그 가운데 그 작품이 그 시기의 자신과 조선 사회를 가장 잘 나타낸다고 생각하여 제목으로 삼았던 듯하다.

> 살구나무 그늘로 얼골을 가리고 病院 뒷뜰에 누어, 젊은 女子가 흰옷아래로 하얀다리를 들어내놓고 日光浴을 한다. 한나절이 기울도록 가슴을 알른다는 이 女子를 찾어 오는 이, 나비 한 마리도 없다. 슬프지도 않은 살구나무가지에는 바람조차 없다.
>
> 나도 모를 아픔을 오래 참다 처음으로 이곳에 찾어왔다. 그러나 나의 늙은

---

14) 원본대조 윤동주전집, 앞의 책, 2004, 338쪽.
15) 위의 책, 2004, 339쪽.

의사는 젊은이의 病을 모른다. 나안테는 病이 없다고 한다. 이 지나친 試鍊, 이 지나친 疲困, 나는 성내서는 않된다.

　　女子는 자리에서 일어나 옷깃을 여미고 花壇에서 金盞花 한포기를 따 가슴에 꼽고 病室안으로 살어진다. 나는 그女子의 健康이 - 아니 내 健康도 速히 回復되기를 바라며 그가 누엇든 자리에 누어본다.

이 시는 연희전문 학우이자 기숙사 같은 방에서 지내던 강처중이 가지고 있다가 윤동주의 아우 윤일주에게 전해준 것인데, 원고지가 아니라 갱지에 쓴 시이기에 띄어쓰기가 확실치 않다. "一九四〇, 一二"라는 시기를 보면 3학년 겨울방학에 지은 것이니, 『시전(詩傳)』 강의를 마치고, 「八福」, 「慰勞」 등 3편의 시를 썼던 해이다. 그런데 윤동주는 자선시집 『하늘과 바람과 별과 詩』를 편집할 때에 이 두 편을 제외하였기 때문에, 3학년 시절에 지은 시로는 「病院」 한 편만이 자선시집에 실렸다. 낱장원고에 실려 전해진 「慰勞」의 첫 연을 보자.

　　거미란 놈이 흉한 심보로 病院 뒤ㅅ뜰 난간과 꽃밭사이 사람발이 잘 다찌않는곳에 그물을 처놓앗다. 屋外療養을 받는 젊은 사나이가 누어서 치여다 보기 바르게—

12월 3일에 지었다는 이 시도 「病院」과 별반 다르지 않다. 어느 시를 먼저 지었는지 확실치 않지만, 시의 배경은 공통적으로 병원이며, 병원에 누워 있는 환자가 여자에서 남자(사나이)로 바뀌었을 뿐이다. 둘째 연에서 나비가 그물에 걸려들자 거미가 달려들어 끝없는 거미줄로 나비를 감아버렸고, 셋째 연에서 시인이 거미줄을 헝클어버리면서 사나이를 위로했다.

윤동주는 이 시기에 조선 사회를 병원이라 생각했고, 시 속의 화자(話者)도 환자로 설정했다. 그런데 이 화자는 심각한 환자가 아니어서, 다른 환자, 즉 여자나 사나이와는 병세가 다르다. 의사는 화자에게 "병이 없다"고 했으며,

화자는 사나이를 위로하기 위해 거미줄을 헝클어버렸다. 윤동주는 저만치 떨어져서, 병든 조선에 위로가 되기 위해 시를 썼던 것이다.

조선을 병든 사회라고 본 배경에는 식민지라는 현실도 있었지만, 신앙에의 회의도 있다. 송우혜는 "1940년 12월에 쓰여진 윤동주의 시 「팔복」은 한민족이란 거대한 민족공동체가 겪고 있는 처참한 고난의 현장에서, 그런 고난에 대해 침묵하고 있는 신에게 저항한 시"[16]라고 해석하였다. '슬퍼하는 자는 복이 있나니'라는 구절만 여덟 번을 똑같이 되풀이한데다, '저희가 永遠히 슬플 것'이라고 예언했기 때문이다. 그러나 "이러한 고뇌와 도전과 탐색을 거쳐서 1941년에 윤동주는 그의 갈 길을 찾았다. 신앙도 회복했다."[17]

회의를 거치고 1년 뒤에 쓴 「序詩」는 병원에서 벗어나 있다. 기독교 신앙을 다시 찾은 이 시는 '序詩'라는 제목 자체가 상징적이다.

한문 문체 가운데 하나인 서(序)에는 세 가지 종류가 있다.

> 序類는 모두 三種이 있다. 送人한 것은 『贈序類』에 넣고, 記事한 것은 『雜記類』에 넣어야 하겠고, 다만 詩文의 머리에 쓰이는 것을 이 類에 넣는다. 이는 대체로 作者의 뜻을 敍述하되 熟讀·深思하여 그 原旨를 얻지 못한 자로서는 지을 수 없는 것이다.[18]

시문집 머리말만 서(序)라고 한 것이 아니라, "親友를 餞送할 때에 서로 詩歌를 지어서 惜別의 뜻을 말한 것이 卷帙이 이룩되면 어떤 이가 序를 써서 그 緣起를 敍述"[19]한 증서(贈序)도 역시 서(序)의 한 형태이다. 증서 가운데 시로 쓴 서가 바로 서시이니, "모헌(毛憲)이 장사(長沙)의 수령으로 나가면서 한나라 평원군(平原君)에게 사례하여 이르기를, '호남 땅 2000리 여정에 서시(序詩)는 다행히

---

16) 송우혜, 앞의 책, 2004, 280쪽.
17) 위의 책, 2004, 283쪽.
18) 李家源, 『韓文學研究』, 探究堂, 1969, 617쪽.
19) 위의 책, 1969, 630쪽.

창려(昌黎)에게 부탁합니다만, 평원(平原)의 식객 19인 중에서 모수(毛遂)와 같이 뛰어난 사람이 있기를 바랍니다'라고 하였다"[20]는 서시(序詩)는 먼 길 떠나는 나그네에게 지어주던 증서(贈序)를 시(詩) 형태로 지어준 예이다. 김안국(金安國)이 지은 시「再遊神勒寺 醉題尙均師詩軸 軸有十淸軒金公碩序詩」는 남의 시축에 서문 삼아 지어준 시이다.

윤동주가 남의 시축 앞에 서문 삼아 지어주던 한문학의 관습을 알고 서시(序詩)를 지었는지는 알 수 없지만, 마지막 시「별 헤는 밤」을 1941년 11월 5일에 짓고「序詩」를 11월 20일에 지은 것을 보면,「病院」처럼 대표작을 뽑아 그 제목으로 시집의 제목을 삼은 것이 아니라, 시집 전체를 상징하는 새로운 시를 서문(序文) 삼아 지었음을 알 수 있다. 서문 삼아 시를 지은 발상 자체가 신선한 작품이다.

> 죽는 날까지 하늘을 우르러
> 한 점 부끄럼이 없기를,
> 잎새에 이는 바람에도
> 나는 괴로워했다.
> 별을 노래하는 마음으로
> 모든 죽어가는것을 사랑해야지
> 그리고 나안테 주어진 길을
> 거러가야겠다.
>
> 오늘밤에도 별이 바람에 스치운다.

이 시는 윤동주가 즐겨 읽었던『맹자』의 한 구절로 시작된다.『맹자』「진심(盡心)」장 '군자삼락(君子三樂)' 중 "하늘을 우러러 부끄럽지 않고(仰不愧於天) 사람을 굽어보아 부끄럽지 않은 것이(俯不怍於人) 두 번째 즐거움이다(二樂也)" 하였

---

20) 李裕元,『林下筆記』卷一,「評文」.

으니, 이 구절을 그대로 따온 것이다. 윤동주가 『맹자』를 읽었다고 직접 밝힌 적은 없지만, 삼경(三經)인 『시전』을 배우기 전에 사서(四書)인 『맹자』를 읽는 것이 상식이고, 연희전문에서 4년 동안 한문을 배웠으니 이 시를 지을 즈음에는 당연히 『맹자』를 몇 번은 읽었을 것이다.

실제로 윤동주가 보던 책 표지에 『맹자』의 구절이 친필로 쓰여 있다.

孟子曰. 愛人不親. 反其仁. 治人不治. 反其智. 禮人不答. 反其敬. 行有不得者. 皆反求諸己. 其身正而天下歸之. 詩云. 永言配命. 自求多福.

맹자가 말했다. "남을 사랑했건만 가까워지지 않으면, 자기의 어진 마음씨가 모자라지나 않았는가 반성하라. 남을 다스렸건만 잘 다스려지지 않았으면, 자기의 지혜가 모자라지나 않았는가 반성하라. 남에게 예의를 지켰는데도 그가 예로써 답하지 않으면, 자기가 공경스레 대하지 않았는가 반성하라. 행하고도 기대했던 결과를 얻지 못하게 되면, 그 까닭을 모두 자기 자신에게서 찾으라. 자기의 몸가짐이 올바르면 천하의 사람들이 그에게 모여든다. 『시경』에서도 '길이 길이 천명을 받들어 스스로 많은 복을 구하라'고 하였다." (필자 역)

이 글의 앞에는 '反求諸己'라는 제목을 썼는데, 『맹자』에는 이 구절이 두 차례 나온다. 「공손추(公孫丑)」장에서는 활을 쏘아서 맞지 않으면 실수한 까닭을 자신에게서 찾으라는 뜻으로 썼는데, 윤동주가 베껴놓은 「이루(離婁)」장에서는 남을 사랑해도 가까워지지 않으면 그 이유를 자신에게서 찾으라는 뜻으로 썼다. 애(愛)와 인(仁)을 함께 쓴 것만 보아도 알 수 있는 것처럼, 기독교의 박애정신과 통하는 구절을 유교 경전에서 찾아 쓴 것인데, "잎새에 이는 바람에 도 / 나는 괴로워했다."는 구절과 절묘하게 이어진다. 송우혜는 윤동주가 『맹자』 구절을 베낀 사진을 소개하면서 "윤동주는 외삼촌인 김약연 선생에게서 『맹자』 를 배웠다는데, 이 구절이 그의 마음에 특별한 반향을 일으켰던 모양"[21]이라고

21) 송우혜, 앞의 책, 2004, 53쪽.

설명했다.

윤동주가 잎새에 이는 바람에도 괴로워 한 이유는 하늘을 우러러 한 점 부끄럼이 없기 위해 끊임없이 애썼기 때문이다. 예수는 제자들에게 "하늘에 계신 너희 아버지의 온전하심과 같이 너희도 온전하라"(마5:48)고 가르쳤으며, 사도 바울은 히브리인들에게 "완전한데 나아갈지니라"(히6:2)라고 권면하였 다. '완전'이란 '고정적'인 표준이기도 하지만, 기독교인의 이상은 이미 되어 있는 것이 아니라 끝없이 추구하는 어떤 것이다. 한동안 기독교에 회의를 느꼈던 윤동주는 이제 "모든 죽어가는 것을 사랑"할 수 있게 된 것이다.

## 4. 맺음말

『맹자』(東, 古)와 기독교(西, 近)의 화충에 바탕하여 윤동주의 「서시」가 지어졌 는데, 이 시가 남녀노소의 계층에 골고루 사랑받는 이유 가운데 하나는 한글로 쉽게 쓰여졌기 때문이다. 윤동주의 당숙 윤영춘(1912~1978)은 동주가 방학 때 고향 용정에 올 때마다 연희전문 자랑을 많이 했다고 기억했다.

> 그는 특히 한글을 배울 수 있어서 기쁘다는 말과 외솔 최현배 선생, 이양하 선생, 김윤경 선생을 존경하며 이들에게 배우는 바가 많다고 했다. 아마도 한글에 매력을 가지고 한글로 시를 본격적으로 짓기 시작한 동기는 최현배 선생의 영향이 컸던 것으로 안다.[22]

윤동주는 고향 용정에서 소학교를 다닐 때에 한때 중국어로 공부했고, 중학교 를 다닐 때에는 일본어로 공부했는데, 1938년 4월 9일 연희전문학교에 입학하면 서 조선어로 강의를 들었다. 그랬기에 여름방학을 맞아 고향에 돌아가서, 후배 장덕순에게 자랑스럽게 연희전문에 입학하라고 권면하였다. 그러나 연희

---

22) 윤영춘, 「명동촌에서 후쿠오카까지」, 『나라사랑』 23, 1976, 109~110쪽.

전문의 조선어 교육은 저절로 얻어진 것이 아니라, 1938년 4월 총독부에서 '조선어 교과과정을 개설하지 못하게' 한 '조선교육령'에 정면 도전한 결과이다. 연희전문학교는 1938년 11월에 학칙을 개정하여 문과에 조선어를 개설하고, 입학시험에 조선어를 출제하였다. 1939년에 조선어(문법, 조선문학)를 1~2학년은 3시간씩, 3~4학년은 2시간씩 개설하였으며, 1940년에 학칙을 개정해 일본문학이 필수가 되었지만 윤동주가 졸업하던 1942년까지 조선문학은 여전히 개설되었다.

일본어로 교육받던 용정 광명학원 중학부 시절(1936년)에 지었던 「이런날」은 띄어쓰기도 제대로 되지 않은 국한문 혼용체의 껄끄러운 시였는데, 2년 뒤 연희전문학교에 입학해 처음 지은 시 「새로운 길」은 띄어쓰기가 제대로 된 한글 전용의 시이다. 연희전문 시절에 지은 「자화상」이나 「서시」가 국민 애송시가 되어 널리 외워지는 이유도 윤동주의 문학 배경이 '동서고근의 화충'에 그치지 않고 연희전문만의 한글 교육까지 받은 덕분이다.

윤동주가 4학년 때인 1941년 6월 5일에 문과 학생잡지 『文友』가 간행되었는데, 국어(일본어)가 강요되던 시절이지만 윤동주의 「새로운 길」과 「우물속의 自畵像」을 비롯한 시 13편만은 다른 부분과 달리 한글로 편집하였다. 발행인은 윤동주의 기숙사 동료 강처중이었는데, 윤동주의 고종사촌인 문예부장 송몽규는 편집후기에서 "국민총력운동에 통합되어서 학원의 신체제를 수립하기 위하여 우리 문우회는 해산하게 된다. (……) 그래서 문우 발행으로서는 이것이 마지막 잡지가 되는 셈이다"라고 종간사 아닌 종간사를 썼다. 송몽규의 걱정 그대로 『문우』는 오랜 기간 동안 죽어 있다가 4·19 학생혁명이 일어나던 1960년에야 복간했으니, 우리 국민들이 애송하는 「서시」는 연희전문의 학풍 속에서 지어지고, 교수와 선후배들의 사랑 속에 살아남은 것이다.

# 조선학운동과 연희전문의 실학 연구

## 1. 머리말

1930년대 조선은 조선 연구를 통하여 일제의 식민지 지배에 저항하는 학술운동, 이른바 조선학운동을 전개했다.[1] 일본 제국주의는 대공황과 농업 공황 등 대내외적 위기를 타개하기 위하여 군국주의 파시즘 체제의 물적 토대의 확보가 절실하였고, 식민지 조선에 대한 수탈 정책과 조선 사상의 말살정책을 벌였다. 황국식민화의 학문적 기초를 마련하는 동시에 조선의 낙후성, 정체성을 사상적, 학문적으로 뒷받침하는 조선 연구를 강화시켜 나갔던 것이다.

이에 조선 지식인 학계는 일제의 식민지 사상 문화 지배정책에 대항하여 민족의 주체성을 기반으로 하는 학술운동을 전개하였다. 정인보, 안재홍으로 대표되는 민족주의 진영에서는 조선연구 사업을 전개하는 가운데 일제의 지배정책에 맞섰던 것이다.

1930년 조선학운동에 참여한 인물 가운데, 정인보는 연희전문학교 교수로서

---

1) 1930년대 조선학운동에 대하여 다음이 참고된다(韓永愚, 「1930년대 민중적 신민족주의 사학과 조선학 운동」, 『韓國民族主義歷史學』, 일조각, 1994 ; 조동걸, 「1930·40년대의 국학과 민족주의」, 『人文科學硏究』 창간호(동덕여대), 1995 ; 鶴園 裕, 「近代朝鮮における國學の形成－朝鮮學を中心に－」, 『朝鮮史硏究會論文集』 35, 1997 ; 전윤선, 「1930년대 조선학 진흥운동 연구 : 방법론의 모색과 민족문제 인식을 중심으로」 연세대학교 사학과 석사학위논문, 1999 ; 이지원, 『한국근대 문화사상사 연구』, 혜안, 2007 ; 백승철, 「1930년대 '朝鮮學運動'의 전개와 民族認識·近代觀」, 『역사와 실학』 36, 2008 ; 최재목, 「1930년대 조선학 운동과 '실학자 정다산'의 재발견」, 『다산과 현대』 4·5, 2012).

조선 독립을 위한 학술운동뿐만 아니라 학술 연구와 민족 교육에도 참여하여 연희전문이 민족운동, 학술 교육의 기반이 되는 역할을 수행하게 된다. 정인보의 학문은 문학·사학·철학을 관통하는 것이지만 특히 실학과 양명학 연구를 통하여 전통 학문의 폐해를 지적하고 대안이 될 수 있는 새로운 학문을 제시한 것으로서, 일제에 저항하는 학술운동과 서양학문의 수용 양상, 그리고 연희전문에 반영된 연구 교육 활동의 실상이 반영되어 있다. 그러므로 1930년대의 조선학운동과 정인보[2]의 역사 연구, 특히 실학과 양명학 연구를 살펴보게 되면 한국 근대 학술사뿐만 아니라 연희전문의 학술을 이해하는 데 크게 기여할 것이다.

## 2. 조선학운동과 근대 인식

### 1) 1930년대 일제의 조선 정책과 조선 연구

일제는 1930년대 군국주의 파시즘 체제의 물적 토대를 확보하기 위하여 식민지 조선에 대한 수탈 정책과 그 사상적 학문적 기반을 마련하기 위하여 조선 연구를 확대하였다.[3] 일제는 1920~30년대 세계 공황기를 맞이하여 대륙 침략 전쟁을 일으키고 조선에 대한 수탈 정책을 본격화하였다. 또한 자력갱생이라는 구호 아래 농촌 진흥 운동, 자작농창정계획(自作農創定計劃), 조선농지령(朝鮮農地令) 등을 실시하며, 조선 농촌에 격화된 계급적 모순을 일시적으로 완화하고 나아가 전시체제 구축을 위한 물적 확보를 위한 수탈체제의 재편에 나섰다. 그리고 농촌진흥운동과 조선 공업화 정책을 결합한 농공병진운동을 추진하며

---

2) 이 글에서 주로 참고한 자료와 저작은 다음과 같다(연세대학교 출판부, 『薝園鄭寅普全集』(1~6), 1983 ; 정인보 저, 정양완 역, 『담원문록』(1~3), 태학사, 2006 ; 연세대학교 국학연구원, 『연세국학연구사』, 연세대학교 출판부, 2005 ; 연세의 발전과 한국사회 편찬위원회, 『연세의 발전과 한국사회』, 연세대학교 출판부, 2005).

3) 方基中, 「1930년대 朝鮮 農工倂進政策과 經濟統制」, 『東方學志』 120, 2003 ; 이지원, 「제4장 1930년대 민족주의 문화운동론과 민족문화」, 앞의 책, 혜안, 2007, 275~282쪽.

대공황 이후 국가 권력이 시장에 개입하여 생산 과잉과 계급 모순을 조절하는 경제 통제를 실시하였다. 1931년 조선총독으로 부임한 우가키(宇垣一成)는 엔(円) 블록의 생산력 확충 계획으로서 식민지에 대한 개발과 수탈 구조를 통제하고 대륙 침략과 향후 구미 세력과의 총력전에 대비하는 정책들을 추진하였다.

일제의 이러한 정책에 대응하여 조선에서는 1929년부터 1930년대 전반에 이르기까지 노동자, 농민들의 투쟁이 격화되었다. 사회주의 세력은 1928년에 해산된 조선공산당의 재건과 노농대중과의 정치적 결합을 지속적으로 모색하는 가운데 공업지대와 농촌으로 파고들어갔다.

일제는 신 치안유지법으로 탄압을 강화하였고 한편으로 조선 사회의 안정적 지배와 조선 민중의 체제내 흡수를 위한 이데올로기로서 정책을 추진하였다. 조선총독 우가키(宇垣一成)는 내선융화의 정신적 지배를 기본 방침으로 내세우며 정신과 물질생활 양 방면의 안정을 기하는 조선 통치의 기본 구상을 밝혔다. 그것은 농업진흥운동, 조선 공업화 정책을 추진하는 농공병진 정책과 함께 일본 국가주의에 입각한 이데올로기 지배의 강화를 의미하는 이른바 '總力戰的' 구상이었다.

이러한 취지에서 1932년에 국민정신작흥운동(國民精神作興運動)이 전개되었다. 충군 애국에 기초하고 공존 경영의 정신에 입각하여 내선일체(內鮮一體) 협동과 공민(公民)으로서의 훈련을 쌓는다는 것이었다. 이를 통해 조선 사회의 격화된 모순을 완화함으로써 사회주의의 농촌 침투를 막고 민족해방 세력에 대한 회유와 탄압을 모색하였다.

또한 일제는 1920년대부터 조선사 연구를 본격화하고 1925년 조선사편수회를 설치하여 실증주의에 입각한 민족성론, 정체성론을 주장하고 황국신민화의 학문적 기초를 마련하고자 하였다. 그리하여 구래의 조선 사회를 정체된 사회로, 일제하의 조선을 발전한 사회로 검증해내고자 하였다.

이 과정에서 일제는 조선의 고적 보존을 장려하여 법령을 만들고 연구를 확대하였다.[4] 특히 박물관을 전국 주요 지역에 건립하여 학술적 지식을 대중화하고 국민적 자각을 깨우치는 사회교육 시설로서의 기능을 강화하고자 하였다. 그리하여 일제는 이러한 기능을 살려 일선동조(日鮮同祖)와 조선사의 타율성, 정체성을 과학적 증거에 의해 대중에게 선전하고자 하였다. 말하자면 조선의 전통 문화요소는 일본식의 전체주의적 국민의식, 문화의식을 주입하는 지배이데올로기 지배정책을 구현하는 방편으로 활용되고 있었다.

이러한 일제의 조선 문화 지배정책은 일제 관학 아카데미즘의 성과에 기초하여 내선융화의 이데올로기를 강화하려는 것이다. 그것은 형식적으로는 조선 문화의 전통과 고유성을 부각시키되 제국주의 문화지배의 틀 내에서 사상통제를 강화하여 일선융화, 일선동조(日鮮同祖)의 일본적 국민 의식을 양성하는 데 활용하는 것이었다. 따라서 외형적으로 강조된 고유성은 조선인 국민국가를 지향하는 것이 아니라 일제의 국가, 국민 문화의 하부 문화로서 위치하게 되어 그 주체성을 상실케 하는 것이었다. 즉 조선의 주체적·독립적인 민족의식을 말살하고 일본식의 전체주의적 국민 의식, 문화 의식을 주입하는 사상통치 기술의 일환으로 조선의 고유문화를 변용하고 그 본질을 호도하는 것이었다.[5]


## 2) 조선학운동과 근대 인식

1930년대 조선학운동은 일본 제국주의의 수탈 정책 강화와 이를 뒷받침하는 사상 문화 정책에 대응해서 벌인 학술운동이다. 조선학은 식민지 조선에서 조선인의 조선인에 의한 조선 연구, 학문적 민족주의 운동이라고 할 수 있다.

조선학운동은 1934년 9월 다산 서거 백주년기념회를 계기로 전면에 등장하

---

4) 이지원, 「1930년대 民族主義系列의 古蹟保存運動」, 『東方學志』 77·78·79, 1993.
5) 백승철, 「1930년대 '朝鮮學運動'의 전개와 民族認識·近代觀」, 『역사와실학』 36, 2008, 113~115쪽.

였다. 정인보, 안재홍 등은 조선학의 연구 방향을 논의하고 이를 학술운동 차원으로 확대하였다. 이들은 중앙 기독교청년회관에서 열린 강연회를 통하여 다산 연구를 조선학과 관련시켜 그 의미를 설명하는 가운데 조선학을 통한 민족의식의 고양과 근대 사상으로서의 가능성을 타진하였다. 이들은 타협적 민족주의 계열의 자치운동 및 그 연장선상에서 민족문화를 선양하려는 문화혁신론과 달리 비타협적 민족주의 계열, 그리고 저항적이고 주체적인 민중적 입장에서 근대 민족국가의 조선문화 건설을 추구하는 조선문화 운동을 전개했다.

1930년대 일제의 학술 지배정책에 대항하는 조선 연구, 학술 활동에는 각각의 정치적 지향에 따른 입장 차이가 나타났다. 즉 부르주아 민족주의 계열과 마르크스주의 계열로 분화되는 가운데 일제의 식민지 지배를 거부하는 학술 운동을 전개하였다. 1933년 6월에 백남운·김광진·이여성 등이 조선경제학회를 창립하여 조선 경제에 대한 연구 조사를 하였고, 비타협적 민족주의자로 알려진 정인보·안재홍·문일평 등이 조선학운동을 전개하였다. 또한 1934년 5월에는 이병도를 중심으로 진단학회를 창립하는 등 순수 학문적 차원의 타협적 민족주의 흐름이 존재하였다.[6]

사적유물론에 입각해서 한국사를 체계화한 백남운(1894~1979)은 식민주의 역사학뿐만 아니라 관념론적 문화사관을 또 다른 형태의 한국 특수사정론이라고 비판하였다. 그는 식민주의 역사학의 특수사정론이 관제 특수사정론으로 일제 식민지 침략정책의 기조를 이루는 독점적 정치적 이데올로기라면, 민족주의 역사학 역시 한국문화를 독자적 소우주로 특수화하려는 신비적 감상적 특수사정론이라고 배격하였다. 한국 민족의 발전을 합법칙적으로 인식하지

---

6) 김용섭, 「日本·韓國에 있어서의 한국사서술」, 『歷史學報』 31, 1966 ; 「우리나라 근대 歷史學의 成立」, 『한국현대사』 6, 1970 ; 「우리나라 근대 歷史學의 發達」, 『文學과 知性』 4, 1971 ; 한영우, 「제3장 근대 민족주의 역사학」, 『역사학의 역사』, 지식산업사, 2002, 265~312쪽 ; 백승철, 위의 글, 2008, 122쪽.

않는 민족주의 역사학은 제국주의의 특수 문화사관과 동일하다는 것이다. 그리하여 그는 마르크스주의의 학문 방법론을 과학으로 설정하고 조선사의 특수성을 보편성 안에서 학문적으로 체계화하고자 하였다. 조선학운동의 관념론적 과학관이나 방법론에 반대하면서도 과학적 입장의 비판적 조선학을 주장한 것이다.[7]

한편 최남선 등은 1920년대 자치운동의 연장선에서 조선문화의 독자성과 유구성을 강조하였다. 이들은 일제의 동화주의 지배정책과 외래의 사회주의 사상의 비판의 근거로 단군 이래 사천년의 장구한 역사와 일정한 문자, 일정한 풍속, 일정한 전통, 일정한 도덕의 완전한 문화가 존재했음을 선양하였다. 그러나 이때 민족의 독자성과 유구성을 강조하였지만 독립을 지향하는 것이 아니었던 만큼 독립된 민족국가의 민족보다는 인종학적·민속학적 민족을 강조하고 관념적·정신 수양적 의식 개혁의 일환으로서 민족문화를 내세웠다. 그것은 조선민족의 절대독립이나 제국주의 지배에 의한 계급적 질곡을 타개하고자 한 반제국주의적 민족의식과 차이가 있었다.[8]

1930년대 조선학운동에서 조선학의 의미는 안재홍의 글에서 잘 드러난다. 그는 조선학을 조선의 고유한 것, 조선문화의 특색, 조선의 독자적 전통을 천명하여 이를 학문적으로 체계화한 것으로 정의한다. 그는 조선학을 광의의 개념으로는 '온갖 방면으로 조선을 연구하고 탐색하는 것'으로 보고, 협의로는 '조선에 고유한 것, 조선문화의 특색, 조선의 전통을 천명하여 학문적으로 체계화하는 것'이었다. 그는 조선문화의 특색, 조선의 전통을 학문적으로 체계화하는 것을 학문의 목표로 삼았다. 곧 민족으로 세계로, 세계로 민족으로, 이른바, '민족적 국제주의, 국제적 민족주의'를 지향했다. 그는 우리 문화의 고유한 민족적 특색을 찾아내 세계 문화에 조선색을 짜넣는 것을 목표로 하였다.[9] 말하자면 안재홍의 조선학은 민족적인 것에서 보편적인 가치를

7) 방기중, 『한국근현대정치사상사연구』, 역사비평사, 1992.
8) 이지원, 「제4장 1930년대 민족주의 문화운동론과 민족문화」, 앞의 책, 2007, 241~252쪽.

찾는 것이었다.[10]

조선학운동은 비타협적 민족주의 진영의 저항적·주체적 관점에서 민중적 근대 민족국가 지향의 조선문화 건설을 추구하는 것이다. 조선학운동은 자본주의적 문명화를 목표로 한다. 문화 혁신은 자본주의적 문화 수립을 위한 과학적 사고에 입각하여 외래의 각종 신문화, 신사상을 주체적으로 수용하고 문화적 역량을 제고시키는 것이다. 이 문화 혁신의 목표는 자본주의적인 것과 조선적인 것의 결합을 통해 조선의 지도 원리를 창출하는 것이었고, 조선의 고유 문화, 사상을 부르주아적 관점에서 부흥시키고 선양하는 일이다.

조선문화 운동은 1920년대 민족협동전선 운동과 같은 비타협적 정치운동이 불가능하다는 정세 판단에서 나온 차선책으로서 개량적인 문화운동이었다. 안재홍은 이를 "혁신과 개량의 병진론－체제적 계급적 모순을 일거에 제거하는 革正과 합법적 공간에서 당면한 제 역량을 고양시키는 改良이 병존한다는 세계관"으로 설명하고 있다. 이는 역사적으로 문화적으로 동일한 정신적 존재인 것을 심화 인식하는 총체(總體)인 민족 개념에 입각한 관념적인 유기체적인 민족인식을 전제한 것이었다. 유기체적인 민족의식은 자본가적 민족의식을 전제하면서도 계급성과 세계성을 동시에 고려하고, 계급과 민족의 공존성을

---

9) 안재홍(1891~1965)은 신채호와 대종교의 영향을 받았다. 1920년대 언론인으로 신간회를 주도하고 좌우통합을 주장하였다. 그는 독립운동이나 역사 해석에서 극우와 극좌를 배격하고, 중도 노선을 견지했다. 그가 찾아낸 우리 문화의 민족적 보편적 가치는 계급과 계급이 협동하는 中和協同性으로 이것이 그가 추구한 독립운동의 방략이라고 할 수 있다(韓永愚, 「제7장 1930-40년대 安在鴻의 新民族主義와 史學」, 『韓國民族主義歷史學』, 일조각, 1994 ; 「1930-40년대 안재홍의 역사학과 '조선학운동'」, 『역사학의 역사』, 지식산업사, 2002).

10) 이는 세계성과 민족성이 병존하는 제3의 신생적인 민족 문제 인식이라고 한다(安在鴻, 「國際連帶性에서 본 文化特殊過程論(1)」, 『朝鮮日報』 1936년 1월 1일 ; 이지원, 앞의 책, 2007, 331~332쪽). 또한 동일한 학문 체계의 단일한 집단에서 그 집단 자신의 특수한 역사와 사회와의 문화적 경향을 탐색하고 구명하려는 學으로서의 근대학문 체계 안에서 조선이라는 동일자를 구성하려는 뜻(安在鴻, 「朝鮮研究의 機運에 際하야(2)」, 『東亞日報』 1934년 9월 12일 ; 정종현, 「단군, 조선학 그리고 과학」, 『한국학연구』 28, 2012, 332쪽)이라고 한다.

강조한다. 따라서 이러한 논의는 계급주의 관점에서 민족을 부정하는 사회주의나 부르주아 민족주의 입장에서 계급성을 배제하는 타협적 민족주의자를 모두 비판한다. 이들의 학문 연구는 실학과 조선 역사 연구로 나타나게 된다.[11]

## 3. 연희전문의 근대 교육과 실학 연구

### 1) 연희전문의 근대 교육과 조선학

연희전문학교는 일제의 식민지 고등교육 억압정책에도 불구하고 조선인 중심의 고등교육 육성을 목표로 만들어졌다.[12] 일제는 조선교육령에서 제국의 신민으로서의 자질과 품성을 갖춘 충량한 국민을 양성하기 위한 교육만을 강조하여 생활상 필요한 실용적 학예만을 가르치는 조선인 우민화 정책을 벌였다. 식민지 조선에서는 대학교육이 아닌 보통교육과 실업교육만을 실시하고자 하였던 것이다. 하지만 연희전문은 상과와 농과와 같은 응용 학문 외에 전문학교에서는 필요하지 않은 기초 학문을 다루는 문과, 수물과를 개설하여 미국식 종합대학 모델을 지향하면서 설립되었다.[13]

연희전문학교는 1915년 4월 경신학교 대학부에서 비롯되었다. 1917년 4월에 사립 세브란스 의학전문학교와 함께 조선총독부의 전문학교령에 따라 인가를 받은 최초의 사립전문학교였다.

---

11) 백승철, 앞의 글, 2008, 125~127쪽.

12) 이하의 글은 다음을 참고하였다(이준식, 「연희전문학교와 근대 학문의 수용 및 발전」, 『근대학문의 형성과 연희전문』, 연세대학교 출판부, 2005 ; 김도형, 「조선학의 요람, 연전 문과」 ; 김석득, 「국어학의 전통과 조선어학회」 ; 박형우, 「근대 의학의 발상지, 제중원」 ; 윤기중, 「실사구시 학풍과 연전상과」 ; 안세희, 「근대 과학을 도입한 수물과」, 『연세의 발전과 한국사회』, 연세대학교 출판부, 2005).

13) 연희전문학교 설립 당시 기독교 선교사들 사이에서는 고등교육기관 설립과 관련해 두 개의 견해가 있었는데, 복음 전도를 위한 일꾼 양성이라는 견해와 우리 사회가 필요로 하는 좀 더 넓은 의미의 인재를 양성하자는 의견이 그것이다. 후자의 입장에서 세워진 것이 연희전문이다(이준식, 위의 글, 2005, 26~27쪽).

연희전문은 문과·신과·상과·농과·수물과·응용화학과 등을 설치하여 동·서양의 학문을 융합하면서 기독교 신앙을 지닌 전문 인력을 양성하고자 하였다. 연희 전문은 『延禧專門學校狀況報告書』(「本校敎育方針」, 1932)에서 교육 목표를 "본교는 기독교주의 下에 東西 古近 사상의 和衷으로 문학, 신학, 상업학, 수학, 물리학 및 화학에 관한 專門敎育을 施하야 종교적 정신의 發揚으로써 인격의 陶冶를 期하며 인격의 도야로부터 篤實한 학구적 성취를 圖하되 학문의 精通에 伴하야 實用의 능력을 幷備한 인재의 배출로써 교육 방침을 삼음"이라고 하여 서구 근대학문과 동양의 고전 사상을 조화시켜서 학문과 실용 능력을 갖춘 전문인을 양성하려고 하였다. 이러한 동서고근의 화충의 교육이념은 전통 조선 연구를 강조할 수 있는 근거가 되었다.

연희전문은 이러한 학문 목표 아래 우수 교수들을 영입하고 교육 과정을 새롭게 개편해갔다. 의학 분야에서 알렌·에비슨·언더우드를 비롯한 외국인 교수와 김명선(1935년 부임), 박서양과 같은 한국인 교수를 모셔와 근대의학 교육을 진행시켰다. 상과의 경우 근대경제학을 전공한 백상규(1915년 부임)·이순탁(1923년 부임)·백남운(1925년 부임)·신태환(1939년 부임)·김효록(1939년 부임)을 영입하여 자주적으로 근대적 경제체제의 변화를 이끌어가는 학문 연구와 인재 양성에 매진하도록 하였다. 이과의 경우 이노익·이춘호(1924년 부임)·이원철·김봉집·최규남·장기원·유한상 등의 교수를 영입하여, 근대과학을 도입하되 학문의 정통을 위한 순수 분야뿐만 아니라 실용의 능력을 위한 응용 분야를 가르치도록 하였다.

연희 문과는 조선학을 이끌며 식민지 교육을 비판하는 선도적 역할을 수행하였다. 서양의 선교사와 서양의 근대학문을 수학한 조선인 그리고 국학 연구에 충실한 전문가를 교수로 영입하였다. 초기에는 네브라스카 대학 출신의 노정일(1921년 부임)·서양사와 성서를 가르치는 예일 대학 출신의 백낙준(1927년 부임)·음악을 가르치는 시카고 대학 출신의 현제명(1930년 부임)·사회학을 가르치는 하버드 출신의 하경덕 등이 문과를 대표하며 학문과 교육을 이끌었다.

문학과 사학, 철학을 아우르는 국학에서는 정인보(1922년 부임)·최현배(1926
년 부임)·백낙준·이윤재(1931년 부임)·김윤경·정인승·정태진·김선기 교수가
부임하여 민족정신에 입각한 근대 교육을 향하였다. 주시경은 근대 국어학을
창의적으로 개척하고 '말-글-얼 한몸'의 언어철학을 바탕으로 형태주의와 분석
체계 문법을 확립했다. 이를 이어받은 연희 국어학은 말을 의사소통의 도구로만
보지 않고 합리적인 사람의 창조물로 봄으로써 그 창조된 말을 사람 또는
사람의 집합체인 겨레의 정신과 사상 및 세계관의 상징이자, 새로움을 만들어
내는 힘을 가진 존재로 보는 것이다. 그리하여 연희의 국어학은 학문(국어학)과
운용(국어정책, 국어교육)을 두 축으로 하면서 끊임없이 세계의 새로운 이론을
도입하고 걸러냄으로써 새로운 창의적 국어학으로 발전하게 되었다.[14)

1922년 부임해서 조선 문학과 조선 사상을 가르친 정인보(1892~1950)는
문학·사학·철학을 겸비하며 조선 연구에 힘썼다.[15) 정인보는 1910년대 중국으
로 망명하여 홍명희·문일평·안재홍 등과 같이 신채호·박은식·신규식이 주도
하던 동제사(同濟社)에서 활동하며 독립운동의 일선에서 활약하였다. 그는
1924년부터 동아일보 촉탁기자겸 논설위원으로, 1933년 10월부터는 객원으로
활동하며 조선역사와 조선고전, 양명학, 다산 관련 글을 발표하였다. 그는
안재홍과 더불어 조선학운동을 주도하였으며 송진우 등과 친분을 맺으며
인적 네트워크를 형성하며 당대 지성계를 이끌었다.[16) 그의 학술활동에서
주목되는 점은 1930년대 조선학운동을 주도하고 '丁茶山先生逝世百年'을 기념하

---

14) 김석득, 앞의 글, 2005, 54~55쪽.
15) 백낙준은 회고록에서 연희의 실학 혹은 국학의 진흥에 정인보에게 배운 바를 말한
바 있다("내가 연희전문학교에 와서 처음 강의를 할 때 교실에 들어와 방청한 분이
정인보님이었다. 정인보님은 내가 중국에서 공부를 하였다 하여 한문학 이야기를
듣고자 한 것이며, 이래서 우리는 가까워지고 나는 정인보님에게 실학에 관한 지식을
많이 얻게 되었다. 내가 문과 과장으로 있으면서 실학 내지는 국학을 진흥시켜야겠다고
느끼고 그런 방향으로 애쓴 것은 정인보님의 깨우침과 협력이 있었기 때문이었다."
백낙준, 「종강록」, 『백낙준 전집 9 : 회고록·종강록』, 연세대학교 출판부, 1995, 484쪽).
16) 윤덕영, 『일제하 해방직후 동아일보 계열의 민족운동과 국가건설 노선』, 연세대학교
사학과 박사학위논문, 2010, 250~253쪽.

여『여유당전서』(1934)를 간행하여 실학의 학문적 특성과 계승 그리고 그 역사적 의미를 밝히려 했다는 점이다.

## 2) 정인보의 역사학과 실학 연구

정인보는 조선학 가운데 민족주의 역사학을 견지하였다. 그는 역사의 본질을 '얼'에서 찾고 조선얼을 통하여 한국사 전체를 꿰뚫어 이해하고자 하였다. 민족정신인 조선의 얼을 고수함으로써 민족의 발전과 독립을 주장한 것으로, 이는 식민사학에 맞서 우리의 역사학을 정립하고자 하는 것이었다. 그의 연구는 고대사와 실학 연구에 집중되어 있다.

정인보는 신채호 사학의 영향을 받으며 일본 제국주의에 대항하는 학술 활동으로 한국고대사를 연구하였다. 그는 언어학적 연구 방법과 고증실증적인 방법론을 통하여 전통적 학문 방법을 근대적 학문 방법과 결합하여 근대적 역사학의 방향을 제시하였다. 당시 식민사학자들은 『삼국유사』에 인용된 『위서』의 내용이 현존하는 『위서』에 보이지 않는 것을 근거로 후대조작설을 제기하였는데, 위당은 『위서』의 종류가 여러 가지로 『삼국사기』의 『위서』가 탁발씨의 『위서』가 아니라 왕침의 『조위서』라고 추정하였다. 단군에 대해서는 『삼국유사』의 단군 관련 기사를 역사적 사실을 기술한 위서(魏書) 부분과 신화(神話)를 적은 고기(古記) 부분으로 구별하고 설화적 부분의 역사화를 위한 이론적 틀을 제시하였다. 단군신화 중에 환인으로부터 단군을 낳은 것은 신화라고 하더라도 단군이 호를 '단군왕검'이라고 나라를 세워 조선이라고 한 것은 역사적 사실로 보아야 한다고 하였다. 단군을 신이 아니라 인간이라는 전제하에 신화 속에서 역사성을 부각시켰고 사실을 사실대로 밝히려고 하였다. 이외에도 그는 기자의 동래설을 부정하고 한사군의 위치를 압록강 이북으로 보았다. 낙랑과 관련해서는 평양과 봉산 사이에 발견된 봉니(封泥)는 중국 한나라와의 무역의 결과에 따라 발견된 것이고 평양 지역의 낙랑은 최리(崔理)의 낙랑국(樂浪國)과 같이

고조선 유민에 의해 건국되었다고 하였다.[17]

또한 고대 조선의 대중국 투쟁을 강조하였다. 그는 고조선의 중국 북부 진출설과 백제의 중국 진출설 등을 주장하였고, 광개토대왕비에 대한 전체 주어에 대한 언명을 통하여 일본의 남방 경영설을 비판하였다. 이러한 역사인식은 오천년간의 조선 역사에서 이어온 조선의 얼을 발굴 정리함으로써 일제의 침략에 맞서 대항하는 에네르기로 삼아야 한다는 것이었다.[18]

무엇보다도 정인보는 조선후기를 중심으로 하는 근세학술사를 연구하였다.[19] 그는 조선학의 핵심에 실학이 있다고 보고 실학을 민족 주체성과 근대 지향성을 갖는 것이라고 보았다. 현재 한국 학술의 정수를 보여주는 실학을 정립한 것이 정인보라고 할 수 있다. 정인보는 1934년에 다산 서거 백주년기념회를 발기하여 조선학운동에 적극 나서며 조선 연구의 틀을 마련하였다. 그는 실학이 집약된 정약용의『여유당전서』(1934)를 간행하고『성호사설』(1929)을 교열하였다. 이익의『곽우록』, 홍대용의『담헌서』, 이중환의『택리지』와 이면백의『감서』, 정동유의『주영편』, 이의봉의『고금석림』, 정상기의『팔도도』, 김홍임의『삼원관산고』, 유희의『교통』, 정제두의『하곡전서』, 김정호의『대동여지도』, 이충익의『초원유고』, 신경준의『훈민정음운해』, 이광사의『원교집』, 홍길주의『항해총서』, 이이명의『소재집』,『음우비』,『무예도보통지』등에 서문을 붙이고 간행에 간여한 것도 같은 맥락이라고 할 수 있다.

정인보는 조선후기 실학을 한국 역사의 근세 사상으로 평가하였다. 그는 실학을 주체적인 민족 정체성의 확립 혹은 조선 고유의 자아관 확립을 위한 조선학의 학문적 토대로 파악하였다. 그는 외국 학문을 연구하면서도 중국 학술에 매몰되기를 거부하고 서양 학문을 객관적으로 바라보고자 하였다.

---

17) 왕현종, 「연희전문의 한국사 연구와 민족주의 사학의 전개」,『근대학문의 형성과 연희전문』, 연세대학교 출판부, 2005, 317~321쪽.

18) 이만열, 「爲堂 鄭寅普의 韓國 古代史 認識」,『東方學志』141, 2008.

19) 박홍식, 「일제강점기 정인보·안재홍·최익한의 다산연구」,『다산학』17, 2010, 66~75쪽 ; 金鎭均, 「實學 연구의 맥락과 鄭寅普의 "依獨求實"」,『民族文化論叢』50, 2012.

그는 『양명학연론』에서 "英吉利의 某學者, 佛蘭西의 某大家, 獨逸의 某博士, 露西亞의 某동무의 '言說'에 비추어서는 아니다. 꼭 이래야 옳고 꼭 아니 하여야겠다. 이 '마음'이야 그까짓 것 우스운 것이지만 저 '말씀'이야 世界的 大學問이다. 그러므로 '實心'을 죽이어 '他說'을 살린다. 사람이란 身家를 主로 삼은 自私念에게 古今없이 부려먹히는 것이어늘 實心의 是非分別로서 制止 또는 裁節함이 없이 오직 '他說'에만 倚支할진대 '他說'은 언제든지 밖으로만 回翔하는 것이라"라고 비판하였다. 그는 외래학문의 무조건적 수용을 실심(實心)을 죽이고 타설(他說)을 살린다는 말로 표현했다. 진실로 주체적인 학문을 살려 시비 분별로서 절제하지 못한다면, 항상 외래의 학설을 추중하는 데 그칠 뿐이라고 하였다.[20]

〈표 1〉『薝園鄭寅普全集』(2) 수록 정약용, 이익 관련 글

| 번호 | 글 제목 | 수록 신문 및 잡지 |
|---|---|---|
| 1 | 「唯一한 政法家 丁茶山先生 敍論」 | 『東亞日報』 1934.9 |
| 2 | 「茶山 先生의 一生－丁茶山先生逝世百年紀念」 | 『東亞日報』 1935.6.26. |
| 3 | 「丁茶山先生逝世百年을 記念하면서」 | 『東亞日報』 1935.7.16. |
| 4 | 「정다산 선생의 뜻깊은 咐囑」 | 『新東亞』 1935.8 |
| 5 | 「茶山의 自撰墓誌銘」 | 『新東亞』 1935.9 |
| 6 | 「星湖僿說을 校刊하면서」 | 『東亞日報』 1929.12.24.~26. |

그는 〈표 1〉에 제시된 논설을 통하여 조선의 주체적 자아의 확립 정신은 다산 정약용에 이르러 정밀하게 갖추어졌다고 보고 근세 조선의 실상을 파악하려면 다산의 저서를 보아야 한다고 하였다. 그는 다산이 민의 이익을 도모하기 위하여 신학(新學)과 외학(外學)을 연구하여 조선에 맞는 학문을 확립하려 하였다는 점을 주목하면서, 다산의 저서인 『여유당전서』에 대한 연구는 조선 근세사상의 연구이고 조선 심혼의 명예, 조선 생존설에 대한 연구라고 하였다. 말하자

---

20) 남궁효, 「정인보의 '조선학' 이론에 관한 연구」, 『실학사상연구』 7, 1996 ; 백승철, 앞의 글, 2005, 137쪽, 139쪽 ; 왕현종, 「정인보 : '조선학'을 제창한 민족사학자」, 『연세의 발전과 한국사회』, 연세대학교 출판부, 2005, 459~463쪽.

면 다산을 민중적 경학, 정법을 확립한 선구자로 보고 실학의 개혁적 성격을 높이 평가하였다.

그는 실학의 연원을 유형원에서 시작하여, 이익·정제두·정상기·신경준에서 찾았고, 조선 근세의 학술사를 종합하여 보면 "磻溪가 一祖요, 星湖가 二祖요, 茶山이 三祖"라고 계통을 밝혔다. 조선 근세 학술사는 반계 유형원에서 시작하여 성호 이익을 거쳐 다산 정약용에 와서 집대성하였음을 처음으로 밝힌 것이다. 오늘의 실학연구는 정인보의 지적을 계승한 것이라고 할 수 있다.

같은 연희전문 교수이며 마르크스주의 역사학자인 백남운의 실학 이해는 정인보의 그것과 유사하다. 백남운은 실학을 사회개혁론으로 보고 동아일보에서 다산의 사상에 대하여(「丁茶山의 思想」, 1935. 7) 다음과 같이 말했다.

　　양반출신이면서도 '양반'은 아니고, 유학의 출신이면서도 '순유학자'는 아니며 서학의 신도이면서도 '溺惑'이 아니라 섭취였고, '배교자'이면서도 실천자였던 것이며 봉건시대의 출생이면서도 소극적이나마 봉건사회를 저주하였던 것이다. 그러나 전적으로 보아 봉건사회를 완전히 해탈한 것도 아니고 근세적 자유사상을 적극적으로 제창한 것도 아니다. 이것은 과도적 존재의 반영으로 이해하지 않으면 안될 것이다.

백남운은 정약용을 봉건적 조선사회를 살면서도 소극적이나마 봉건사회를 비판하였고, 봉건사회에서 근대사회로의 이행기에 존재했던 과도적 사상가로 정의하면서 조선의 근세적 자유주의 선구자로 평가하였다. 즉 백남운은 다산 사상을 통해 역사 발전의 필연성을 확인하고 봉건사회를 극복하였으며, 다산을 새로운 사회를 열어간 선구자로 파악하였다.

이처럼 정인보와 백남운은 민족주의 진영과 마르크스주의 진영을 각각 대표하면서 실학사상을 통하여 민족의 주체적 근대사회로의 이행가능성을 제기하였다. 식민사관의 역사 왜곡 곧 정체성론을 비판 극복하고 조선사가 근세 자본주의 국가 건설의 방향으로 진전되고 있음을 제시하였던 것이다. 물론 그들이 생각하는 근세의 내용은 달랐고 해방이후 신국가 건설에 대한 상이한 전망이 있었다. 그럼에도 불구하고 이들은 실학으로 집약된 조선학 연구를 통하여 민족해방과 근대국가를 지향했다는 점에서 같았다고 할 수 있다.

한편 정인보는 오천년 조선 역사의 운명이 본심(本心) 회복에 달려 있다고 보고 그 본심 회복의 방법을 양명학에서 찾았다. 조선시대 정주학의 폐해를 극복하고 새로운 대안사상으로 양명학을 주목하였던 것이다. 그는 "오호라, 과거 수백년간 조선의 역사는 실로 虛와 假로서의 연출한 자취이어라"라고 전제하면서, 『양명학연론』에서 다음과 같이 말했다.

> 조선 수백년간 학문으로는 오직 유학이요, 유학으로는 程朱를 신봉하였으되, 신봉의 폐가 대개 두 갈래로 나뉘었으니, 一은 그 학설을 받아 자가 편의를 도모하려는 私營派이요, 一은 그 학설을 배와 中華嫡傳을 이 땅에 드리우자는 尊華派이다. 그러므로 평생을 몰두하여 心性을 강론하되 實心과 얼러 볼 생각이 적었고 일세를 揮動하게 도의를 표방하되 자신밖에는 보이는 무엇이 없었다.

그는 조선의 학자들이 정주학을 자신의 사사로운 이익을 추구하는 데 이용하고 중화주의를 내세웠다고 하였다. 사람들의 행위의 표준을 제시해야 할 학문이 개인의 이익을 추구하기 위한 수단(假行)으로 전락하거나 주체성을 상실한 채 남의 문화를 자기 것으로 착각하는 허위의식(虛學)이라는 것이다. 이는 조선의 학자들이 『대학』의 '격물치지(格物致知)'를 내면의 마음공부로 이해하지 않고 외계 사물의 이치를 탐구하는 것으로 풀이하여 결국 실심(實心)을 떠난 학문을 하게 된 것이라고 보았다. 그리하여 정인보는 실심의 각성과 회복을 중시하고 양명학을 주목하였다.

정인보는 주자학과 그 폐단을 비판할 수 있는 근거를 양명학을 통하여 찾았다. 그는 양명학의 주요 이론인 양지설(良知說)·친민설(親民說)·만물일체설 (萬物一體說)에 대한 해설을 통하여 새로운 사상 개발의 가능성을 타진하였다.

우선 양지설에서 본심을 '한결같이 참되고, 조금의 거짓도 없는(一眞無假) 상태'로 상정하고, 이 본심은 그 자체가 밝아서 환한 빛을 내어 생각들의 시비, 선악 여부를 판단한다. 본심 자체의 밝은 덕성을 명덕이라고 하고 그 밝은 지각 능력을 양지라 하며, 본심이 일체의 시비선악을 판단하는 도덕 주체가 될 수 있다고 한다. 정인보는 스스로 속일 수 없는 우리의 본심은 타인이나 다른 존재물에 감통하여 그들의 아픔을 자신의 아픔으로 느끼는 도덕 정감을 지니고 있음을 강조한다.

이때 우리의 본심이 감통의 역량을 지닌다고 보고, 본심의 작용이 민중과 감통하는가가 중요하다고 본다. 이것은 우리의 신념이나 행위가 본심의 작용인 지 아닌지의 실증적인 기준이 되고, 역사와 현실을 평가하는 준거로도 사용되는 것으로 보고 있다. 이때 민중과 감통하는 삶의 자취는 모두 양명학자로 규정할 수 없기 때문에 사회와 시대의 특성을 살피고 다른 사상의 내용을 포괄하면서 종합적인 이해가 필요하다고 본다.

정인보의 신민설과 만물일체설은 본심의 감통에 의해서 나타난다. 즉 본심이 민중과 감통하는 것이 친민설이라면 그 본심 감통의 영역을 만물로까지 확대하 여 만물과의 일체가 되고자 하는 것이 만물일체설이다. 이때 양지설은 실제로 의념이 드러나는 구체적인 일에서 그 부정한 의념을 바로잡는 점진적인 공부가 있어야 한다고 본다. 이는 미발(未發) 공부를 중시하는 귀적파(歸寂派)나 적용상 에서의 격물(格物) 공부를 중시하는 현성양지파의 주장과 구분되는 것이다. 그의 양명학은 실심과 본심의 작용을 통하여 정주학의 폐해를 극복하고 민족정 신을 함양하는 목표를 가지고 있었다.[21]

말하자면 정인보는 식민지를 초래한 원인을 정주학에서 찾고 그 대안으로

---

21) 한정길, 「정인보의 양명학관에 대한 연구」, 『東方學志』 141, 2008.

조선학 연구를 진행하였다. 그는 한국 고대사 연구에서 언어학적 연구방법론을 통하여 단군을 강조하고 고조선과 백제의 전성기의 모습을 부각시켰으며, 실학과 양명학 연구를 통하여 민족독립 국가를 목표로 하는 자주적 정법(政法)을 구현하고자 정다산을 필두로 하는 실학을 연구하였다. 또한 그는 주자학과 그 폐단을 비판할 수 있는 근거를 양명학을 통하여 구하고, 양명학의 주요 이론인 양지설·친민설·만물일체설에 대한 해설을 통하여 근대 사상의 개발 가능성을 타진하였다. 곧 정인보는 뜻을 같이하는 이들과 조선학운동에 참여하면서 서구적 근대성을 모델로 하여 정법과 문화건설을 실현하고자 하였고,[22] 이는 당시 연희전문 교수들의 연구와 교육 활동과 결합되어 한국 근대사회 형성에 이바지하는 것이었다.

정인보의 실학 연구는 정약용의 개혁사상을 통해 새로운 사회를 전망한 홍이섭(1914~1974)과 민영규(1914~2004)로 이어진다.[23]


## 4. 맺음말

본고는 1930년대 조선학운동의 일본 제국주의의 침략에 대한 대응논리가 연희전문의 학문적 전통으로 이어짐을 밝혀보고자 하였다.

1930년대 조선학운동은 대공황과 농업공황 등 체제 위기에 직면한 일본 제국주의의 사상통제에 대한 대응 방법으로 전개한 조선인의, 조선인에 의한 조선 연구, 학문적 민족주의 운동이라고 할 수 있다. 일제는 관학을 중심으로 내선융화를 지향하며 조선문화의 고유성을 일선동조의 동화주의로 변용함으로써 식민지 지배를 공고히 하려고 하였다.

이에 대하여 독립을 갈망하는 조선의 지식인들은 부르주아 민족주의 계열과

---

22) 최재목, 「1930년대 조선학 운동과 '실학자 정다산'의 재발견」, 『다산과 현대』 4·5, 2012.

23) 정호훈, 「洪以燮의 實學 硏究」, 『東方學志』 130, 2005.

마르크스주의 계열로 분화되는 가운데 일제의 식민지 지배를 거부하는 학술운동을 전개하였다. 1933년 6월에 백남운·김광진·이여성 등이 조선경제학회를 창립하여 조선 경제에 대한 연구 조사를 하였고, 1934년 5월에는 이병도를 중심으로 진단학회를 창립하였으며, 같은 해 안재홍·정인보·문일평이 조선학운동을 전개하였다.

조선학운동은 1934년 9월 다산 서거 백주년기념회를 계기로 전면에 등장하였다. 이들은 조선학의 연구 방향을 논의하고 이를 학술운동 차원으로 확대하였다. 이들은 중앙기독교청년회관에서 열린 강연회를 통하여 다산연구를 조선학과 관련시켜 그 의미를 설명하는 가운데 조선학을 통한 민족의식의 고양과 근대 사상으로서의 가능성을 타진하였다. 이들은 타협적 민족주의의 자치운동의 연장선상에서 민족문화를 선양하려는 문화혁신론과 달리 비타협적 민족주의 및 저항적 주체적 민중적 입장에서 근대 민족국가의 조선문화 건설을 추구하는 조선문화 운동을 전개했다.

1930년대 조선학운동과 그를 통한 근대화 논리는 연희전문의 학술활동과 직결된다. 연희전문학교는 일제의 식민지 고등교육 억압 정책에도 불구하고 조선인 중심의 고등교육을 육성하기 위해 만들어졌다. 연희전문은 문과·신과·상과·농과·수물과·응용화학과 등을 설치하여 서구 근대 학문과 동양의 고전 사상을 융합하면서 학문과 실용 능력을 갖추며 기독교 신앙을 가진 전문 인력을 양성하고자 하였다.

특히 연희의 문과는 조선학을 이끌며 식민지 교육을 비판하는 선도적 역할을 수행하였다. 정인보·백남운·최현배 등의 학문 연구에는 조선학운동의 이념과 실천 활동이 그대로 반영되고 있었다. 정인보는 1922년부터 연희전문의 교수 생활을 하면서 조선 문학을 강의하고 『양명학연론』 등을 저술하였다. 정인보는 역사의 본질을 '얼'에서 찾고 조선얼을 통한 민족의 발전과 독립을 주장하고 우리의 역사학을 정립하고자 하였다. 그는 언어학적 연구방법과 고증실증적인 방법론을 통하여 전통적 학문방법을 근대적 학문방법과 결합하여 근대적 역사학의 방향을 제시하였다. 역사로서의 단군 연구와 고대사에 대한 진취적인 연구 곧 고조선의 중국북부진출설, 백제의 중국진출설 등을 주장하여 오천년간의 조선 역사에서 유지해온 조선의 얼을 승화 발전시켜 일본에 맞서는 역사의식을 갖도록 하였다.

또한 정인보는 역사 연구 특히 실학 연구를 통하여 한국 근대의 사상적 맥락을 밝혀보고자 하였다. 그는 실학을 민족 정체성의 확립 혹은 조선 고유의 자아관 확립을 위한 조선학의 학문적 토대로 파악하였고, 반계 유형원에서 시작하여 성호 이익을 거쳐 다산 정약용에 와서 조선 근세 학술사가 집대성되었음을 처음으로 밝혔다. 오늘의 실학 연구는 정인보의 지적을 계승한 것이라고 할 수 있다.

요컨대 정인보는 실학과 양명학 연구를 통하여 정다산을 필두로 하는 실학을 발견하여 근대국가의 모델을 강구하였다. 이는 당시 연희전문 교수들의 연구와 교육 활동과 결합되어 한국 근대사회의 형성에 이바지하는 것이었다.

# 연희전문 도서관 소장 영문학 서적의 규모와 면모
## -'동서화충'의 한 측면을 찾아서

## 1. 머리말

연희전문의 교육과 연구의 실상을 정확히 파악할 자료들이 절대적으로 부족한 조건에서 현재 연세대학교 중앙도서관 장서 중 1945년 이전 출간 자료들의 면모는 연희전문의 '동서화충' 정신을 어느 정도 엿볼 수 있는 간접적인 창구가 될 수 있다. 물론 이들 장서들이 실제로 과연 얼마나 연희전문 당시에 교수나 학생의 연구 및 강의에 기여했을지 여부를 판단하기는 쉽지 않다. 연희전문에 도서관 건물이 따로 없었기에 이 시대 도서관 장서목록이 보존되어 있지 않고, 1945년 이전 출간물이라고 해도 해방 후에 개인이나 단체의 기증에 의해 현재 연세대학교 도서관 장서에 포함되었을 수도 있기 때문이다. 그렇긴 해도 이들 중 상당 부분은 교수의 강의 및 연구의 참고자료로 교수 개인 또는 '도서관'에 소장되었을 것으로 추정할 수 있을 것이고, 교수 개인 또는 '도서관'에 배치된 자료들을 학생들이 접할 수 있었을 것이라고 가정할 수 있다. 일례로 연전 문과 학생 잡지인『延禧』제8호(1931년 2월 2일 발간)에 실린 학생 발표 논문 중 영문학 관련 글이 셋이 있다. 최활(崔活)의 「英時壇 史的 小考」, 김영석(金永石)의 「포오와 探偵文學」, 곽용오(郭龍吳)의 「워스워-드 小論」.[1] 이 세 논문은 교수 개인 소장자료나 '도서관' 자료에 의존한

학생들의 연구 성과라고 확언할 수 있을 것이다. 따라서 오늘날 연세대학교 중앙도서관 장서가 물려받은 1945년 이전 출판물 장서 구성의 특징을 살펴봄으로써 연희전문 시대의 교육 및 연구의 일면을 조명하는 것은 전혀 근거 없는 시도는 아닐 것이다. 또한 식민지 시대 대제국 일본의 절대적인 지원에 힘입어 탄생한 경성제국대학의 도서관 장서와의 비교를 통해 모든 면에서 열세에 있을 수밖에 없었던 연희전문의 영문 교육의 특성과 수준, 지향점을 드러낼 수 있을 것이다.

## 2. 연희전문의 영문강독(Reading) 및 영문학 교육의 내용

식민지 조선의 열악한 현실 속에서 연희전문은 시대를 앞서가는 '원어민' 선교사들이 참여 및 주도하는 영어교육을 제공했다. 연희전문에서 영어수업은 개교 19년차인 1933~1934년 기준, 문과(Literary Department)가 1, 2, 3, 4학년 각기 주당 12, 11, 10, 9시간이었고, 상과(Commercial Department)는 1, 2, 3학년 각기 주당 11, 11, 10시간, 심지어 수물과(Science Department)도 1학년 6시간, 2, 3학년 각기 3시간 배정되어 있을 정도로 전공을 불문하고 상당히 큰 비중을 차지했다. 이들 영어 과목들은 대부분이 영어능력을 제고하는 '실용영어' 교육에 맞춰져 있었음을 아래 표를 보면 알 수 있다.[2]

---

1) 정선이, 「연희전문 문과의 교육」, 『근대 학문의 형성과 연희전문』, 연세대학교 국학연구원 편, 연세대학교 출판부, 2005, 100쪽.

2) *Chosen Christian College Bulletin*, Vol.1, No.2(August, 1933) ; *General Catalogue Number 1933-1934: The Nineteenth Year* (Seoul: Chosen Christian College, 1933), 57쪽, 71쪽, 82쪽.

## Literary Department

| 1학년(학점) | 2학년(학점) | 3학년(학점) | 4학년(학점) |
|---|---|---|---|
| Grammar(4) | Grammar(3) | | |
| Reading(4) | Reading(4) | Reading(3) | Reading(2) |
| Composition&Rhetoric(2) | Composition&Rhetoric(2) | Composition&Rhetoric(2) | Composition&Rhetoric(2) |
| Conversation(1) | Conversation(2) | Conversation(2) | Conversation(2) |
| Phonetics(1) | | | |
| | | History of English Literature(3) | |
| | | | English Literature(3) |

## Commercial Department

| 1학년(학점) | 2학년(학점) | 3학년(학점) |
|---|---|---|
| Grammar(3) | | |
| Reading(3) | Reading(5) | Reading(3) |
| Composition(1) | Composition(1) | Composition(1) |
| Conversation(2) | Conversation(2) | Conversation(2) |
| Commercial English(2) | Commercial English(3) | Commercial English(4) |

## Science Department

| 1학년 (학점) | 2학년 (학점) | 3학년 (학점) | 4학년 (학점) |
|---|---|---|---|
| Grammar(3) | | | |
| Science English(3) | | | |
| | Reading(3) | Reading(3) | |

이러한 원어민 교수 중심의 '영어집중교육'은, 1930년대에는 "신촌의 강아지도 영어로 짖는다"는 유머가 나돌 정도였다고 하니, 뚜렷한 성과를 냈음이 분명하다.[3] 이렇듯 연희전문의 교육이 조선인들에게 영어능력을 손에 쥐어주고 입과 귀에 담아주었다는 점만으로도 연희전문의 '동서화충'의 실무적인 성과를 충분히 인정할 수 있다.

---

3) 정선이, 앞의 글, 2005, 93쪽.

연희전문의 공통 '대학영어' 과목인 "Reading" 과목의 개요를 보면 영문학 작품들이 모든 전공에서 교재로 활용되었음을 알 수 있다. 문과에서 1학년 "Reading"은,

"This year's course includes analytical translation of prose selections from literature"

라고 하고 있고, 2학년 과목개요는,

"The course is designed to awaken within the students an appreciation of the beauty and the artistic worth of some of the masterpieces in English"

그리고 덧붙여

"Outside reading in literature and reports thereon are assigned to more capable students"

라고 명시하고 있다. 3학년은 "rapid reading and comprehension"을 목표로 *The Readers Digest*를 교재로 택한다고 하고 있으나 거기에 덧붙여,

"Students are required to read books outside of class hours and hand in reviews or abstracts of them"

이라고 했으므로, 영문학 작품 강독이 과제로 부여되었을 법하다. 4학년 "Reading"은 셰익스피어(Shakespeare)의 *Hamlet*을 교재로 택했다. 이 흥미로운 강의개요는 전문 그대로 인용할 만하다.

Translation from English into Korean and Japanese and vice versa is practiced with special attention to standardization of the art of translation. The first part of the course consists of translations from English into Korean and Japanese, and for this purpose

Hamlet is studied for a literary mastery of the text in order to have a clear understanding and good translation of Shakespearian literature. Translation of modern English into readable vernacular, and documentary forms into the exact Korean equivalents is duly emphasized. The second part covers the translation of selected literary masterpieces of the Oriental writers into English with special care as to idiomatic usage and practice of good and correct English.[4]

참으로 놀라운 문건이다. 오늘날 영문과 학부생들에게도 읽히기 쉽지 않은 셰익스피어의 *Hamlet*이 주교재였다는 점뿐 아니라, 고난도의 영문학 독해에 덧붙여 정확한 조선어(한국어) 능력을 강조하는 영-한, 한-영 번역 교육을 시켰다는 점은 그야말로 '동서화충'의 생생한 교육적 실천이라고 하지 않을 수 없다. 게다가 실용적인 영어번역 능력("modern English into readable vernacular, and documentary forms into the exact Korean equivalents")과 영문학 고전에서 샘솟는 고급 영어 감각을 동시에 갖추도록 하는 교수법은 소위 '영어교육', '영어학', '영문학'으로 찢어져서 서로 학문적 대화를 포기한 채 생업유지에 연연하는 현재 대한민국 영문과/영어학부들의 모습에 비춰볼 때 오히려 더 '선도적'이기까지 하다.

연희전문 "Reading" 교육은 각 전공별로 그 수준과 필요에 맞춰 적절히 조절되어 있다. 그런데 상과의 "Reading"을 보면 1학년에서는

"The reading materials are selected from the masterpieces of representative writers of America and England"

2학년은

"This course is reading and translation of standard short stories of such authors as

---

4) *Chosen Christian College Bulletin*, Vol.1, No.2(August, 1933), 62~63쪽.

Washington Irving, Edgar Allan Poe and other standard writers,"

3학년은

> "This course is reading and translation of the works of some eminent authors such
> as Thomas Hardy and Henry James"

라고 명시하고 있다.5) 이들 과목들은 ("representative writers", "standard writers", "eminent authors" 등으로 지칭한) 영미의 고전 작가들의 작품을 교재로 택하고 있으니, 상과 전공자들에게 고강도의 인문학/영문학 교육을 영어교육과 함께 동시에 시키고 있는 셈이다. 오늘날 연세대학을 비롯한 국내 대학들의 경제학, 경영학 전공자들이 영문학 고전을 전혀 읽지 않고도 무사히 대학을 졸업할 수 있는 형편과는 매우 다른 환경이다.6) 수물과("Science Department")의 "Reading"도 크게 다르지 않다. 2학년 "Reading"은 "standard works of representative writers of America and England"를 다루고, 3학년은 "stories and novels are read and translated"라고 되어 있다.7)

이렇듯 전교적으로 진행되는 영어 강독 교육에서 고전 영문학 작품들은 결정적인 역할을 했다. 이러한 원서 강독 교육이 가능하기 위해서는 이들 작품들의 다양한 판본들이 학내 및 교수 개인의 서재 내에 비치되어 있어야 했을 것이다. 원서를 구입하기가 보통 어렵지 않은 시대에 이들 자료들을 중고 서점에서 구입하거나 교수가 판서하거나 이를 등사하는 등의 방식으로 교재로 사용했을 것임을 해방 직후에 연세대학교 영문과를 다닌 이들의 회고를

---

5) *Chosen Christian College Bulletin*, Vol.1, No.2(1933), 74쪽.
6) 문학, 역사, 철학 등 인문학 과목을 1, 2학년 때 필수로 이수해야 하는 Underwood International College의 "Economics" 전공은 연희전문 상과의 정신을 새롭게 부활, 계승하고 있다고 할 만하다.
7) *Chosen Christian College Bulletin*, Vol.1, No.2(1933), 85쪽.

보면 추정할 수 있다. 예를 들어 황규식(1946년 입학)은 증언하기를, 교재를 구하기 어려워 영문학사와 영어사를 가르친 박술음 교수의 경우, 교수가 곱게 판서를 해주면 그것을 노트에 받아썼다고 한다. 아니면 "안국동이나 광화문통의 고서점을 활용"했는데, 예를 들어 "영문학 연습의 교재로는 사이토 다케시 편의 『영국시문선(*English Poetry and Prose*)』을 총 수강생 10명이 "상기 고서점을 뒤져서 서로 소재를 알리면서 힘겹게 마련"했다고 한다. 최재서 교수의 '영길리 비평(English Criticism)' 강의의 경우에는, 아리스토텔레스의 『시학(*Poetics*)』과 매슈 아놀드(Matthew Arnold)의 『비평론(*Essays in Criticism*)』이 교재였는데, 교수가 "원지를 철필로 써서 좋지 못한 지질의 갈색 갱지에 등사"하여 텍스트를 제공했다.[8]

그리고 물론 원서 '진품'을 직접 만나보기 원하는 학생들은 도서관에 갔을 것이다. 일반 학생들로서는 책을 구하는 일이 보통 힘겹지 않은 형편이었기에 학교 도서관 원서 장서의 중요성은 오늘날에는 상상할 수 없을 정도로 컸을 수밖에 없다.

## 3. 연희전문 도서관 장서의 규모

연세대학교 창립 80주년 기념으로 나온 『연세대학교사』는 연희전문 도서관에 대하여 다음과 같이 기술하고 있다.[9]

연희전문 도서관은 1915년 설립자인 원두우 박사가 기증한 도서 230권을 기초로 하여 시작되었다. 1924년 학관이 준공되자, 그 3층에 도서관을 마련하였는데, 이 해 12월의 장서수는 5,797권이었다.

---

8) 황규식, 「신촌 6년」, 『우리들의 60년 : 1946~2006』, 연세대학교 영어영문학과 동창회, 2006, 270쪽.
9) 연세창립80주년 기념사업위원회, 『연세대학교사』, 연세대학교 출판부, 1971, 324~325쪽.

1930년대에는 내외국 인사의 독지로 많은 장서가 답지하였는데, 도서관에서는 기증자를 기념하기 위하여 문고를 특설하였다.

이와 같은 기증 도서들이 축이 된 도서 장서 수는 연도별로 다음과 같이 증가했다.

| 연도 | 1915 | 1919 | 1924 | 1928 | 1933 | 1935 | 1936 | 1940 |
|---|---|---|---|---|---|---|---|---|
| 장서 | 657 | 1,344 | 5,797 | 6,591 | 24,798 | 44,633 | 51,888 | 54,036 |

장서수가 현저히 늘어나기 시작한 1930년대 기증도서 및 도서구입 기금들의 대표적인 예로는, 1932년 에비슨 교장의 미국 귀환 기념으로 교직원 및 졸업생들이 기증한 302권, 동문회 기금으로 구입한 동문회문고, 윤치호의 기증도서 230권 및 도서구입기금 2천원, 민태식이 기증한 도서 765권, 그리고 특이하게도 미국 Columbia University Teachers College 재학생들의 "Christmas Chest" 기금에서 2년간 매년 500원씩 송금해준 도서구입 자금, Carnegie Endowment for International Peace의 출간물 기부 등을 들 수 있다.[10]

도서관의 양적인 발전뿐 아니라 질적인 발전도 1930년대에 이루어진다. 연희전문 문과 출신으로 연희전문 교수진에 합류한 4회 졸업생 이묘묵이 미국 보스턴(Boston) 대학에서 1931년에 박사를 받고 시라큐스(Syracuse) 대학에서 강의하던 중 1933년부터 1934년까지는 시라큐스 대학에서 도서관학을 공부했다. 그가 1936년부터 연희전문의 도서관장을 겸임했다.[11] 도서관 장서는 『연세대학교사』에 의하면 이묘묵이 주도하여 듀이 십진분류법(Dewey Decimal Classification)에 의해 열람목록을 카드로 정리, 비치하였다고 하나,[12] *Chosen*

10) 연세대학교백년사편찬위원회,『연세대학교백년사』1, 연세대학교출판부, 1985, 186쪽 ; *Chosen Christian College Bulletin*, Vol.1, No.2(1933), 45~46쪽.
11) 정선이, 앞의 글, 2005, 83쪽.
12) 『연세대학교사』, 1971, 325쪽.

*Christian College Bulletin* 1933년 보고에 의하면, "The books are classified and marked according to the Dewey Decimal System of library cataloging, and a card catalogue is conveniently kept for the use of readers"라고 하고 있으니,[13] 이묘묵 이전에 이미 도서분류 및 카드 목록은 체계화되었다고 봐야 할 것이다.

꾸준히 증가하고 있던 연희전문 장서를 비치할 공간문제는 대학당국의 고민거리였던 것으로 보인다. 1933년 *Chosen Christian College Bulletin*의 "Library" 항목에서 이 문제를 다음과 같이 명시하고 있다.

> "Pending the erection of the permanent library building, provision for which is included in the complete plan of the College plant, the greater part of the third floor of Underwood Hall is now used for the reading room, offices, and stack-rooms of the Library. We have already outgrown our present quarters and are much crowded. Plans are now on foot to find additional stack-room space to house our rapidly growing collection."

또한 질적인 차원에서도 장서의 내용이 부족함을 다음과 같이 시인하고 있다.

> "While the library is growing in numbers of volumes, and in the importance of the place that it fills in the educational work of the College, it is still far from what it should be to adequately meet the needs of the institution. The funds which are available annually are not sufficient to enable us to purchase as many as we should have of the important current publications, and we have never been able to supply ourselves adequately with the standard classical works that should be in every college library."[14]

연희전문 장서 보관의 난점 외에도 질적인 취약점 문제는 잠시 후 논의하겠으나, 이와 같은 대학당국의 공식적 발언들은 일제강점기 연희전문의 출범과

---

13) *Chosen Christian College Bulletin*, Vol.1, No.2(1933), 44쪽.
14) *Chosen Christian College Bulletin*, Vol.1, No.2(1933), 44쪽.

발전이 결코 넉넉한 재정에 기댄 순탄한 과정이 아니었음을, 연희전문의 학문과 교육에 대한 그 어떤 논의에서건 상기할 필요가 있음을 새삼 일깨워준다.

연희전문 도서관외에도 각 전공별로 '연구실'에 장서와 자료들이 비치되어 있었다. 가장 장서의 중요성이 큰 전공인 문과의 '문과연구실'의 장서는 1936년 에는 다음과 같았다.[15]

| 종류 | 동양서 | 서양서 | 소책자/잡지 | 회화/지도 | 월간정기간행물 (동양) | 월간정기간행물 (서양) | 신문 | 기타 |
|---|---|---|---|---|---|---|---|---|
| 수(권, 종) | 1,653 | 149 | 367 | 113 | 13 | 2 | 1 | 11 |

1941년 문과연구실 도서 및 자료 소장 내용은 다음과 같다.[16]

| 종류 | 동양서 | 서양서 | 소책자/잡지 | 회화/지도 |
|---|---|---|---|---|
| 수(권, 종) | 2,036 | 284 | 135 | 22 |

1936년에 비해 문과연구실 장서 중 "소책자/잡지"와 "회화/지도"의 종수가 줄어든 것은 아마도 도서관으로 일부를 옮겼기 때문일 것으로 추정된다. 1941년 도서관의 장서총수는 1940년에 비해서도 현저히 늘어난 67,876책인 것을 보면 이러한 추론이 가능하다.[17] 1941년 장서의 세부 구성을 보면 다음과 같다.

| 종류 | 동양서 | 서양서 | 월간정기간행물 (동양) | 월간정기간행물 (서양) | 신문 | 기타 |
|---|---|---|---|---|---|---|
| 수(권, 종) | 52,628 | 15,248 | 54 | 35 | 15 | 8 |

---

15) 『연세대학교사』, 1971, 361쪽("기타"는 "셰익스피어극용의상" 11점을 지칭함).

16) 『연세대학교백년사』 1, 1985, 298쪽.

17) 『연세대학교백년사』 1, 1985, 298쪽.

이와 같은 장서의 확충은 일제의 탄압에도 불구하고 진행된 업적임을 기억해야 할 것이다. 일제 식민지 정부는 결코 연희전문의 교육 및 학문 활동에 호의적이지 않았다. 1938년 2월 24일, 서대문경찰서 고등계 형사가 연희전문 도서관을 수색하여 "적색도서 혹은 불온문서란 이름으로 귀중한 도서 수백권을 압수해" 갔는데, "특히 한·일합방에 관한 영문사료와 반일관계 서적"을 가져간 일이 좋은 예이다.[18]

식민지 정권의 탄압과 이어진 해방이후의 혼란과 내전에도 불구하고 오늘날 연세대학교 도서관이 물려받은 해방 이전의 서적과 자료들은 그 양과 질에서 한국 고등교육의 역사에 있어 기념비이자 소중한 자산들이다. 이하에서 살펴볼 연희전문 장서 중 영문학 관련 서적들의 독특한 '면모'는 이와 같은 평가를 유도하기에 충분하다.


## 4. 연희전문 장서 추정 영문학 고전 소장 판본

앞서 인용한 *Chosen Christian College Bulletin*에서도 연희전문 장서의 취약점으로 "the standard classical works"의 부재 및 부족을 들고 있듯이, 연희전문 장서와 경성제대 장서를 비교할 때 전자는 대체로 교수나 개인이 소장한 단행본 위주로 체계적인 수서와는 거리가 있다. 반면, 후자는 영미의 Oxford University Press, Cambridge University Press, Harvard University Press 등 주요 출판사에서 나온 정본 시리즈를 골고루 갖추고 있다는 점이 눈에 띄는 차이점이다. 이러한 차이가 발견되는 것은 당연하다. 조선총독부와 제국 일본의 인적, 물적 자원의 지원을 받는 경성제대와 국내외 독지가 및 단체의 기부로 태어나고 유지되던 연희전문, "Chosen Christian College"(조선 기독교 대학)의 형편은 너무나 다를 수밖에 없었다. 그 점을 감안할 때 놀랄 일은 연희전문 장서가 경성제대 장서보다

18) 『연세대학교백년사』 1, 1985, 250쪽.

는 덜 체계적이긴 해도 영문학 및 영문학이 기반이 된 영어강독을 강의하고 이를 위해 연구하는 데 크게 부족할 것이 없는 면모를 갖추고 있었다는 점이다.

### 1) *Hamlet* 판본

먼저 위에서 거론한 연희전문 문과 4학년 "Reading" 과목의 주교재로 사용된 셰익스피어(Shakespeare)의 *Hamlet* 판본들을 살펴보면, 그 양이나 질에 있어서는 경성제대 소장판본들과는 분명히 차이가 있으나 나름대로 든든한 목록을 구성하고 있음을 발견한다.

**연세대 도서관 소장 *Hamlet* 원서 판본(~1945) : 총 12종**

| 제목/편저자/총서 | 출판사 | 출판년도 | 서울대 소장여부 |
|---|---|---|---|
| *Shakespeare's Tragedy of Hamlet, Prince of Denmark*. Ed. William J. Rolfe. English classics series | New York: Harper&Brothers | 1878 | |
| *The Works of Shakespeare, v.6: Romeo and Juliet—Hamlet—Sonnets*. Ed. Rev. H. N. Hudson | Boston: Aldine Book Pub | 1881 | |
| *Hamlet, Prince of Denmark*. Intro and notes by K. Deighton | London: Macmillan Co. | 1891 | |
| *Complete Works of William Shakespeare, v.5: Hamlet-King John-Titus Andronicus*. Notes by Israel Gollancz | New York: A. L. Burt | (1900년대?) | |
| *The Modern Readers' Shakespeare, v. 5: King Henry V-As you like it-Much ado about nothing-Hamlet*. Notes by Henry Norman Hudson, Israel Gollancz et al. | New York: Society of Shakespearean Editors | 1909 | |
| *The Tragedy of Hamlet, Prince of Denmark*. Ed. Jack Randall Crawford. The Yale Shakespeare series | New Haven: Yale University Press | 1917 | 동일본 및 전질 소장 |
| *The Tragedy of Hamlet, Prince of Denmark*. Ed. E. K. Chambers. American edition, rev. by Walter Morris Hart. The Arden Shakespeare series | Boston: D.C. Heath&co. | [1917] | 영국판본 전질 소장 |
| *Hamlet*. Ed. Samuel Thurber and A. B. De Mille. | Boston: Allyn and Bacon | 1922 | 동일본 |

| The Academy Classics series | | | 소장 |
|---|---|---|---|
| Hamlet, Prince of Denmark. Ed. L. A. Sherman | New York: Macmillan Co. | (1930) | |
| Hamlet. 2nd ed. The Works of Shakespeare | Cambridge: Cambridge University Press | 1936 | 동일본 및 전질 소장 |
| Five Great Tragedies: Romeo and Juliet -Julius Caesar-Hamlet, Prince of Denmark―King Lear― Macbeth. Cambridge text, ed. by William Aldis Wright, intro. by John Masefield | New York: Pocket Books | 1939 | |
| The Tragedy of Hamlet, Prince of Denmark. Ed. G. L. Kittredge. The Challis Shakespeare series | New York : Blaisdell Pub. Co. | 1939 | |

## 서울대 도서관 소장 영미출판 *Hamlet* 원서 판본(~1945) : 총 12종

| 제목/편저자/총서 | 출판사 | 출판년도 | 연세대 소장여부 |
|---|---|---|---|
| Hamlet. Intro. by Henry Morley. Casell's National Library series | London: (s.n.) | 1905 | |
| Shakespeare's Tragedy of Hamlet: Prince of Denmark. Ed. with notes by William J. Rolfe | New York: American Book | 1906 | |
| Hamlet. Intro. by G. Santayana | Cambridge, Mass.: Renaissance Press | 1907 | |
| The Tragedy of Hamlet. Ed. E. Dowden. The Arden Shakespeare series | London: [s.n.] | 1918 | 미국판본 부분 소장 |
| Shakespeare's Tragedy of Hamlet: Prince of Denmark. Ed. L. A. Sherman | London: Macmillan | 1903 (reprinted 1918) | |
| Hamlet. Ed. Samuel Thurber, Jr. and A. B. de Mille | Boston: Allyn and Bacon | 1922 | 동일본 소장 |
| The Tragedy of Hamlet. Ed. for the use of students by A. W. Verity | Cambridge: (s.n.) | 1925 | |
| The Tragical Historie of Hamlet Prince of Denmarke, 1603. The Bodley Head Quartos | London: (s.n.) | (1922~ 1925) | |
| The Manuscript of Shakespeare's Hamlet and the Problems of Its Transmission: An Essay in Critical Bibliography. J. Dover Wilson | Cambridge: Cambridge University Press | 1934 | |
| Hamlet. 2nd ed. The Works of Shakespeare | Cambridge: | (1936) | |

| | Cambridge University Press | |
|---|---|---|
| The Tragedy of Hamlet. Ed. and rev. by Ebenezer Charlton Black | Boston: Ginn, | 1937 |

셰익스피어의 경우, 연희전문은 여건이 허용하는 한 최선으로 "the standard classical works that should be in every college library"를 갖추려 했음을 서울대(경성제대) 목록과 비교할 때 알 수 있다. 셰익스피어 판본 중 정본으로 인정되는 Arden Shakespeare 총서는 미국판으로 *Hamlet* 포함 총 6종[*As You Like It*(1905), *Julius Caesar*(1906), *Macbeth*(1915), *Twelfth Night*(1916), *King Lear*(1917)]을 소장하고 있는 반면, 서울대 도서관은 원본 London 판본 36종을 전부 갖추고 있다. 정본의 지위가 Arden 보다는 한 단계 아래 급인 Cambridge University Press판 전집 *The Works of Shakespeare*는 연희전문은 네 권만 소장하고 있으나[*Hamlet* 외에 *The Tempest*(1921), *The Merchant of Venice*(1926), *A Midsummer-night's Dream* (1924)] 서울대 도서관에는 1945년 전까지 나온 판본 총 12권을 모두 소장하고 있다. 단, Yale Shakespeare는 30종을 전부 갖고 있는 서울대에 거의 육박하는 25종을 소장하고 있다. 다른 한편 서울대 쪽 목록에서 (Shakespeare 연구에 있어 큰 비중을 차지하는) 판본비평(textual criticism)을 가능하게 해주는 자료들, 즉 Bodley Head Quartos 총서로 나온 초판본 팩시밀리 *The Tragical historie of Hamlet Prince of Denmarke*(1603)와 학술사적 가치가 큰 도버 윌슨(Dover Wilson)의 *The Manuscript of Shakespeare's Hamlet and the Problems of its Transmission: An Essay in Critical Bibliography*(이중 1권은 원고 팩시밀리로 구성되어 있다)를 갖고 있음을 볼 때, 후자의 학문적 진지성과 수준은 상당히 높았다고 할 수 있다. 이 대목에서 영미와 겨루던 '대일본제국'이 지원하는 '제국대학'과 사립 '전문학교'의 격차를 실감하게 된다. 하지만 위에서 살펴보았듯이, '연구'에서는 다소 밀리더라도 경성제대보다 훨씬 더 집중적이고 헌신적인 영문강독 및 영문학 교육을 했음을 상기할 때 이러한 차이를 무조건 열세로만 해석할 일은 아니다.

2) *The Pilgrim's Progress* 판본

기독교 대학인 연희전문 교수 및 학생들에게 특히 중요한 작품들은 17세기 영국 청교도 운동이 낳은 두 걸작 존 번연(John Bunyan)의 *The Pilgrim's Progress*와 존 밀턴(John Milton)의 *Paradise Lost* 이었을 것이다. 이중 먼저 *The Pilgrim's Progress* 판본들을 살펴보면 다음과 같다.

연세대 도서관 소장 *The Pilgrim's Progress* 판본(~1945) : 총 14종

| 제목 | 출판사 | 출간년도 | 서울대 소장 |
|---|---|---|---|
| *The Pilgrim's Progress* | Philadelphia : Presbyterian Board of Pub. | 1844 | |
| *The Pilgrim's Progress: From this world to that which is to come, Delivered under the similitude of a dream* | New York : D. Appleton and Co. | 1876 | |
| *The Pilgrim's Progress* | Boston: Ginn | 1890 | |
| *The Pilgrim's Progress: From this world to that which is to come, Delivered under the similitude of a dream* | Boston: Houghton Mifflin | 1896 | |
| *Pilgrim's Progress* | ? | (1900?) | |
| *Bunyan's Choice Works* | Glasgow: James Semple | (19--?) | |
| *The Pilgrim's Progress: From this world to that which is to come, Delivered under the similitude of a dream* | London: Hodder and Stoughton | 1902 | |
| *Bunyan's Pilgrim's Progress* | New York: Macmillan Co. | 1905 | |
| *The Pilgrim's Progress* | London: J. M. Dent&Sons New York: E. P. Dutton & Co. | 1907 | |
| *The Pilgrim's Progress [&] The Lives of John Donne and George Herbert, Ed. Izaak Walton* | New York: P. F. Collier&Son | c1909 | |
| *The Pilgrim's Progress: From this world to that which is to come* | London: George Routledge&Sons | (1930?) | |
| *The Pilgrim's Progress: From this world to that which is to come* | London: Ward, Lock&Co. | (1930?) | |
| *The Pilgrim's Progress: From this world to that which is to come* | New York: Hurst&Co. | (1930?) | |

| The Pilgrim's Progress [&] The Lives of John Donne and George Herbert. Ed. Izaak Walton. The Harvard Classics series | New York: P. F. Collier&Son | 1937 | 1909~ 1910 판본소장 |
|---|---|---|---|

## 서울대 도서관 소장 *The Pilgrim's Progress* 판본(~1945) : 총 13종

| 제목 | 출판사 | 출간년도 | 연세대 소장 |
|---|---|---|---|
| The Pilgrim's Progress: From this world to that which is to come, Delivered under the similitude of a dream. Golden Treasury series | London: (s.n.) | 1873 | |
| The Pilgrim's Progress: From this world to that which is to come | London: (s.n.) | 1854 | |
| The Pilgrim's Progress. The Lake English classics series | Chicago: Scott | (1906) | |
| Grace Abounding and The Pilgrim's Progress. Ed. John Brown. Cambridge English Classics series | Cambridge: (s.n.) | 1907 | |
| The Pilgrim's Progress. The Harvard Classics series | New York: Collier | 1909~ 1910 | 1937 판본소장 |
| The Pilgrim's Progress; Grace Abounding: and A Relation of His Imprisonment | Oxford : At the Clarendon Press | 1914 | |
| The Pilgrim's Progress | Boston: Ginn | (1917) | 1890 판본소장 |
| The Pilgrim's Progress. The World's Classics series | Oxford : Oxford University Press | (1921) | |
| Bunyan's Pilgrim's Progress in Modern English. Ed. with intro. and notes by John Morrison | London: (s.n.) | 1923 | |
| The Pilgrim's Progress: From this world to that which is to come | London: (s.n.) | 1926 | |
| The Pilgrim's Progress | London : Oxford University Press | 1926 | |
| The Pilgrim's Progress: From this world to that which is to come. Ed. James Blanton Wharey | Oxford: (s.n.) | 1928 | |
| The Pilgrim's Progress. Kenkyusha English Classics series | Tokyo: Kenkyusha | 1928~ 1930 | |

연세대학교와 서울대학교 소장 번연(Bunyan)의 *The Pilgrim's Progress* 판본은 *Hamlet* 판본과 형편이 크게 다를 바 없다. 종수로만 치면 14대 13으로 연세대학교

가 앞서고 있지만 내용을 보면 Oxford Clarendon Press, Oxford University Press
등에서 나온 학술적인 권위가 있는 연구용 정본들을 경성제대는 대부분 구비해
놓았던 반면, 연희전문 장서에는 미국에서 나온 개인 독서용 판본들이 많다.
경성제대 장서들이 체계적인 기획 하에 '연구중심' 수서의 모습을 과시하고
있다면, 연희전문 장서들은 자발적으로 수집된 기증 도서 위주로 구성된 면모를
드러낸다. 내용은 그렇다고 해도 결코 쉽지 않은 여건에서도 적어도 권수에
있어서는 경성제대의 장서들에 맞설 수 있었던 연희전문의 역량을 인정해
줄 수 있다.


### 3) *Paradise Lost* 판본

다음으로 연세대학교 도서관과 서울대 중앙도서관의 1945년 이전 *Paradise
Lost* 판본을 비교하면 다음과 같다.


**연세대 도서관 소장 *Paradise Lost* 판본(~1945) : 총 10종**

| 제목 | 출판사 | 출간년도 | 서울대 소장 |
|---|---|---|---|
| *The Poetical Works of John Milton* | New York: Thomas Y. Crowell Co. | 1892 | |
| *Paradise Lost, Bk. 7-8. Ed. A. W. Verity. Pitt Press series* | Cambridge: Cambridge University Press | 1895 | 서울대 전질 소장 |
| *Paradise Lost, Bk. 1-2* | Boston: Educational Pub. Co. | 1898 | |
| *The Poetical Works of John Milton: Reprinted from the best editions with biographical notice* | New York : Thomas Y. Crowell Co | (19--?) | |
| *Milton's Paradise Lost* | New York: Butler Brothers | (19--?) | |
| *The Complete Poems of John Milton. The Harvard Classics series.* | New York: P. F. Collier&Son | 1909 | |
| *The Complete Poetical Works of John Milton. Ed. H. C. Beeching* | London: Henry Frowde | 1908 | Oxford 판본 소장 |
| *The Poetical Works of John Milton* | London: J. M. Dent&Sons | 1909 | |
| *The Poetical Works of John Milton. Including* | New York: | 1935 | |

| 제목 | 출판사 | 출간년도 | 연세대 소장 |
|---|---|---|---|

| William Cowper's translations of the Latin and Italian poems | Oxford University Press | | |
| Milton: Complete Poetry & Selected Prose. With English metrical translations of the Latin, Greek and Italian poems | Glasgow: Nonesuch Library | 1938 | |

## 서울대 도서관 소장 *Paradise Lost* 판본(~1945) : 총 23종

| 제목 | 출판사 | 출간년도 | 연세대 소장 |
|---|---|---|---|
| *Paradise Lost: A Poem in Twelve Books* | London: Straban | 1778 | |
| *The Poetical Works of John Milton: Paradise Lost and Regained* | London: (s.n.) | 1858 | |
| *Milton's Paradise Lost: Bk.1-2* | Boston: (s.n.) | (1879) | |
| *Milton's Paradise Lost* | London: (s.n.) | 1894~95 | |
| *The Complete Poetical Works of John Milton. The Cambridge Edition of the Poets series* | Boston; New York: Houghton, Mifflin & company | (1899) | |
| *The Poetical Works of John Milton. Ed. H. C. Beeching* | Oxford: (s.n.) | 1900 | Frowde 판본 소장 |
| *Paradise Lost, Bk. 1. Ed. H. C. Beeching* | Oxford: (s.n.) | 1901, 1924 | |
| *Paradise Lost, Bk. 1-2* | Chicago: Scott, Foresman | 1902 | |
| *Paradise Lost, Bk. 1-4* | London: (s.n.) | 1902~23 | |
| *Paradise Lost. Ed. A. W. Verity* | Cambridge: Cambridge University Press | 1902 | 연세대 Vol.4소장 |
| *The Poetical Works of John Milton* | Cambridge: (s.n.) | 1903 | |
| *Paradise Lost: Bk. 6. Macmillan's English Classics series* | London: (s.n.) | 1904 | |
| *Paradise Lost. Blackie's Standard English Classics series* | London: (s.n.) | 1904- | |
| *Paradise Lost, Bk. 2. Ed. E. K. Chambers. Clarendon Press series* | Oxford: (s.n.) | 1906 | |
| *The Poetical Works of John Milton. Ed. David Masson* | London: Macmillan | 1882 (1910) | |
| *Paradise Lost, Bk. 3. Ed. C. B. Wheeler* | London: (s.n.) | 1915 | |
| *Milton's Paradise Lost: Bk. 1-2. Bell's Annotated English Classics series* | London: (s.n.) | 1915 | |
| *Paradise Lost. Ed. by A. W. Verity. 12 vols.* | Cambridge: Cambridge University Press | 1917~ 1924 | |

| | | | |
|---|---|---|---|
| *The Complete Poetical Works of John Milton. Ed. H. C. Beeching* | London: (s.n.) | 1921 | |
| *The Poetical Works of John Milton* | London: Macmillan | 1924 | |
| *The Poems of John Milton, English, Latin, Greek & Italian. 2 vols.* | London: (s.n.) | 1925 | |
| *Paradise Lost. Kenkyūsha Pocket English series* | Tokyo: Kenkyusha | (1929~ 1939) | |
| *Paradise Lost. Ed. Merritt Y. Hughes* | New York: Odyssey | c1935 | |

밀턴의 *Paradise Lost*는 영문학사상 기념비적인 기독교 문학임이 틀림없지만, 학부생 수준에서 읽기는 결코 쉽지 않다. 위에서 볼 수 있듯이 경성제대 도서관에 *Paradise Lost* 판본의 종류나 수준이 연희전문 판본의 현황과 비교할 수 없이 우월한 것은 아마도 이러한 작품의 특성 때문일 수 있다. 단적인 예로 경성제대는 Cambridge University Press에서 나온 A. W. Verity 편집 *Paradise Lost* 판본을 전부 갖추고 있는 반면에 연희전문에서는 이 판본의 일부(Book 7 & Book 8)만 소장하고 있다. 심지어 1778년 판본마저 등장하는 경성제대 목록을 보며 일본인들의 치밀함에 감탄하지 않을 수 없다. 이러한 객관적인 차이는 있는 그대로 인정해야겠지만, 본 연구의 주제와 관련해서는 이 차이가 '연세학풍'의 한 일면을 '교육중심 연구'에서 찾을 수 있는 반증이 되기도 한다. 즉 연희전문에서는 당장 학생들에게 가르칠 작품들을 위주로, 활용도를 고려하여 책들을 수집했던 반면, 경성제대는 실제로 학생들에게 작품을 읽히는 교육적인 고려보다는 '연구'의 필요성 및 (18세기 희귀본이 시사하듯) '과시적 가치'를 고려하였다고 할 수 있다.

### 4) *A Christmas Carol* 판본

연세대학교 도서관이 소장하고 있는 연희전문 시절 장서로 추정되는 영문학 작품 중에서 서울대학교 중앙도서관의 경성제대 시절 장서로 추정되는 작품보다 그 종수가 더 많은 경우도 없지 않다. 기독교적 정신과 밀접한 관련이 있는 찰스 디킨스(Charles Dickens)의 *A Christmas Carol*이 대표적인 예이다.

## 연세대 도서관 소장 *A Christmas Carol* 판본(~1945) : 총 7종

| 제목 | 출판사 | 출간년도 | 서울대 소장여부 |
|---|---|---|---|
| *A Christmas Carol; The Chimes ; The Cricket on the Hearth; American Notes* | New York: Books | 1868 | |
| *A Christmas Carol in Prose : Being a Ghost Story of Christmas* | Boston: Houghton Mifflin | 1913 | |
| *A Christmas Carol in Prose : Being a Ghost Story of Christmas* | London: J. M. Dent&Sons New York: E. P. Dutton&Co | (1900?) | |
| *A Christmas Carol; The Wreck of the Golden Mary; Richard Doubledick; The Cricket on the Hearth*. Edited for school use by Edmund Kemper Broadus | Chicago: Scott, Foresman | 1920 | 1906년 판본 소장 |
| *A Christmas Carol*. Illus. by Francis D. Bedford | New York: Macmillan Co. | (1923) | |
| *Five Christmas Novels*. Illus. by Reginald Birch | New York: Heritage Press | (c1939) | |
| *A Christmas Carol*. Illus. by Julian Brazelton | New York: Pocket Library | 1939 | |

## 서울대 도서관 소장 *A Christmas Carol* 판본(~1945) : 총 4종

| 제목 | 출판사 | 출간년도 | 연세대 소장여부 |
|---|---|---|---|
| *A Christmas Carol* | New York: Crowell Co. | 19-- | |
| *A Christmas Carol; The Wreck of the Golden Mary; Richard Doubledick; The Cricket on the Hearth*. The Lake English Classics series | Chicago: Scott, Foresman | c1906 | 1920년 판본 소장 |
| *A Christmas Carol and The Cricket on the Hearth*. Macmillan's Pocket Classics series | New York: (s.n.) | 1923 | |
| *A Christmas Carol in Prose: Being a Ghost Story of Christmas*. With notes by Sanki Ichikawa. | Tokyo: Iwanami Shoten | 1925 | |

*A Christmas Carol* 판본은 연희전문 쪽이 경성제대를 수에서도 능가하지만 질에 있어서도 디킨스 생전인 1868년 판본이 포함되는 등, 제국대학 보다 수준이 높다. 뿐만 아니라 연세대 도서관만이 갖고 있는 극히 희귀하고 값진

책이 하나 있다. "原著者"는 "촬쓰 띄큰쓰", "譯述者"는 "許雅各"인 이 책은 게일의 『천로역정』 못지않게 작가 이름 표기나 제목 번역만 보더라도 '서'와 '동'을 조화시키려는 시도이자 영문학 고전을 조선어로 옮긴 최초 시도 중 하나로서, 별도의 연구 대상이 되기에 충분하다.

## 5) 주해본 및 번역본

연희전문 강의실에서 조선인 교수들의 강의는 조선어로 이루어졌다고 하지 만[19] 1929년부터 강사로 시작해서 영문학을 담당한 정인섭은 와세다대학에서 공부했고, 1935년부터 강사로 시작해서 영문학을 가르친 이양하는 도쿄제국대학 출신임을 감안할 때[20] 일본어 번역본은 상당히 요긴한 교수 자료 및 학생 자습 참고자료로 활용되었을 것으로 추정된다. 일본의 탁월한 번역자들의 손끝에서 일본어로 전환된 다양한 영문학 및 서양문학 작품들이 연희전문 장서의 "동양서" 중 큰 비중을 차지했음을 오늘날의 연세대 도서관의 장서목록에서 추론할 수 있다. 그 내용을 세밀히 탐사하는 것은 워낙 방대한 작업이라서, 별도의 과제로 남겨둘 수밖에 없다.

번역서와 원서 중간 지대를 차지하고 있는 일본어 주해본들도 같은 맥락에서 그 의의를 이해할 수 있다. 학생들이 난해한 원문을 바로 이해하기 어렵기 마련이기에, 이들이 소학교부터 배워온 '국어'인 일본어로 주해를 달아준 판본을 사용하는 것이 교육 현장에서 요긴한 교수법이 되었을 것이다. 위에서 살펴본 *Hamlet* 판본 중에서 일본어 주해본은 연희전문 장서 추정 연세대학교 도서관 목록에는 다음과 같이 세 가지가 있다.

---

19) 이준식, 「연희전문학교와 근대 학문의 수용 및 발전」, 『근대 학문의 형성과 연희전문』, 연세대학교 국학연구원 편, 연세대학교 출판부, 2005, 34쪽.
20) 정선이, 앞의 글, 2005, 70~71쪽

| 제목/편저자/총서 | 출판사 | 출판년도 | 서울대 소장여부 |
|---|---|---|---|
| *Hamlet and Julius Caesar*. Retold, edited, with notes by Takeshi Saito(齋藤勇) | Tokyo: Sankaido | 1928 | |
| *Hamlet and Caesar*. Retold, edited, with notes by Takeshi Saito(齋藤勇) | Tokyo: Sankaido | 1932 | |
| *Hamlet, Prince of Denmark*. Intro. and notes by Sanki Ichikawa(市河三喜). Kenkyusha English Classics series | Tokyo: Kenkyusha | 1922 | 동일 판본 및 1925년판 2권 소장 |

또한 앞서 인용한 황규식의 회고록에서 거론한 교재 *English Poetry and Prose*도 실상은 일본어 주석이 달린 일본에서 출간한 영문학 선집이다. 연희전문 및 연희대학 초기에 영문학 및 강독 교재로 즐겨 사용된 것으로 보이는 *English Poetry and Prose: Representative Passages*(이 책의 부제에는 "Selected and Annotated for Japanese Students"라는 설명이 달려있다)은 다음과 같이 2종, 3권이 남아있다.

| 제목 | 편저자 | 출판사 | 출판년도 | 권수 |
|---|---|---|---|---|
| 英國 詩文選(*English poetry and prose*) | 齋藤勇 | 東京：研究社 | 昭和10(1935) | 2 |
| 英國 詩文選, 改訂第3版 | 齋藤勇 | 東京：研究社 | 昭和14(1939) | 1 |

이중 개정판인 1941년도 판이 서울대 도서관에서 발견되지만, 이 책은 "조완규 전임총장 기증" 서적으로 분류되어 있으니, 경성제대 도서관에는 비치되지 않았던 것 같다. 대체로 연희전문 (추정) 장서와 경성제대 (추정) 장서를 비교할 때 연희전문은 '교육' 위주, 경성제대는 '연구' 위주의 수서 경향을 보였다고 할 수 있는 또 다른 증거이다. 학생들이 당장 참고할 수 있는 일본어 번역본이나 일본어 주석본을 연희전문은 경성제대 수준이거나 그 이상으로 소장하고 있었다고 할 수 있다. 일례로 *The Pilgrim's Progress*의 경우, 이 작품을 교수가 '연구'하거나 도서관에 '비치'해 두는 것이 목적이 아니라 학생들에게 읽히고 이해시키고 학생들이 '자기 것'으로 소화시키게 해주려는 것이 목적이었음을

연세대 도서관에 남아있는 해방 이전에 출간된 일본어 번역본 2종이 증언한다. 둘 다 서울대 도서관 목록에는 등장하지 않는다.

연세대 소장 *The Pilgrim's Progress*(~1945) 일본어 번역본

| 제목 | 역자 | 출판사 | 출판년도 |
|---|---|---|---|
| 天路歷程(英文 世界名著全集 : 第25卷) | 布上莊衛 | 東京 : 英文學社 | 昭和3(1928) |
| 天路歷程繪物語 | 益本重雄 | 東京 : 敎文館出版部 | 昭和11(1936) |

연세대 소장 *The Pilgrim's Progress*(~1945) 조선어 번역본

| 제목 | 역자 | 출판사 | 출판년도 |
|---|---|---|---|
| 텬로력뎡(木板本)(2권 소장) | J. S. Gale(加) 譯 | 서울 : The Trilingual Press | 高宗 32 (1895) |
| 텬로력뎡 | 기일(James Gale) 역 | 上海 : 발행처불명 | 1895 |
| 텬로력뎡(2권 소장) | 긔일(James Gale) 번역, 리챵직 교열 | 경성 : Presbyterian Publication | 1910 |
| 텬로력뎡(번연 요한 원저) | 奇一 번역 | 京城 : 朝鮮耶蘇敎書會 | 大正8 (1919) |
| 텬로력뎡, 뎨2권, 긔독도부인 려(행)록. 번연 요한 져 | 元杜尤夫人 譯述 (Lillias H. Underwood) | 京城 : 朝鮮耶蘇敎書會 | 大正9 (1920) |
| 텬로력뎡, 뎨1권. 原著者 : 번연 요한 | 譯述者 : 奇一 | 京城 : 朝鮮耶蘇敎書會 | 大正15 (1926) |

하지만 연희전문의 '동서화충' 정신이 가장 선명히 빛을 발휘하는 목록은 *The Pilgrim's Progress*의 조선어 번역본들이다. 그 수와 종류는 이중 단 하나(1895년본)만을 소장하고 있는 경성제대 장서 현황과는 전혀 비교할 수 없다.

이중 가장 오래된 1895년 목판본 『텬로력뎡』두 권을 연세대 도서관이 소장하고 있는데, 연도표기는 "구셰쥬강[생]일쳔팔[백]구십오년 대죠션[개]국오[백][사]년을미"이다. 그야말로 동서화충을 구현한 사례라고 하지 않을 수 없다. 조선어를 사용하는 기독교와 '대죠션'이 서로 '조화'롭게 공존하는 이 연도표기는 한국의 근대화에서 기독교 및 '조선기독교 대학' 즉 '연희전문'이

맡았던 선도적인 역할을 새삼 되새기게 해준다. 이와 같은 *The Pilgrim's Progress* 조선어 번역본뿐 아니라 중국 蘇松上海美華書館에서 나온 1894년 중국어본 『天路歷程』도 연세대에만 있는 희귀본이다.

## 5. 맺음말

연희전문은 일제강점기 조선에서는 독보적으로 상당히 수준 높은 고강도 영문 교육을 실시하였음을 교육 과정이 증언하고 있다. 또한 식민지 치하의 어려운 여건 속에서도 국내외 독지가들의 기증에 의존하여 나름대로 이러한 영문 교육을 충분히 뒷받침할 만한 장서를 구비했음을 연희전문 시절에 수집된 것으로 추정되는 연세대학교 도서관 장서들을 통해 가늠해 볼 수 있다. 막강한 식민지 정부의 지원을 받던 경성제대 장서들의 수준과 내용은 경탄할 만한 점이 적지 않다. 당시 수준에서 본격적인 영문학 학술연구를 수행할 수 있는 장서들을 구비했던 경성제대에 비하면 연희전문의 장서들은 분명히 체계성과 전문성이 떨어진다. 그러나 이러한 '약점'은 연희전문의 '학풍'을 드러내주는 반증이 되기도 한다. 즉, 학생들의 교육현장을 지원할 수 있는 '교육중심' 학풍이 연희전문의 기치였음을 장서들의 면면을 보면 알 수 있다. 개인 독서용 판본들을 다수 비치하고 일본어 주해본, 조선어 번역본들을 넉넉히 확보해 놓았던 연희전문 장서들의 '비전문성'은 오히려 학생들을 배려한 면모를 보여 준다고 할 수 있다. 조선인 학생들이 영어와 영문학을 배워서 이를 통해 자신의 문화적, 정신적 안목을 넓히고 아울러 우수한 영어구사력에 힘입어 조선의 유교적 전통 및 일본식 근대의 울타리를 동시에 벗어날 수 있게 해주려는 목적에 연희전문의 영문 관련 교육 과정 및 장서들이 맞춰져 있었던 것이다. 또한 서양학문을 '우리 것'으로 만들려는 '동서화충'의 노력 역시 식민지 체제 하에서도 포기하지 않았음을 교육 과정에 번역 훈련을 포함시킨 것과 『텬로력뎡』등 영문학 작품의 초기 조선어 번역본들을 다수 소장하고 있음을 통해 가늠해 볼 수 있다.

# 일본제국권(日本帝國圈) 기독교대학의 학풍과 그 계승
## — 연희(延禧)와 도시샤(同志社)의 대학문화 비교

## 1. 대학사 연구의 새 경향과 학풍

지금 연세대학 안에서 '제3의 창학'의 기치 아래 연세의 비전을 구상하고 실현하려는 움직임이 일고 있다. 그 비전은 대학의 미래사를 새롭게 쓰는 역할모델(role model)로서 연세를 자리매김하려는 야심찬 기획으로도 이어진다. 그런데 그 원동력은 어디서 오는가. 필자는 그것이 연세다운 학풍을 일으키는 밑으로부터의 운동에서 형성된다고 본다.

학풍 진작 운동을 올바로 추진하려면 학풍이란 무엇인가를 먼저 묻지 않을 수 없다. 학풍의 사전적 풀이는 "한 학교의 기풍이나 분위기"이다. 그런데 이런 풀이만으로는 그 함의가 충분히 이해되기 어렵다. 여기서 1950년대 일찍이 새로운 학풍을 일으키는 운동을 전개하자고 제안한 용재 백낙준의 뜻풀이가 우리의 눈길을 끈다. 그로부터 시사점을 얻을 수 있을 것 같다.

그는 한국전쟁의 폐허 위에서 새로운 학풍을 일으키는 운동 곧 '신학문운동'이 연희에서 일어나길 기대했다. 그때 그는 이렇게 말했다.

"학풍은 누가 시켜서 되는 것이 아니고 이러한 운동은 누구의 명령으로 지배될 것이 아닙니다. 오로지 민족적 자각에서 생겨야만 될 것이요, 학자적인 양심에서 생겨야만 될 것이요, 애국애족의 열성에서 우러나와야만 될 것입니다."[1]

또 그는 다른 글에서 학풍(學風)과 교풍(校風)을 구분하여, 어떠한 학자의 주장이나 또는 어떠한 이치를 본받아 행하는 사람들이 있어 진리 탐구에 이바지하는 영향력이 학풍이고, 학교의 정책과 인간관계에 반영되는 면이 교풍이라고 규정했다. 후자는 요즈음 잘 쓰는 용어로 바꾸면 캠퍼스 문화에 해당될 것이다. 그는 학풍이란 단어에 바람 풍(風)자가 들어있는 것에 주목하여 바람에 비유하면서 움직이게 하는 힘이란 의미로 이해했다. 따라서 학풍은 바람처럼 발론인(發論人)과 발원지(發源地)가 있는 것이고, 한 방향으로 움직여 어느 한 지역이나 어느 한 시대에 또는 영구하게 영향력을 발휘하는 것이 된다.[2]

용재의 학풍에 대한 이같은 규정은 중국에서의 학풍 용례와 크게 다르지 않다. 중국인은 학풍을 대학 건학의 근본이 되는 학술의 풍기(風氣), 또는 대학정신과 대학문화를 낳는 토양으로 본다. 말하자면 대학의 기질과 영혼을 가리킨다. 단, 그것은 무형의 거대한 역량으로서 학생(의 가치관과 행동양식)에 물이 스며들 듯이 보이지 않는 작용을 한다. 그것이 비록 보이지 않지만 대학구성원의 가치관이나 행동양식으로, 또는 대학의 '물질적 힘'으로 드러날 때 비로소 보인다.

이같은 의미를 가진 학풍이 지금 연세대학에서 특별히 주목되고 있는데, 좀더 시야를 넓혀보면 동아시아 대학사 연구의 새로운 영역으로 학계에서 깊은 관심의 대상이 되고 있음이 드러난다. 바로 이 점에서 연세의 학풍 진작운동이 대학의 과거사 연구, 더 나아가 대학의 미래를 전망하는 일과 연결된다. 그렇다면 그 내용을 좀 상세히 들여다볼 필요가 있지 않은가.

---

1) 용재, 「연희대학교 창립 41주년 기념사」(1956), 『백낙준전집』 3, 연세대학교 출판부, 1975.

2) 용재, 「학풍계발에 관한 소고」(1972), 『백낙준전집』 3, 연세대학교 출판부, 1975.

이제까지의 한국과 일본에서 한창인 대학사 연구의 핵심 주제는 제국대학 연구이다. 왜 제국대학이 그토록 관심을 끄는 것일까. 그 첫 번째 이유는, 식민지근대에 대한 한국 인문사회과학계의 새로운 성찰에서 찾을 수 있다. 종래 식민지 연구가 지배와 저항의 이항대립적 구도를 바탕으로 해온 것에 대한 비판에서 '식민지근대성' 개념이 제기된 것은 어느 정도 알려진 내용이다. 그리고 이러한 조류의 일부로서 근대적 대학제도 및 지식체계의 기원, 특히 과학성의 도입에 주목하면서 제국대학이 관심 대상이 된 것이다.

두 번째 이유는, 경성제대의 역사적 함의와 현재적 유산을 경성제대 연구를 통해 끄집어내려는 것이다. 그 작업을 통해 일본제국의 식민권력과 근대지식의 결합 양상을 규명할 수 있을 것으로 기대된다. 그 뿐만 아니라 식민권력의 문화적 헤게모니 기획에 대한 식민지 사회의 지적 대응에 대한 이해도 가능할 것으로 기대된다. 주로 경성제대 외부에서의 근대지식의 생산 및 유통 체계를 독자적으로 확보하려는 노력이 중시된다. 이것은 근대지식의 생산과 분배를 둘러싸고 전개되는 식민지배와 저항의 역동적 관계를 규명하는 작업이기도 하다. 또한 한국대학의 탄생과정을 추적하는 작업, 달리 말하면 식민지배의 유산을 조명하려는 시도로서 기대된다.[3]

이같은 의의를 갖는 제국대학 연구는 그동안 어떻게 이뤄져왔는가. 이제까지 연구의 주류는 개별 대학을 제도사적으로 접근하는 것이었다. 제국대학이 왜, 어떻게 만들어져 운영되었나가 관심의 초점이었다. 그 연구 성과는 주로 개별 대학에 대한 자료집 출간이나 제도사적 접근에 의해 축적되었다. 그런데 점차 이로부터 벗어나 새로운 연구 경향이 대두되었다. 그 하나가 비교사적 연구이다. 곧 주로 조선·대만·만주라는 식민지 대학 간의 비교 또는 일본제국권 전체의 대학간 비교 및 식민지 시기와 그 이후의 대학 비교가 흥미를 끌고 있다. 또다른 연구 경향이 대학문화 연구, 특히 교수와 학생문화에 대한 미시적

---

3) 鄭根埴 외, 『식민권력과 근대지식 : 경성제국대학연구』, 서울대학교 출판문화원, 2011.

(微視的) 연구이다.[4]

이 대학사 연구의 새로운 방향이요 영역인 대학문화란 다른 말로 하면 (필자가 위에서 설명한) 학풍이다. 우리의 학풍 연구가 바로 동아시아 학계가 수행하는 대학사 연구의 새로운 경향과 닿아 있음이 이로써 확인된다.

그런데 이처럼 다양한 방식으로 제국대학에 접근하여 연구를 수행한다 해도 한국 대학의 역사가 온전하게 밝혀질 리 없다. 왜냐하면 동아시아의 대학사는 제국대학(또는 국립대학)만으로 구성되지 않았기 때문이다. 그 동안 제국대학에 과도하게 집중된 현재의 대학사 연구의 방향을 바로잡아 대학사를 온전하게 재구성하기 위해서 사립 고등교육기관에 주목해야 할 이유가 바로 여기에 있다.

물론 일제강점기 최초의 그리고 유일한 대학은 1926년에 개교한 경성제국대학뿐이었다. 그것은 일본제국대학 모델을 현지 형편에 맞게 축소한 형태로 출현했다. 근본적으로 제국을 위한 이데올로기 창출이란 국가기구로서의 역할이 식민지 조선의 제국대학에서는 한층 더 강화되었던 것이다. 그래서 경성제국대학은 다수 조선인의 일상적 지식 욕구와 거리가 더 멀어질 수밖에 없었다. 그럼에도 불구하고 그것이 해방 이후 우후죽순처럼 신설되는 한국 대학의 모델로 작용하는 바람에 외국어능력의 보유를 전제로 성립된 엘리트적 교양문화, 암기와 시험으로 점철되는 기계적인 학습문화, 학맥과 인맥이 중심이 된 폐쇄적인 조직문화라는 제국대학 문화와 제도적 특징이 우리 대학문화에 그대로 계승되었다.

그런데 당시 법률상 대학은 아니었지만 또 다른 고등교육기구인 사립전문학교가 대략 12개 정도 존재했다는 사실을 잊어서는 안된다. 설립 주체가 일본인인 3개 교를 제외하고도 9개 교가 설립되었다.[5] 일본제국권의 다른 식민지나

---

4) 좀 더 상세한 동아시아의 대학사에 대한 연구사 정리는 白永瑞, 「京城帝大の內と外－韓國學術史の再認識」, 東北大學高等教育開發推進センター編, 『植民地時代の文化と教育 : 朝鮮·台湾と日本』, 東北大學出版會, 2013 참조.

점령지와 달리 조선에 유독 사립전문학교가 많았는데 그 이유는 총독부의 대학 설립 시도와 경쟁하던 조선인의 대학설립운동의 열기에서 찾을 수 있다. 그중 4개 교가 기독교계 전문학교였고 대체로 미국의 자유교양대학(liberal arts college)을 모델로 삼아 교양교육을 중시한 선교사들의 영향이 깊이 작용했다. 그래서 식민지 시기 조선에서 법률상 대학은 아니었지만, 실질적으로 대학으로 운영되었다. 그 기독계 전문학교의 하나인 연희전문 역시 미국 선교사에 의해 설립되어, 미국의 중산계급에 필요한 교양 및 실용적 지식을 가르치는 데 중점을 둔 자유교양대학(그 직접적 모델은 미시간 주 알비온 칼리지)을 모델로 삼아 출발했다. 물론 조선총독부의 교육법에 제약당해 전문학교로서 운영되었고 제국의 지식체계에 얽매었기 때문에 연구 활동을 수행하고 학문후속세대를 키우는 데는 제도적으로 한계가 있을 수밖에 없었다. 그러나 그런 조건 속에서도 제국대학에서 추진된 관학으로서의 조선학을 비판하면서 학술운동으로서의 '조선학'을 전개하는 한편, 자유교양대학('通才교육')을 지향한 열린 기독교학교로서 일제가 제시한 식민지 근대(뒤에서 다시 언급될 '洋式' 근대) 논리에 저항할 수 있는 서구적 근대를 직접 수용·전파하는 사상적 거점으로 작동하는 등 조선 사회 내부 요구에 자율적으로 부응하려고 노력했다.

따라서 대학사 연구에서 새로운 경향으로 중시되는 미시사 연구, 특히 대학문화를 사립대학의 교수문화나 학생문화를 중심으로 연구하는 것은 대학사 연구를 위해서도 기여하는 바 클 것이다.


## 2. 연희학풍과 기독교정신

이 절에서는 사립대학의 사례로서 식민지 시기 연희전문에 주목하여 그

---

5) 경성약전, 경성치의전, 경성여의전 등은 일본인에 설립된 사립전문학교이고, 그밖에 세브란스의전, 연희전문, 보성전문, 숭실전문, 이화여전, 중앙불교전문(→혜화전문), 명륜전문, 숙명여전, 대동공업전문 등 사립전문학교가 존재했다.

학풍을 분석함으로써 한국 대학문화 재구성의 기초로 삼으려고 한다.

　연희의 학풍은 그 건학정신에 잘 드러나 있다. 연세대학교의 건학정신은 잘 알려져 있듯이 "너희가 내 말에 거하면 참 내 제자가 되고 진리를 알지니 진리가 너희를 자유케 하리라"는 성경 말씀(요한복음 8:31~32)을 바탕으로 진리와 자유의 정신을 체득한 지도자를 양성한다는 것이다. 기독교정신이 곧 연세학풍의 중핵인 것이다. 연세대학교는 지금도 "기독교의 가르침을 바탕으로 진리와 자유의 정신에 따라 사회에 이바지할 지도자를 기르는 배움터이다"는 구절을 연세이념으로 삼고 있다.

　그렇다면 기독교대학인 연희전문의 대학문화를 어떤 시각에서 봐야 제대로 그 전체 모습을 알 수 있을까.

　먼저 떠오르는 것은, 제국주의 문화침략과 이에 대한 저항의 역사의 일부로서 연희의 대학문화에 접근하는 것이다. 일찍이 개혁개방 이전의 중국에서 주도적인 시각이었고 우리 학계에서도 일정 정도 영향이 있었다. 기독교대학을 제국주의의 첨병으로 보는 것이다. 이와 정반대로 교회사 내지 선교사의 시각도 있다. 기독교대학 자신의 연구에 영향이 컸다. 그밖에 근대화의 시각에서 서구문화 유입의 창구이자 근대적 엘리트 양성 기구로서 교회대학을 분석하는 것도 가능하다. 이것이 관련 학계에서 지금도 비교적 영향이 큰 시각이라 하겠다. 어쨌든 이들 세 시각은 오래 동안 크든 적든 우리의 이해에 영향을 미친, 어찌 보면 낯익은 시각이다.

　그런데 이 글에서는 그것들보다 선교사의 문화적 헤게모니 기획에 대한 식민지 토착사회의 대응이란 시각에서 대학문화를 이해하려고 시도하겠다. 그래야 조선학 출현이라든가, 동서화충의 사회적 맥락이 잘 설명될 수 있다. 또한, 기독교 대학을 둘러싼 세력간의 갈등에 대한 이해도 중시하려고 한다. 그래야 일본제국/국가, 선교사, 일본제국의 학지(學知), 조선인 교수와 학생의 역할 및 그들 상호간의 타협과 갈등의 전모가 온전히 드러날 것이다. 이와 더불어, 식민지 조선의 지식장을 설명하는 새로운 개념으로 우리 학계에서 제기된 '미디어 아카데미'를 적극 활용하려고 한다. 제국대학의 식민지 아카데미와 구별되는 미디어 아카데미란 개념을 통해서 사립 전문학교와 조선인 언론매체(일간지와 잡지)가 주도한 지식생산 과정이 부각될 것이다. 끝으로 식민지 시기 연희가 발신한 기독교문화에 대한 지식을 일본을 통해 간접 수용한 서구문화 즉 '일본발' 근대화 논리와 대비시켜 서구문화의 원류를 직접 수용한 작업으로서 평가하고 그 중요성을 새삼 강조하고자 한다.

이러한 새로운 관심을 갖고 (기독교정신을 핵심으로 하는) 연희학풍을 규명하기 위해 이하에서는 연희의 교지인『延禧』의 미시적 세계를 집중 분석할 것이다. 이로써 연희학풍에 영향을 미친 기독교적 근대성의 역사적 의미가 제대로 설명될 것으로 기대된다.

## 3. 교지『延禧』에 나타난 기독교적 근대성

연희 학생회가 간행한『延禧』는 제1호(1922년 5월)부터 8호(1931년 1월)까지 간행된 교지였다. 그런데 그 교지는 제1호에서 6호까지 대체로 50전에 판매되었고 7, 8호는 조금 더 낮은 가격에 판매되었다. 이 사실은『延禧』가 식민지 시기 맡았던 역할을 정확하게 보여준다. 즉 교지가 기관지이자 학술지로서의 성격을 유지하면서도 끊임없이 사회에 대해 직접적으로 발신했던 것이다. 일제강점기 전문학교의 교지는 발행처만 특정한 학교였을 뿐 대외적으로는 공신력있는 미디어였다. 한 연구가 적절히 지적했듯이 "특히 전문학교 교지에는 당대의 중요 관심사가 적극적으로 개진되었을 뿐만 아니라 이론적 논의들이 제시되었고 여론 형성을 위한 노력이 배어 있었다."[6] 이것은 교지가 제국대학의 제도 밖에서 미디어 아카데미[7]로서의 역할을 수행했다는 뜻이다.

---

6) 박헌호, 「『연희(延禧)』와 식민지 시기 교지(校誌)의 위상」,『현대문학의 연구』28, 2006, 273, 279쪽.

7) 한기형, 「미디어 아카데미아,『개벽』과 식민지 민간학술」, 임형택 엮음,『한국학의

『延禧』(1922)

그렇다면 『延禧』에는 누가 글을 썼을까. 교지에 투고한 필자는 연희전문학교의 교수와 학생이 중심이 되었음은 물론이다. 그러나 점차 그 범위의 확대를 꾀하고 있었으나 그것이 여전히 제한적 수준에 머물렀다. 무엇보다 '기독교'라는 원칙을 고수하려는 의도가 역력하다.

주요 담론을 추출해보면, 1~3호에는 기독교에 대한 다양한 논의들이 전개되지만 그 이후에는 5호를 제외하고는 기독교에 관련된 글들이 사라진다. 5호에 실린 글들도 김윤경의 「나의 종교관」 말고는 기독교에 대해 우호적인 입장을 드러내지 않는다. 그 대신 사회주의가 주도했다. 양자는 서로 반비례의 관계에 있었다.

그렇다면 이 글에서 중시하는 기독교를 당시 연세인들은 어떻게 이해했을까.

김윤경은 기독교를 "합리적 종교"요 "사랑敎"로 규정하고 "그러한 신앙에 돌아가야 於是乎物影의 관계를 가진 실제적 生活도 眞善美하게 될 것"으로 기대한다.[8] 여기서 알 수 있듯이 연세인은 기독교를 개인 구원의 차원에서 관심을 가졌다. 기독교가 청년이 신앙하기에 적절한 종교라고 설득하는 근거로 1)이성적 2)도덕적 3)현실적 4)상식적 5)개인주의적 6)세계적 종교라는 특징이 제시되기도 한다.[9]

그리고 기독교에 근거한 인생이 값진 것임이 주장된다. "우리 인생의 이상은,

---

학술사적 전망 2: 근현대편』, 소명출판, 2014.

8) 김윤경, 「종교적 신앙과 실제적 생활」, 『延禧』 1, 1922, 74쪽(이하 인용문 표기는 원문대로임).

9) 金光洙, 「청년과 종교」, 『延禧』 2, 1923, 34쪽.

동경하는 바는 완전한 진리 안에 居함이외다. 그러하나 현재 우리 사회에서는, 우리 환경에는 얼마나 심한 모순, 당착이 縱橫錯雜하여 있습니까. 이것들을 배제하고 점점 진리를 추구 실현함이 우리 인생이라 합니다."[10]

그러나 개인구원은 사회구원과 단단히 결합되어 있다. 먼저 세계구원과 결합된다. 당시 제1차 세계대전으로 황폐해진 인류사회에서 소망의 길이 모색된다. 즉 "전쟁을 영구히 방축하고 평화를 건설하려고 정의를 부르짓고 인도를 주장하면서 15억 인구가 한 지체가 되기를 운동하고 아름답고 사랑스럽은 싹이 솟기를 시작한 이때를 당하여 나는 전보다 더욱 힘잇게 이것을 선전하고 십고 주장하고 십습니다."[11]

세계 차원의 구원은 당연히 조선의 구원으로 구체화된다. 기독교 종교관에 입각하여 조선사회 현상황을 다시 보면, 세계종교가 일찍 전파되지 못함으로 문화발달이 지연된 것임을 알게 된다. 그리고 그 해결책을 이미 포교된 세계적인 종교인 기독교를 통해 변혁적 조선청년을 양성하는 데서 구한다. 즉 "점차 우리 조선청년의 쇠퇴하여 가는 신앙심을 회복시켜 각기 우리들의 독특한 재능을 발휘시키고 문명진보에 한 도움이 되도록 분발노력키를 바라며 조선의 우리도 세계적 청년이 되어 보기를 祝祈하는" 것이다.[12]

이같은 『延禧』의 논조에서 확연히 드러나는 것은, 서구가 근대에 이르러 강력한 힘을 지니게 된 종교적 근원으로서 기독교를 바라보는 관점이 우세하며, 기독교를 통해 식민지 조선사회를 개조하려는 의도 역시 갖고 있었다는 것이다. 이것은 위에서 검토한 근대화의 시각에 입각할 때 충분히 예상되는 사실이다. 그런데 거기에 그치지 않고 더 깊이 파고들면, 일본이 제시한 근대화 논리에 대해 기독교가 그리고 서구가 논리적 심리적 방어기제로 작용했다는 매우 중요한 특징을 발견하게 된다. 말하자면 "'일본발' 근대화 논리를 기원으로서의

---

10) 김윤경, 「나의 종교관」, 『延禧』 5, 1925, 56쪽.
11) 김윤경, 앞의 글, 1922, 76쪽.
12) 金光洙, 앞의 글, 1923, 34쪽.

서구와 대비시킴으로써 일본의 우위를 단지 시간적 선차성의 문제로 축소시키고자 하는 의도도 있었다." 요컨대 "기독교는 서구의 근대를 가능케 한 사상적 거점이자 다른 한편으로는 일제의 식민논리에 저항할 수 있는 기원으로서의 서구를 상징하는 방어축이었던 것이다."[13] 필자 용어로 바꿔 말하면, 일제가 재가공한 '양식(洋式)' 근대[14]에 대한 비판의 무기로서 기독교적 근대성이 활용되었던 것이다.

연희의 구성원들이 기독교정신을 이같이 인식했기에 당시의 지식장에서 토착사회의 요구에 일정하게 대응할 수 있었으며, 그로 인해 동서화충과 조선학에 대한 탐구가 연희학풍의 중요한 요소[15]가 될 수 있었음을 특별히 강조해두고 싶다.

그런데 그 기독교적 근대성에 대한 지식 생산이 어디까지나 일본제국의 현지권력인 총독부, 선교사, 일본제국의 학지(學知) 및 조선인 교수와 학생들 상호간의 타협과 갈등의 구도 속에서 이뤄진 것이기에 구조적 한계가 있었다. 그 한계는 총독부가 강요한 신사참배의 요구에 직면해 적나라하게 드러났다. 연희는 이화와 더불어 신사참배에 대해 타협적 태도를 취했으나 1942년 적산으로 간주되어 강점되었고 급기야 1944년에는 폐교당하고 말았던 것이다.[16]

---

13) 박헌호, 앞의 글, 2006, 293쪽.
14) 이 비유는 서양음식이 일본에서 수용되는 과정에서 만들어진 '(輕)洋食'을 우리가 서양요리 자체로 오해하는 데 익숙해진 생활에서 따온 것이다.
15) 이준식은 연세학풍이 1) 국학의 본산, 2) 서구지향적 성격, 3) 연구와 실천의 결합이란 요소로 구성되었다고 설명한다. 이준식, 「연희전문학교와 근대학문의 수용 및 발전」, 연세대학교 국학연구원 편, 『근대학문의 형성과 연희전문』, 연세대학교 출판부, 2005, 40~55쪽. 그러나 이 세 요소가 어떻게 결합되는지, 그리고 그 밑바탕에서 작동하는 기독교정신에 대해 제대로 설명하지 못하고 있는 것으로 보인다.
16) 이화여전이나 연희전문과 달리 숭실전문은 1938년 신사참배를 거부하고 기독교 정체성을 유지하기 위해 폐교를 단행했다. 김영한, 「숭실의 1세기와 2세기」, 숭실대학교 기독교사회문화연구소 편, 『21세기의 아시아와 기독교대학』, (주)열린문화, 1998, 240쪽. 여기서 필자의 관심은 타협이냐 거부냐의 이분법적 평가에 있지 않다.

그렇다면 동시대 같은 일본제국권의 기독교 고등교육기구의 학풍은 어떠했는지 비교해보자. 이로써 동아시아 지역에서 선교사들이 세운 기독교대학 학풍의 지역적 공통성과 더불어 개별 대학의 특수성이 드러날 것이다.

## 4. 일본 최초 기독교 대학 도시샤(同志社)의 학풍

1899년 일본 문부성은 '12호 지침'을 발표해 정부인가 사립학교에서 일체의 종교행위를 금지시켰다. 원칙적으로 교회와 국가의 분리원칙에 입각한 것이었으나 실제로는 '초종교'인 신도(神道)의 강력한 정치적 영향력 아래 기독교계 학교를 통제하기 위한 절차였다. 이후로 기독교학교는 점차 일본 공교육제도의 일부로 전환되었다. 이 과정에서 기독교계 학교의 성격도 변화했다. 이 점을 도시샤 대학을 통해 살펴보자.

도시샤(同志社)란 학교 명칭은 뜻을 같이하는 사람이 공동체를 만든다는 의미이다. 미국에서 신학을 공부하고 귀국해 도시샤를 설립한 니이지마 죠(新島襄)는 자기가 배운 미국의 앰허스트 대학을 모델로 기독교대학을 구상했다.

처음 니이지마 죠는 도시샤 대학의 전신인 도시샤 영학교(英學校)를 미국선교 단체의 지원과 교토 유지의 도움으로 1875년에 건립했다. 그리고 그것을 대학으로 재편하기 위해 1888년에 「도시샤대학설립의 취지」를 작성하여 전국 주요 잡지와 신문에 싣고 모금을 포함한 설립운동을 전개했다. 그러나 모금이 충분치 않은데다가 관존민비 사조 탓에 사립대학에 대한 열의가 적고 기독교 금지의 전통이 남은 일본에서 기독교대학이란 구상이 사회지지를 얻기 힘들었다. 게다가 1890년 그의 사망으로 그 운동은 최대 타격을 입었다. 그러나 1904년에 전문학교령에 의한 도시샤전문학교가 개설되었고, 1912년에 대학이라 이름붙이는 게 허용되었다. 대학령에 의해 대학으로 승격·설립된 것은 1920년이다. 이로써 일본 최초의 기독교대학, 간사이(關西) 지역 최초의 사립대학이 출현한 것이다. 그 뒤를 이어, 1919년 대학교육지침이 발표되자 릿쿄가쿠인 대학(立教學院大學 1922), 간사이가쿠인 대학(關西學院大學, 1932) 등 여러 개신교회계 사립대학들이 설립되었다.

도시샤에는 인문학·사회과학·자연과학의 여러 과목들이 개설되었다. 당시 조선의 연희와 마찬가지로 미국의 자유교양대학(liberal arts college)을 닮은 교과목들이 편성된 것이다. 특히 보통의 교과도 영어로 강의되었다. 그래서 학생의 영어 능력이 입학 후 눈에 띄게 증가하였다고 한다.

이 글에서는 학풍에 초점을 둔 만큼 설립자 니이지마 죠의 도시샤 건학정신에 집중하겠다. 국가나 지방공공단체에 의해 세워진 국공립대학에 비해 사학에는 설립자의 이념이 반영된 건학정신이 짙게 영향을 미치기 때문이다.[17]

니이지마 죠는 구미사회의 문명을 견문하고 나서, 일본이 문명국이 되기 위해서는 국민에게 교육을 시행할 필요가 있다고 믿었다. 이 같은 그의 대학관은 국립대학과 다른 사립대학의 의미를 강조하는 데서 잘 드러난다. 그가 쓴 「도시샤대학설립의 취지」(1888년 11월)에 이렇게 적혀 있다.[18]

"우리는 일본의 고등교육에 관해 단지 한 학교, 제국대학(도쿄대학)만에 의존하는 데 그쳐서는 안된다고 믿는다. (……) 무릇 우리 정부가 제국대학을 설립한 것은 국민에 솔선하여 모범을 보인 것이고, 일본의 대학은 모두 정부의 손으로 설립되는 것은 아니라고 생각한다. 우리들 국민은 아무 것도 하지 않은 채 그저 방관해도 좋은가. (……) 정부의 손으로 설립된 대학이 실로 유익한 것은 의심할 바 없다. 그렇지만 국민의 손으로 설립된 (사립)대학이 정말로 커다란 감화를 국민에게 줄 수 있는 것도 사실이다."

"학생이 자기 독자의 기질을 발휘하여 자치 자립의 국민을 양성하는 점, 이것이야

---

17) 일본의 명문사립대를 비교하면서 도시샤 대학문화의 특징을 거론한 것으로는 橘木俊 詔, 『早稻田と慶應 : 名門私大の榮光と影』, 講談社, 2008, 196~201쪽 참조.

18) 이 글에서 이용한 동지사 관련 일차자료는 아래 사이트에서 편리하게 구해볼 수 있다. http://www.doshisha.ac.jp/information/overview/feature.html

말로 사립대학이 갖고 있는 특성이고 장점이다.”

한 마디로 ‘한 나라의 양심’이라 할 만한 사람을 육성하기 위해 사립대학을
설립하겠다는 취지이다. 그리고 그런 인재는 단순히 학문에 뛰어날 뿐만 아니라
사람의 덕성·품격·정신도 높은 수준에 달한 자이다. 즉 지육을 가르칠 뿐만
아니라 덕육을 가르치는 일도 중요시한 것이다. 학문이나 기예에 뛰어난 인물을
키우기만 할 뿐 인간으로서의 품성이나 양심에 결격이 있다면 그것은 도시샤의
교육이 기대하는 바가 아니라는 것이 니이지마 죠의 교육철학이었다.

그 목적을 다시 「도시샤대학설립의 취지」에서 인용해보자.

> “단지 보통의 영학(英學)을 가르치는 것이 아니라, 덕성을 연마하고 품성을
> 고상하게 하며 정신을 바르고 강하게 하기 위해 힘써, 단지 기술이나 재능이
> 있는 사람을 육성하는 것만이 아니라 이른바 ‘양심을 능숙하게 운용하는 인물’(양심
> 을 온몸에 충만하게 한 丈夫)을 배출하는 데 힘쓰는 것이다. 더욱이 이러한 교육은
> 일방적인 지육만으로는 결코 달성될 수 없다. 또한 이미 인심을 장악하는 힘을
> 잃은 유교주의가 행할 수 있는 것도 아니다.”

그가 역설한 덕육은 기독교정신에 의해 지탱될 터임은 쉽게 짐작된다. 위의
「도시샤대학설립의 취지」에서 “그것은 신을 믿고 진리를 사랑하며 타자에
대한 배려의 정이 두터운 기독교의 도덕에 의존하지 않으면 안된다고 믿고
기독교주의를 덕육의 기본으로 삼는다.”는 대목에서 잘 드러난다. 그렇다고
해서 도시샤의 목표한 바가 기독교를 보급하기 위한 수단으로 학교를 세운
것은 아니었다. 니이지마 죠는 기독교정신이 청년에게 양심과 품행을 연마하는
데 도움이 된다고 생각했고, 기독교 교의가 도시샤의 덕육(德育)의 기본임을
긍정했다.

> “만일 도시샤 대학의 설립을 갖고 기독교를 보급하는 수단이랄까 전도사 양성의

목적이라고 보는 사람이 있다면 그것은 아직 우리의 생각을 이해하지 못한 자이다. 우리의 뜻하는 바는 한층 더 높다. 우리는 기독교를 확산하기 위해 대학을 설립한 것은 아니다. 단지 기독교주의에는 진정으로 청년의 정신과 품행을 연마하는 활력이 갖춰져 있다고 믿고 이 주의를 교육에 적용하고 나아가 이 주의를 통해 품행을 연마하는 인물을 양성하고 싶다고 바랄 뿐이다."

니이지마 죠의 교육이념은 도시샤의 학풍으로 전승되었다. 예를 들면 그것은 '민주적' 학풍, '사회정의'의 실현에의 도시샤의 공헌, '인류애와 사해동포주의'의 상기(想起)와 그 회복으로 후대에 기억된다. (10대 총장 湯淺八郎 취임사, 1935년) '자유롭고 경건한 학풍'의 확립 속에 도시샤의 생명선이 있다는 각오가 담긴 발언이라 하겠다.

이러한 도시샤의 학풍은, 반도쿄대(反東京大)의 색채를 띤 와세다, 게이오와 다른 것이다. 도시샤의 건학정신 즉 지육이나 실학뿐만 아니라 덕육도 중요한 교육의 기둥으로 삼은 점이 최대의 특색이라고 하겠다.

그러나 기독교정신에 기반한 사랑과 정의를 핵으로 한 도시샤의 학풍 역시 제국일본의 국가주의 풍조에 휩쓸려 들어갈 때 한계가 드러나게 된다. 그 점을 극적으로 보여주는 대표적인 학원소요가 '신위모시기사건'(神棚事件, 1935. 6)과 '국체명징논문사건'(國體明徵論文事件, 1930년대)이다.

신위모시기사건이란 도시샤의 무도장에 천황의 신위를 모시려는 일부 학생들에게 학교당국이 그것을 철거하라고 명하자 그 학생들을 비호하는 교관(과 군부세력)이 반발하여 갈등이 빚어진 사건을 말한다. 전국적 관심사가 된 이 사건은 결국 학교가 굴복함으로써 마무리되었다. 국체명징논문사건이란 한 우익 교수가 파시즘에 가까운 내용의 논문을 교내 학술지에 실으려고 하자 학교당국이 논문 내용이 천황을 존중하는 국체명징론이라는 이유로 게재를 거부하여 발생한 학내 소요이다. 그로 인해 교수 간의 좌우익 대립이 빚어지고 학생간에도 좌우익 대립이 빚어져 채플을 점거하는 '채플농성사건'(1937년)까지 발생했다. 말하자면 기독교와 신도의 대립으로 비쳐졌다. 급기야 총장 사퇴까지 빚어졌다.[19]

　기독교정신에 입각해 덕육교육이 중시되는 도시샤의 학풍이 직면한 외부 위기가 국가주의의 억압이라면, 내부의 위기도 무시할 수 없다. 도시샤의 학풍이 지육이나 학술전문 지향을 우선시하는 견해의 비판에 직면함으로써 논란이 빚어지기도 했다. 그렇게 된 주된 이유는 도시샤의 교육과 연구 실태가 제국대학에 비교하면 떨어졌기 때문이다. 당시 8대(1920~1929) 총장 에비나(海老名彈正)는 이 사실에 대해 솔직히 인정했다. 즉 "도시샤의 교수나 조교수의 대부분이 소장이기 때문에 현재는 제국대학에 비해서는 말할 것도 없고 게이오나 와세다 두 대학에 비해서도 유치하다고 남들은 말하는데 나 자신도 그렇게 생각한다"고 털어놓았다.[20] 도시샤 대학이 대학으로 승격/창설한 지 얼마 되지 않은 시점의 실적이므로 어쩔 수 없는 측면은 있다. 그렇더라도 지육인가 덕육인가라는 선택의 문제는 기독교대학에서는 그때는 물론이고 지금까지도 커다란 논점이 되고 있음을 우리는 간과해서는 안될 것이다.


## 5. 무엇을 계승할 것인가? : 세속화한 기독교대학 학풍의 현재적 의미

　현재 일본에는 기독계 고등교육기구로 초급대학을 포함해 60개의 단과대학 및 종합대학이 존재한다. 모두 기독교를 기초원리로 삼아 인간다운 인재를 키우는 교육목표를 공유한다.[21] 그러나 기독교적 정체성과 대학으로서의 정체성은 때로 논란의 초점이 되기도 한다. 학문적 수월성과 윤리적·영적 수월성을 동시 추구하는 과제의 어려움 때문이다.[22]

19) 橘木俊詔, 『京都三大學 京大·同志社·立命館』, 岩波書店, 2011, 158~162쪽.

20) 橘木俊詔, 위의 책, 2011, 158쪽.

21) 히사오 가야마, 「일본의 근대화와 기독교대학의 역할」, 숭실대학교 기독교사회문화연구소 편, 『21세기의 아시아와 기독교대학』, (주)열린문화, 1998, 58쪽.

그렇다면 동아시아 기독교대학의 초창기 학풍은 아직 살아 있나, 살아 있다면 무엇인가는 절실한 질문이 아닐 수 없다.

이기적 인간을 배제하고 양심적인 인간을 교육한다는 니이지마 죠의 교육방침이 오늘의 도시샤에서 살아 있다. 그 교과목에 도시샤의 건학정신과 기독교 관련 선택과목이 존재한다는 사실은 하나의 증거가 될 수 있다.[23] 또한 도시샤 학생은 그런 학풍 탓인지 입신출세의식이 희박하고 적어도 남을 누르고 자신이 위에 오르는 기질이 없다는 증언도 흥미롭다.[24]

연세대학교가 추구하는 인재상에도 "섬김의 정신을 실천하는 창조적 글로벌 리더"란 구절이 담겨 있다. 기본 소양과 전문성을 갖춘 창조적 리더, 사회적 책임성과 봉사 정신을 갖춘 섬김의 리더를 교육 목표로 삼는다. 지시와 감독을 강조하는 권위적 리더가 아닌 헌신과 설득 그리고 고도의 윤리성과 책임성을 갖추고 조직과 사회 구성원에게 봉사하며, 솔선수범을 통해 구성원의 자발적 리더십을 함양한다고 적혀 있다[2011년 「대학교육역량강화 지원사업 보고서」에 수록된 인재상 자료].

그렇다면 정말로 이같은 학풍이 각 대학 구성원을 한 방향으로 움직이게 하는 힘으로 작동하고 있는가. 혹 대학문화 속의 유물에 불과하지 않는가.

앞에서 확인한 대로 일본제국 시기 기독교정신을 원동력으로 삼은 연희전문과 도시샤라는 두 고등교육기구의 학풍이 계승되는 과정에서 직면한 외부적 위기는 국가주의의 압력에서 왔으나 이제 더 이상 그같은 요인은 존재하지

---

22) 김세열, 「한국의 기독교대학과 아시아적 조망」, 숭실대학교 기독교사회문화연구소 편, 『21세기의 아시아와 기독교대학』, (주)열린문화, 1998, 23쪽.

23) 橘木俊詔, 앞의 책, 2011, 136쪽. 도시샤 실러버스 검색 사이트(https://syllabus.doshisha.ac.jp)의 과목명에서 '建學の精神とキリスト敎'를 입력하면 관련 과목이 여러 개 나온다. 그중 하나가 2013년에 개설된 '宗敎學2(同志社とキリスト敎)'이다. (https://syllabus.doshisha.ac.jp/html/2013/01/101322000.html) 그 강의 목표는 도시샤와 기독교의 관계에 대해 개인으로서의 자각적인 인식을 가질 수 있도록 돕는 것이다. 그 주요 교재로 本井康博, 『新島襄と建學精神 同志社科目テキスト』, 同志社大學出版部, 2010가 있다.

24) 橘木俊詔, 위의 책, 2011, 168쪽, 175쪽.

않는다. 세속화된 오늘의 기독교대학에서는 내부적 위기가 오히려 더 심각하다. 21세기 동아시아 기독교대학의 당면 과제는 학문적 수월성과 신앙적(도덕적) 순수성의 동시 지향의 어려움이다. 더 이상 공세적 전도(aggressive evangelism)를 바탕으로 배타주의적 학원 선교가 목표가 아닌 것은 분명하다.[25] 이제 우리가 감당해야 할 것은 학문적 수월성과 윤리적·영적 수월성을 동시 추구하는 과제의 어려움이다. 그 긴장을 기꺼이 견뎌내지 못한다면 기독교대학과 일반대학과의 차이는 존재하지 않는다. 여기서 도시샤의 설립자 니이지마 죠가 품었던 사립대학에 대한 자긍심을 되새겨볼 필요가 있다. 그는 "국민의 손으로 설립된 [사립]대학이 정말로 커다란 감화를 국민에게 줄 수" 있고, "학생이 자기 독자의 기질을 발휘하여 자치 자립의 국민을 양성하는 점, 이것이야말로 사립대학이 갖고 있는 특성이고 장점이다."고 확신했다.

그런데 간사이 유일한 정상의 사립대학이란 자부심이 도시샤를 안이하게 만들어 대학을 향상시킨다든가 새로운 발전을 추구하는 기풍이 별로 활기차게 불지 못한다는 지적도 있다.[26] 이러한 풍조가 같은 기독교 계통의 명문사립대인 오늘의 연세에는 없는지 성찰해볼 필요가 있지 않을까. 여전히 살아 있는 학풍의 역사가 우리의 응답을 기다리고 있다.

---

25) 그동안 "한국의 기독교대학은 공세적 전도를 바탕으로 배타주의적 학원 선교를 해온 감이 있"으나 변화하는 상황에서 더 이상 그에 머물 수 없다고 반성하는 시각이 있다. 김세열, 앞의 글, 1998, 22쪽 ; 이와 달리 도시샤를 비롯한 기독교대학이 心育의 기반으로 기독교정신을 말하면서도 '종교적 형식' 예컨대 예배에 대한 진지한 고민 없이 기독교대학으로서의 내실을 형성할 수 있는지 묻는 입장도 있다(阿部洋治, 「キリスト敎敎育の視點 : 先達のキリスト敎敎育論への問い」, 『聖學院大學論叢』, 18-3, 2005). 그렇다고 해서 그가 배타주의적 학원선교를 목표로 삼자고 주장하는 것으로는 보이지 않는다.

26) 橘木俊詔, 앞의 책, 2011, 168쪽, 175쪽.

# 식민지 말기 연희전문의 일본인 교수들

## 1. 머리말 : 한 학병의 이야기

2013년 5월 유동식 박사를 모시고 연희전문 시절의 얘기를 듣는 모임을 가졌다. 이 자리에서 유동식 박사는 연희전문에 입학해서 2년을 다닌 후 일본으로 유학을 갔다가 학병에 끌려간 얘기며, 해방 후 귀국해서 신학교를 졸업하고 다시 미국으로 유학한 얘기 등을 해주었다. 식민지와 분단의 시기를 온몸으로 겪고 있는 한 지식인의 얘기는 그 자체가 근대사의 한 부분이었다. 여러 가지 내용 가운데 필자의 관심을 끈 것은, 윤치호 교장과 니카이도 신쥬(二階堂眞壽) 교수에 관한 얘기였다. 윤치호를 친일파로 매도해서는 안 된다는 것과 니카이도 교수의 강의가 재미있었다는 유동식 박사의 얘기를 들으면서, 이런저런 생각을 해보았다.

미국과 일본의 관계가 악화되면서 일제의 강요로 1941년 2월 언더우드 교장이 사임하고 윤치호가 연희전문의 교장을 맡게 된다. 윤치호가 교장이 된 것은, 그가 오랫동안 연희전문 이사회의 이사였으므로 연희전문의 사정을 잘 알고 있었고, 또 미국 유학생으로 기독교 신자였다는 점이 크게 작용했을 것이다. 게다가 그는 일제가 무시할 수 없는 조선의 명사였다는 점도 있었다. 윤치호가 연희전문의 교장으로 있던 약 1년 반 동안의 연희전문이 어떻게 운영되었는지 살펴보는 것도 흥미있는 일이겠으나, 이것은 필자의 능력 밖의 일이므로 여기서는 더 이상 얘기하지 않기로 한다.

유동식 박사와 점심식사 모임이 끝난 후, 유박사가 얘기한 니카이도 신쥬 교수에 대해서 자료를 찾아보았으나, 어디에서도 그와 관련된 자료를 찾기는 어려웠다. 좀더 범위를 확대해서 식민지시기 연희전문에서 가르친 일본인 교수에 대한 연구나 글이 있는지 찾아보았으나, 이것도 거의 없었다. 식민지시기 경성제국대학의 교수가 전원 일본인이었던 데 비해, 연희전문이나 보성전문 그리고 이화여전에는 조선인 교수가 많았고, 일본인 교수는 상대적으로 적었다. 현재 대학 관련 연구에서 경성제국대학 교수에 대해서는 많은 연구가 있으나, 식민지시기 전문학교의 일본인 교수에 대한 연구는 찾아보기 어렵다. 필자는 식민지 말기 연희전문의 일본인 교수를 주제로 한 글을 써보기로 하고, 먼저 『연세대학교사』(1971년, 2판)에서 연희전문에 식민지시기 일본인 교수가 어느 정도 있었는가를 살펴보았다.

1918년도 교수(강사 포함) 16명 가운데 일본인은 이치시마 기치타로(市島吉太郎), 쓰다 모우세이(津田猛誠), 야마가타 테에자부로(山縣悌三郎), 시무라 신페이(村信平) 등 4명이다. 서양인 7명, 조선인 5명과 함께 4명의 일본인이 연희전문의 교육을 담당했다. 1931년 5월 10일 현재 39명의 교수(강사 포함) 중에 일본인은 다카하시 게이타로(高橋慶太郎), 가도와키 키에몬(門脇喜右衛門), 가이야 히데오(海谷秀雄), 니카이도 신쥬(二階堂眞壽) 등 4인이고, 서양인 9명, 조선인 26명이다. 1940년 5월 1일 현재 교원수는 명예교장 1명, 교장 1명, 전임 50명, 겸임 6명, 조수 4명, 직원 19명으로 총 81명이 재직하고 있었다. 이 가운데 전임강사 이상의 직위를 갖고 있던 일본인은 마츠모토 타쿠오(松本卓夫), 니카이도 신쥬(二階堂眞壽), 오가와 코도(小河弘道) 등 3인이다. 1940년 5월 창립 25주년에 발표한 10년 이상 근속한 교직원은 34명이었는데, 이 가운데 25년 이상이 3명, 15년 이상이 7명, 10년 이상이 13명이었다. 일본인으로는 다카하시(10년, 퇴임), 가도와키(10년, 퇴임), 가이야(10년, 퇴임), 니카이도(13년, 현직) 등 4명이 10년 이상 근속자였다.

1941년 들어 미국과 일본의 관계가 악화되면서 일제는 연희전문에 노골적인 간섭을 하기 시작해서 1941년 2월 교장 원한경은 사퇴하고, 윤치호가 교장으로 선임되었다. 이 시기의 교수 명단(전임강사 이상)을 보면, 36명 가운데 4명의 일본인 교수가 있다. 앞에서 본 마츠모토 타쿠오(松本卓夫), 니카이도 신쥬(二階堂眞壽), 오가와 코도(小河弘道) 등 3인 이외에 요네조 켄이치(米津健一, 일본학 담당) 한 사람이 더 추가되었다. 1941년 12월 태평양전쟁의 발발로 영국과 미국은 적국으로 간주되어 연희전문의 교수와 이사 가운데 영미인은 모두 제명되었다. 그리고 1942년 8월 연희전문은 적산(敵産)으로 총독부의 관리로 넘어가면서 이사회도 해체되었으며, 교장 윤치호도 사임하였다. 현재 연세대학교 홈페이지에서 연희전문학교 연혁을 보면,

> 4대 교장 윤치호 1941. 2~1944.10
> 5대 교장 유억겸 1944.10~1945.12

라고 되어 있다. 그러나 윤치호가 교장으로 재임한 기간은 1941년 2월부터 1942년 8월까지이고, 그 이후 해방이 될 때까지 3년 동안 다카하시 하마키치(高橋濱吉), 나가시마 신이치(中島信一), 카라시마 다케시(辛島驍), 곤도 히데오(近藤英男) 등의 일본인 교장이 부임했다. 1942년 8월부터 1943년 6월까지 일본인 총독부 관리 두 명이 교장으로 부임하고, 6월에 카라시마 다케시(辛島驍)가 교장으로 왔다. 카라시마가 교장으로 있는 동안 일제는 1944년 5월 16일 연희전문학교라는 학교 이름을 경성공업경영전문학교로 바꾸고 학교의 병영화를 본격화하였다. 카라시마 다케시(辛島驍)는 경성공업경영전문학교로 교명이 바뀐 뒤에 교장을 그만두고, 1944년 10월에는 총독부 관리 곤도 히데오(近藤英男)가 교장으로 부임하여 해방을 맞았다. 해방 후 곤도는 학교를 접수위원회에 넘기고, 10월 29일자로 공식적으로 파면되었다.

해방을 전후해서 이들 일본인 교수와 교장들은 모두 일본으로 돌아갔고, 이후 이들에 대해서는 아무도 관심을 갖지 않았다. 그러나 이들 일본인 교수들은

조선인이나 미국인 교수와 마찬가지로 학생들을 가르치며 지식을 전수했고, 비록 조선총독부의 꼭두각시로 교장을 맡았다고 하나, 학교의 책임자로 연희전문의 교육을 지휘하기도 했다. 이 글에서는 이들 일본인 교수와 교장 가운데 몇 명에 대한 논의를 통해 식민지시기 연희전문의 한 면을 보기로 한다. 필자가 선택한 사람은 아래의 세 명인데, 세 사람을 고른 이유는 다음과 같다.

**니카이도 신쥬(二階堂眞壽)** 유동식 박사가 그의 강의를 흥미 있게 들었다는 것과 아울러, 그가 10년 이상 연희전문에 재직했다는 점.

**마츠모토 타쿠오(松本卓夫)** 연희전문에 재직한 기간은 1940년 4월에서 1942년 3월까지 2년이지만, 일본의 저명한 신학자로서 일본 대학의 교수직을 사임하고 식민지 연희전문에 교수로 부임했다는 특이한 이력.

**카라시마 다케시(辛島驍)** 1928년부터 경성제국대학 중국문학 전공 교수로 재직했는데, 그는 조선 문화계의 중요한 인물이었다. 총독부에서 연희전문의 교장으로 임명한 4명 가운데 3명은 총독부의 관리였는데, 그는 대학 교수였다는 점.

세 사람 가운데 카라시마 다케시는 경성제국대학에 관한 연구와 노신(魯迅)과의 친분 때문에 근래에 연구의 대상이 되고 있으나, 나머지 두 사람에 대해서는 한국에서 논의되는 일이 거의 없다. 특히 연희전문과 관련해서는 전혀 논의된 바가 없다.

해방된 지 70년 가까운 시간이 흘렀으므로, 이제 이들을 기억할 수 있는 사람들은 거의 없다고 해도 과언이 아니다. 그리고 이들에 대한 자료가 남아 있는 것도 별로 없으므로, 제대로 된 논의가 가능할까 하는 의문도 있다. 몇 가지 자료를 가지고 식민지 말기에 연희전문학교에 근무했던 일본인 교원에 대한 이야기를 해보기로 한다.

## 2. 니카이도 신쥬(二階堂眞壽)

니카이도 신쥬 교수(이하 니카이도)에 대한 자료는 별로 남아 있는 것이 없다. 『연세대학교사』에 "二階堂眞壽 같은 일본인 교수도 양심적인 교육자였다"(444쪽)고 기술했으나, 그에 대한 구체적인 행적을 알아볼 만한 자료가 별로 없다. 니카이도는 이화여전의 교수도 겸하고 있었기 때문에, 이화역사관에 보관된 그의 이력서를 통해서 간단한 이력을 확인할 수 있었다.

니카이도 신쥬

| | |
|---|---|
| 1894.6.25. | 미야기(宮城) 출생 |
| 1916.7.~19.7. | 도쿄제국대학 문학부 철학과 |
| 1921.7. | 도쿄제국대학 대학원 만기 종료 |
| 1919.4.~24.3. | 일본 감리교단 교회 목사 |
| 1924.3. | 일본여자체육전문학교 교수 |
| 1927.7. | 이화여자전문학교 및 연희전문학교 교원 |

그는 몇 권의 책을 낸 것이 있는데, 1921년에 모리스 마테를링크의 작품을 번역한 것이 있고, 『침묵의 사랑(沈默の愛)』(1922)이라는 소설을 쓰기도 했으며, 기독교 관련 서적으로 『기독교신비사상(基督教神秘思想)』(1924)이 있다. 그리고 『길 잃은 양(迷へる羊)』이라는 기독교 관련 개인잡지를 낸 일도 있는데, 1923년에서 1924년 사이에 11호까지 낸 것을 확인할 수 있다.

1934년 『연희동문회보』 제2호에는 그의 담당과목이 '國語, 國文學'이라고 되어 있다. 여기서 말하는 '국어, 국문학'은 '일본어, 일본문학'을 말하는 것으로, 이 과목은 조선총독부에서 제정한 사립학교법에 의해 전문학교 학생이 필수적으로 이수해야 하는 과목이었다. 니카이도는 '국어, 국문학'과 함께 필수로 되어 있던 '수신(修身)'도 담당했던 것으로 보인다. 그가 이화여전 문과에서 맡은 강좌는 수신, 철학개론, 국어, 윤리학 등이다.

앞에서 말한 바와 같이 니카이도에 대한 자료는 거의 없고, 필자가 볼 수 있었던 것은 그가 쓴 글 네 편이다. 네 편은 다음과 같다.

「宗敎の近代的傾向」,『朝鮮及滿洲』267, 1930. 2, 조선급만주사
「アトランダム」,『文友』, 1941. 5, 연희전문학교 문우회
「基督敎徒と十二月八日」,『朝光』8-12, 1942. 12, 조선일보 출판부
「蜘蛛の恐怖」,『春秋』4-6, 1943. 6, 조선춘추사

「종교의 근대적 경향」이라는 글은 그가 직접 쓴 것이 아니고, 강연의 내용을 잡지사 기자가 적은 것이다. 이 글에서 그는 마르크스가 '종교는 아편'이라고 한 말에 대해서 이야기하면서, 마르크스가 종교를 비판한 것은 당시의 종교가들이 우민(愚民)을 우롱한 것을 비판한 것이지 종교 자체를 부정한 것은 아니라고 했다. 그리고 여러 사람의 책이나 일화를 예로 들면서, 현재 청년학생과 종교의 관계에 대해서 말했다. 그는, "유능하고 발랄한 청년학생은 압박을 두려워하지 않고 박해를 두려워하지 않으며, 타오르는 격정을 깨끗한 제단에 바치고 싶다는 마음을 지닌다. 이 순교자의 피가 흐르는 곳에 아름다운 많은 신앙의 꽃이 피어난다"고 했다. 이 글을 통해서 니카이도가 정열을 매우 중요하게 여긴다는 점을 알 수 있는데, 만약 강의에서도 이러한 그의 생각이 그대로 드러났다면, 당시의 젊은 학생들에게는 크게 환영받았을 것이다. 「アトランダム」는 영어의 'at random'을 일본어로 표기한 것으로 '무작위' '임의로' 등의 의미이다. 이 글과 「거미의 공포」는 사회에 관한 언급은 전혀 없이 순전히 개인적 감상을 쓴 수필이다.

「기독교도와 12월 8일 ─ 대동아전 일주년의 감상」이라는 글은 그가 갖고

있던 기독교관이라든가 시국관을 보여준다. 그는 이 글에서 진주만 공격 1주년의 감상을 다음과 같이 말했다.

> 해군 비행기는 멀리 하와이를 급습하여 적 비행기 464대 격추 파괴, 미국 태평양함대 주력을 전멸시켰다. 그것은 8일에 알려진 것이 아니라 차차 그 놀라운 전과가 밝혀진 것이지만, 어쨌든 이제까지 세계는 내 것이라는 식으로 행동해온 영국과 미국에 당당히 선전포고를 하고, 그들의 동아시아 아성(牙城)인 홍콩이다 필리핀이다 하는 곳을 공습하여 맹렬한 사격을 퍼부었다. 황군(皇軍)의 과감한 행동을 보도한 8일의 호외를 앞에 놓고, 또는 라디오 앞에서 무언가 형용하기 어려운 눈물이 두 눈에서 넘쳐흘렀다. 무엇 때문일까? 인간에 대한 연구를 일생의 일로 하고 있는 나로서는, 그러한 눈물에 대해서 대충의 설명을 할 수는 있다. 너무나 오랫동안 영미의 학대 앞에서 겉으로 드러내지 않으면서 참아온 국민적 감정, 또는 국가의 일원으로서의 감격 등 여러 가지로 설명할 수 있으나, 요약한다면, 1억 국민의 피에 흐르는 애국적 본능의 각성에 다름 아니다.

니카이도는 이러한 12월 8일의 감격에 대해서 얘기한 다음에, 기독교도로서 어떤 자세를 가져야 하는가 하는 점을 말했다. 그는 영국과 미국은 세계제패의 야망 때문에 자신들의 문화로 다른 나라를 도배해버리려고 하는데, 교회도 예외가 아니라고 했다. 그는 이 문제에 대해서,

> 교회는 마치 미국이나 영국의 지점(支店) 같다. 미국의 교회를 모교회(母敎會)라고 부르는 것은 사실이기 때문이라고 하지만, 예를 들어 미국의 교회에서 전해온 것이라고 하더라도 일본에서는 독자적인 일본적 교회가 되지 않으면 안 되는 것이다. 그런데 제도와 의식(儀式) 외에 생각하는 방식까지도 미국주의(主義)다. 미국에서 온 선교사는 기독교의 전도가 아니라 아메리카니즘의 선전을 한다고 해도 과언이 아니다. 거기에 맹종하고 있는 이쪽 신자의 무자각도 안 되는 것이지만, 어쨌든 오랜 기간 그 폐단을 개선하지 않고 오늘에 이르고 있다. 그러므로 기독교는 국체(國體)에 합치하지 않는다는 말을 듣는 것이다. 미국의 교회가 우리나라에

맞지 않는 것은 당연한 일이다. 나는 젊어서 기독교 전도에 종사한 사람인데, 어떻게든지 교회를 개혁해서 일본적인 것으로 하고 싶다는 염원을 갖고 있었다. 그 때문에 이단시(異端視)되어 교회에서 박해받았다.

고 했다. 그는 자신이 발행한 개인잡지 『길 잃은 양』 1923년 6월호에 「신존왕양이론(新尊王攘夷論)」이라는 글을 썼다는 사실을 밝히고, 그 글의 내용 일부를 이 수필에서 인용했다.

교회나 청년회에는 구미주의(歐美主義)가 많다. 집회의 인원이 어떻다든가, 회관이 멋지다든가, 교외(郊外) 전도에 자동차를 맞춰놓았다든가 다분히 아메리카의 좋지 않은 점만 가져온 것 같다. 거리를 걸으면서도 이상한 양키식의 양복을 입은 상인들에 대해서는 인상이 좋지 않다. 머리를 이상하게 기르고 루바슈카를 입은 모양도 마음에 들지 않지만, 러시아식이건, 프랑스식이건, 양키식보다 낫지만 일본풍이면 좋겠다. 일본풍, 일본풍, 일본풍! 지금까지의 일본 예수교는 외국인의 것 그대로이므로 우리와 깊은 교섭을 갖지 못했다. 일본인이 깊이 복음서를 읽는 것에 의지함으로써, 세계에 뽐낼 수 있는 일본적 기독교가 태어날 수 있다.

니카이도가 일찍부터 갖고 있었던 이러한 생각은 미국과 전쟁을 하던 시기에 일반적으로 통용되던 논리였다. 이 글을 통해서 1940년대 미국과의 전쟁이 단순히 경제적인 압박 때문만이 아니라, 일본이 개항한 이래 갖고 있었던 한 흐름이 드러난 것임을 알 수 있다. 그리고 진주만 공습을 바라보는 니카이도의 이런 시선이 당대의 지식인 사이에서 보편적인 것이었음을 다시 한 번 확인하게 되었다.

인도에서 동쪽으로 흘러온 불교가 일본정신에 커다란 공헌을 한 것처럼, 기독교도 이런 공헌을 할 수 있기를 니카이도는 기대한다. 그리고 동서양의 문화를 깊이 이해하고 이를 융합할 수 있는 나라는 일본밖에는 없다고 했다. 그는 이 수필을 "빛은 동방에서 온다. 대동아공영권, 세계 신질서 건설이라고 하는 웅대한 국가적 이상과 함께 사상 문화에서도 동서를 합쳐서 신세계문화를 창조해야할 웅혼한 사명을 짊어지고 있다"는 생각으로 마친다.

니카이도는 일본어와 일본문학을 필수과목으로 정한 총독부의 교육령에 따라 이 과목을 가르칠 교수로 부임한 사람이다. 지금으로서는 그가 어떤 인연으로 연희전문에 부임했는지 알 길이 없으나, 그가 기독교인이었다는 점이 작용한 것만은 틀림없을 것이다.

식민지시기 말기에 그는 도서관의 책임자를 맡기도 했다. 한 가지 특기할 일은 연희전문 교가를 니카이도가 작사한 것이다. 원래 연희전문의 교가는 1920년 장응진이 작사한 것인데, 1941년 11월 학칙을 변경하기로 하면서 1942년 2월에 교가도 일본어로 바꾸었다. 이때의 일본어 교가를 니카이도가 작사했다.

자세한 이유는 알 수 없지만, 니카이도는 1944년 일본으로 돌아갔다. 그는 다시 일본여자체육전문학교 교수로 재직했고, 만년(1975년)에는 니카이도가 쿠엔(二階堂學園)의 이사장을 맡았다.[1] 이 학교 졸업생의 회고에 의하면, 니카이도의 강의는 매우 인기가 있었다고 한다. 그의 문학강의는 주로 연애론이나 인생관에 관한 얘기가 많았고, 풍부한 인생체험에서 나온 강의는 흥미가 끊이지 않았다고 한다.[2]

1927년부터 1944년까지 연희전문과 이화여전에서 학생을 가르쳤지만, 그에 관한 기록은 찾아볼 수 없다. 그가 쓴 몇 편의 글이 있어서 이를 바탕으로 그가 갖고 있던 생각의 일단을 살펴보았다.

---

1) 일본여자체육전문학교는 니카이도 신쥬의 누이인 니카이도 토쿠요(二階堂トクヨ, 1880~1941)가 설립한 일본 최초의 여자 체육 교육기관이다. 1922년에 설립된 이 학교는 현재의 일본여자체육대학의 전신이다.

2) 『二階堂學園六十年誌』, 東京 : 不眛堂出版, 1981, 509쪽.

## 3. 마츠모토 타쿠오(松本卓夫)

마츠모토 타쿠오

1940년 3월 24일 『동아일보』 3면에 「연희전문 내용 쇄신」이라는 기사가 실렸다. 이 기사에는 오랜 역사를 갖고 있는 연희전문이 학칙을 개정하여 종래 수물과를 이과로 명칭을 바꿔 이론부와 응용부로 나누고, 문과에도 동양문학, 영문학, 사회과학, 철학 부문을 두며, 상과에서도 이론보다 실제에 치중하기로 했다는 내용과 함께, "이 교칙 변경에 따라 신임교수도 다수인데, 특히 아오야마가쿠인(靑山學院)에서 20여 년 교수로 있던 송본탁부(松本卓夫)씨가 신임키로 되었다 한다"는 내용이 들어 있다. 이 기사에서 얘기한 것처럼 마츠모토 타쿠오 교수(이하 마츠모토)의 연희전문 부임은 사회적으로도 관심사였던 것으로 보인다. 마츠모토의 간단한 이력은 아래와 같다.

| | |
|---|---|
| 1888.5.13. | 모리오카(盛岡)에서 목사의 셋째 아들로 태어남 |
| 1912.3. | 간사이(關西)학원 신학부 졸업 |
| 1914.6. | 미국 오하이오 웨슬리안 대학 졸업(BA) |
| 1917.6. | 미국 드류신학교 졸업(BD) |
| 1918.5. | 미국 펜실베이니아 대학 대학원 수료(MA) |
| 1919.5. | 미국 시카고 대학 신약학 연구과 수료 |
| 1919.~40. | 일본 아오야마(靑山)학원 신학부 교수 |
| 1940.4.~42.3. | 연희전문학교 교수 |
| 1942.4.~51.2. | 일본 히로시마(廣島) 여학원 원장 |

| 1954.~62. | 아오야마 학원대학 대학원 교수 |
| 1960.~69. | 시즈오카에이와(靜岡英和) 여학원대학 원장 |

마츠모토는 80세가 넘을 때까지 현역으로 일했고, 그 이후에도 끊임없이 사회활동을 했다. 연희전문에 부임한 1940년에 그는 50대로 일본의 저명한 신학자였다. 그는 자신이 연희전문에 오게 된 계기에 대해서 다음과 같이 말했다.[3]

> 청산학원 신학부에는 경성에서 온 학생이 거의 매년 몇 명 또는 두세 명이 공부를 하기 위해 왔었다. 나는 미국 유학중에 친절한 크리스천 가정에 이따금 초대받아서 즐거운 시간을 가졌으므로, 귀국하면 일본에 유학하는 외국인 학생에게 음식대접을 하고 친절하게 대하겠다고 생각했다. 그래서 때때로 조선에서 온 학생들을 집에 초대해서 스키야키를 같이 먹으며 찬송가를 부르고 게임을 즐기기도 했다. 이런 우호관계가 거듭되어 그들이 나를 신뢰하게 되자, 다른 일본인에게는 절대로 털어놓지 않을 마음속에 들어 있는 감정을 알려주게 되었다.

이렇게 조선 유학생을 만나면서 마츠모토는 조선 통치를 군인이나 관료 또는 상인들에게만 맡겨놓을 수 없다는 생각이 들어서, 누군가 조선에 가서 조선 국민의 진실한 친구가 될 지도자가 나오기를 기대했다고 한다. 마침 이때 "경성의 연희전문학교 교장 호레이스 언더우드의 초빙을 받았다. 이것은 그런 생각을 갖고 있던 나로서도 이상한 느낌이었으나, 다시 생각하고 기도를 계속한 결과, 좋다, 신의 부르심이라면 따르겠다는 결단에 이르게 되었다"고 했다. 21년간 근무한 아오야마가쿠인 신학부 교수를 사직하고 연희전문으로

---

3) 이 글은 1961년 그가 73세 되던 해부터 쓰기 시작한 「자전(自傳)」 중 「경성에 가다(京城へ 行く)」에 들어 있는 내용이다. 加藤裕子 編, 『靈は人を生かす, 松本卓夫の生涯』, 東京 : 新敎出 版社, 1988, 92~96쪽.

가는 데 대해 그의 동료들 가운데는 너무 감상적인 생각이라고 비판하는 사람도 있었다.

마츠모토가 그린 연희전문의 모습은 다음과 같다.

조선에 간 나는, 경성 교외의 신촌에 있는 연희전문학교에서 처음 1년은 일본의 조선총독부와 미국인 교장 사이의 다리를 놓는 여러 가지 일을 했고, 2년째는 부교장을 맡았다. 이 학교는 미국 장로교파 교회와 감리교파 선교국의 협력에 의해 창설된 학교로, 호레이스 언더우드 교장 아래 학생은 전원 조선인 학생들이었다. 조선의 유일한 그리스도교주의 학교였다. 삼십만 평에 이르는 땅이 있고, 아름다운 산과 들 사이에 세운 아름다운 학교였다. 현재는 연세대학이라고 부른다. 나는 교수 학생들과 친했고, 가정적으로 즐거운 교류를 했다. 당시는 일본의 조선총독부가 전토를 통치하고, 공적으로는 일본어 사용을 강제했다. 신사 참배도 매달 초하루에 강요해서, 모든 학교 학생들이 열을 지어 남산에 올라가 최경례(最敬禮)를 드렸다. 이것은 조선 사람들에게는 정말로 참을 수 없는 고통이고 굴욕이었음에 틀림없다. 그러므로 적어도 내심으로는 일본과 일본인에 대한 증오, 불신, 분노, 반항의 마음을 불태우고 있다는 것은 살펴보면 있었지만, 저들 학생은 더없이 순진하고 붙임성이 있어서, 자주 개인적인 문제에 대해서 지도를 구하러 오는 칭찬할 만한 젊은이들이었다.

1941년 2월 28일 자 『연희동문회보』 제22호에는 윤치호를 교장으로 선임한 기사와 함께 마츠모토에 대한 기사를 다음과 같이 실었다.

지난 2월 25일 모교 이사회는 현재 모교 종교부장 松本卓夫 선생을 부교장으로 추천했다. 신임 부교장은 미국 오하이오 주 웨슬리안, 드류, 펜실바니아, 뉴요크 각 대학을 졸업했는데, 특히 오하이오 주 웨슬리안 대학에서는 명예신학박사 학위를 수여했다. 도쿄 청산학원, 일본여자대학, 津田전문학교 교수를 역임한 학계에서 유명한 분이다. 선생을 전적으로 환영하며 동시에 그 인격과 수완으로 모교를 쇄신하는 데 진력해주실 것으로 믿는다.

마츠모토는 상당히 큰 포부를 갖고 연희전문에 부임하여 첫 해에 종교부장을 맡았고, 다음해에는 부교장을 하면서 연희전문 이사회의 이사도 맡았다. 또 조선신학교 이사회의 이사였으며, 이 학교에서 강의도 했다. 그리고 일반인을 상대로 한 강연이나 설교도 상당히 많이 했다. 그가 1941년 10월 31일 조선감리교 단에서 주최하는 시국협력 강습회에서 "일본적 기독교의 건설"이라는 제목의 강연을 했다는 기록이 남아 있다. 그는 연희전문과 이화여전 학생을 위한 일요 예배의 주임이었다.

일요일의 예배는 연희전문학교와 골짜기를 끼고 있는 이화여전(현재의 이화여 자대학)의 강당에서 양교 학생을 위해 열렸는데, 나는 이 예배의 주임으로 위촉되어 매 일요일 예배의 설교를 계속했다. 물론 일본어로 했는데, 평균 오백 명의 남녀 학생이 출석해서 경청해주었다. 그리고 내가 재임 중에 5명의 조선인 학생이 내게 세례를 받았고, 네 쌍의 남녀가 나를 주례로 결혼식을 올렸다. 당시에 이러한 중요한 의식을 일본인에게 부탁하는 일은 그 예를 찾아보기 어려울 것이다.

마츠모토는 남은 생애를 조선에서 보내겠다고 조선으로 왔으나, 일본과 미국의 전쟁이 일어나면서 여러 가지 사정으로 2년 만에 일본으로 돌아갔다. 마츠모토가 조선에 온 1940년 4월에 일본은 이미 중국과 전쟁 중이었지만, 이때까지 조선인들이 일본인을 대하는 태도는 그렇게 나쁘지 않았다고 했다. 그러나 미국과의 전쟁이 일어나면서 조선인의 일본에 대한 악감정이 급증했다 고 마츠모토는 보고 있다. 그는 자신의 진퇴에 대해서 신중히 생각했는데, 일단 일본으로 돌아가는 것이 최선의 방법이라고 모두들 생각했다고 한다.

마츠모토의 딸 가토 유코(加藤裕子)는 조선에 있는 동안 이화여전에 재학했는 데, 유코의 아버지에 대한 회상 가운데 다음과 같은 구절이 있다.

아버지의 미간에 주름이 잡힌 것은 전운이 감도는 경성 시대와 전쟁이 한창이었 던 히로시마 시대였다. 누구에게나 가장 어려운 때였다. 아버지는 이때의 어려움을 가족에게 아무 것도 말하지 않고 오로지 혼자서 견뎠다. 경성의 교외 신촌이라는 곳에 있는 연희전문학교의 넓고 아름다운 송림 속에 여기저기 흩어져 있는 교직원 용의 붉은 벽돌집에서 살았는데, 소나무 밑동에는 진한 보라색의 제비꽃이 피었고, 산토끼가 먹이를 찾는 모습을 드러내는 청정하면서도 청렬한 공기로 가득한 캠퍼스 안에 있는 곳이었다. 시기상으로 그리고 직무상으로 아버지에게는 특고(特高)가 따라 붙었다. "난 블랙리스트에 이름이 들어있는 사람이야"라고 웃고 계셨지만 어머니는 깊이 걱정하셨다. 히로시마에서도 선생님들과 학생들이 취조를 받는 사건이 일어나곤 해서 아버지의 마음을 아프게 했다.[4]

조선으로 마츠모토를 초청한 언더우드의 생각은, 저명한 일본인 기독교인을 통해서 무언가 도움을 받을 수 있을 것으로 기대했던 것으로 보인다. 그가 조선신학교의 이사를 맡는다든가, 조선기독교연합의 요청으로 조선 전토를 3회나 순회하면서 교회를 방문하고 설교를 했다는 사실은 이를 증명한다. 그가 이 시기 조선기독교에서 중요한 역할을 했다는 것을 증명할 수 있는 자료로 1942년『국민문학』3월호에 실린 좌담회를 들 수 있다. 이 좌담회의 주제는 「반도 기독교의 개혁을 말한다」로 여기에 참석한 사람들은 당시 조선 기독교계의 주요 인물들이었다.[5] 이 좌담회는 "일본화된 기독교 정도가 아닌 일본기독교"를 어떻게 건설할 것인가에 대한 논의가 중심이었다.

이 좌담회에서 마츠모토는, 종교는 구체적인 체험이므로 추상적인 체험이라는 것은 될 수 없다고 하고, "학문에는 국경이 없지만 학자에게는 조국이 있다고 말하는 것처럼, 크리스천에게는 조국이 있다"고 말한다. 그리고 "일본을 마음으로부터 사랑하고 천황을 진심으로 받드는 일본인이 된다면, 스스로

---

4) 加藤裕子 편, 앞의 책, 1988, 313~314쪽.

5) 좌담회 「半島の基督教革新を語る」(『國民文學』2-3, 1942. 3.)는 『국민문학』측의 崔載瑞가 사회를 맡고, 조선인 葛城弘基(갈홍기, 연희전문 교수), 全弼淳(장로교), 沈明燮(감리교)과 일본인 丹羽淸三郎(조선기독교연맹), 原口貢(총독부 보안과 사무관), 松本卓夫(연희전문 부교장), 松本泰雄(총독부 보안과) 등이 참석했다. 이 좌담회에 연희전문에서 두 명이 참석한 것을 보면, 연희전문이 조선 기독교에서 차지하는 위치를 알 수 있다.

이 기독교 문제는 해결된다고 생각합니다. 그 안에는 물론 교리상의 문제가 있지만, 이것은 나중의 문제입니다"라는 의견을 제시한다. 또 일본적 기독교가 되기 위해서는 지도자의 수준을 높이기 위한 기구가 필요함을 말했다. 그는 이 좌담회에서 얘기한 내용을 보충해 다음달 『국민문학』에 「日本基督敎の誕生」이라는 제목의 글을 실었다.

마츠모토는 일본에 돌아간 후 히로시마 여학원(廣島女學院)의 원장으로 재직했는데, 이때 히로시마에 원자폭탄이 떨어져 삼백오십여 명의 학생과 이십 명의 교직원이 사망했고, 그의 부인도 이때에 사망했다. 1964년에 마츠모토는 원자폭탄 투하를 명령한 미국의 대통령이었던 트루먼과 회견을 갖기도 했다.

마츠모토는 언더우드의 요청을 받고 연희전문에 왔지만, 식민지 말기의 폭력적 상황이 더욱 심해지자 일본으로 돌아갔다. 굳은 기독교 신앙을 갖고 있으면서 식민지 조선에 동정적이었던 마츠모토로서도 식민지 말기의 상황은 어떻게 해볼 도리가 없었을 것이다. 그의 연희전문 부임은, 그의 동료 가운데 누가 말했듯이 너무 낭만적이었는지도 모르겠다.

## 4. 카라시마 다케시(辛島驍)

일본의 진주만 공습으로 시작된 태평양전쟁으로 조선에 거주하던 미국인과 영국인은 적국인이 되고, 연희전문에 이사나 교수로 재직하던 영미인은 모두 해임되었다. 그리고 1942년 8월 연희전문은 적산(敵産)으로 총독부의 관리에 들어가면서 이사회도 해체되었다. 이러한 사태를 미리 예견하고 연희전문에서는 윤치호를 교장으로 초빙하는 등의 여러 가지 자구책을 세웠으나, 일제의 강압적인 조치에 대항하기에는 역부족이었다. 앞에서 얘기한 것처럼 연희전문이 적산으로 총독부의 관리에 들어가면서, 총독부 관료가 두 명 교장으로 임명된 다음에 경성제국대학 중국문학 전공 교수인 카라시마 다케시(이하 카라시마)가 교장으로 부임했다.

　그는 1903년 후쿠오카에서 태어나, 1925년 도쿄제국대학 지나(支那)문학과에 입학해서 1929년에 졸업했다. 카라시마는 졸업하기 전인 1928년에 경성제국대학에 강사로 부임해서 1943년 6월 연희전문 교장으로 임명될 때까지 경성제국대학에서 가르쳤다. 그는 조선에서 매우 활발하게 활동을 해서 조선총독부에서도 인정하는 중요한 인물이었다. 한 예로 1941년 9월호『삼천리』의 「정보실」난에 실린 기사에서 카라시마가 언급된 내용을 보면 다음과 같다.

> 조선총독부 문화부 예술부문 連絡係 참사
> 문화상 위원회 위원
> 문인협회 護國神社에 工役奉仕
> 문인협회 임전체재 개조회의 출석 간사
> 문인협회 문학부 상임간사
> 국민연극연구소 연극사 강연 강사
> 연극협회 강습회 강사
> 이동극단 중앙운영위원회 위원
> 조선연극회 고문

　「정보실」은 매달 당시 사회의 이런저런 면을 보여주는 난으로 유명인들의 동정을 실었다고 보면 된다. 여기에 이렇게 많은 항목에 카라시마가 등장한다는 것은, 당시 그가 조선의 문화계에 얼마나 큰 영향력을 갖고 있었나를 보여주는 증거라고 하겠다.

　잡지『朝鮮及滿洲』1937년 4월호에 실린 경성제국대학 교수 평판기에서 카라시마를 언급한 것을 보기로 한다.

> 노신(魯迅)의 장례식에 조전을 보낸다든가, 지나(支那)의 프로레타리아 문학을 소개한다든가, 지나문학 연구자로서는 조금 특이한 변종(變種)이다. 「裸の文學」이라

는 제목으로 심전(心田) 개발 라디오 강연에서 죽림칠현(竹林七賢)이나 굴원(屈原)을 뜻밖에 높이 인정한 것은 재미있었다. 씨는 후쿠오카 사람으로 중국문학사, 중국소설, 초사 등을 강의하는데, 좌익은 아니고 패션으로 한다고 말하는 사람이 많다. 자못 좌익에 동정하는 것처럼 제스처를 취하기는 하지만, 반동가라는 평판도 있다. 조금쯤 윗사람에게 주의를 받은 탓인지도 모른다. 또는 씨는 니체처럼 보수파이면서도 새로운 것을 좋아하는지도 모른다. 씨는 수수께끼와 같은 인물이라고 말하는 편이 적절할 것이다. 그렇지만 새로 태어난 지나(支那)라고 하는 것을 연구하겠다고 하는 태도는 귀중하다.

이 글은 식민지시기 평(評)이므로 카라시마에 대해 긍정적인 내용을 담으려고 애쓴 흔적을 볼 수 있다. 그러나 평자가 카라시마를 수수께끼 같은 인물이라고 얘기한 것을 보면, 그에 대한 주위의 평가가 그렇게 호의적이지는 않았던 것으로 보인다.

일본이 중국과 전쟁을 일으키면서 식민지 조선도 전시체제를 갖추게 되는데, 이때부터 카라시마의 활동은 두드러진다. 전쟁 이전까지는 중국문예에 관한 글을 주로 썼지만, 전쟁시기에 들어가서는 조선의 문화와 교육에 대한 글을 쓰고 좌담회에 참석했다. 위의 잡지 『삼천리』 「정보실」에 언급된 카라시마는, 조선의 문화계 전체에 걸쳐 맹활약을 하고 있음을 보여준다. 그런데 연희전문의 교장으로 부임한 1943년 6월 이후에는 그에 대한 기록이나 그가 쓴 글을 볼 수 없다.

연희전문에 부임한 카라시마가 어떻게 학교를 운영했는지에 대해서 알 수 있는 자료는 많지 않다. 우선 들 수 있는 자료로는 1964년에 편찬을 시작한 『연세대학교사』가 있다. 이 책에서 카라시마에 대해서 다음과 같이 기술했다.

辛島驍는 당시의 경성제국대학 법문학부에서 중국문학을 교수하던 사람이었고 일본의 대륙침략의 협의단체인 녹기연맹의 주요 인물이었다. 그는 부임한 후, 먼저 일본에 동화되지 않은 교수들을 추출하기 시작했다. 철저한 일본화·식민지교육에 박차를 가했다. 1944년 3월에는 동문회장까지를 겸하고 말았다. 또 학교의 자산을 유용하기 시작했다. 교장 때 동문회비 적립금 30,000원과 사회유지기부금 (조병갑 기부) 30,000원, 도합 60,000원이 유용되었다(해방 후 학교 접수 시 판명). 한국인 교수를 추출한 후 그 사택에 일본 군인을 영합하여 두었다. 학교 송림을 남벌하여 해방직후 시가로 150,000원에 해당하는 양을 매각했다. 남벌의 구실은 군수용 학교 경영비란 명목이었던 것이다. 아울러 친일학생과 측근교수를 이용하며 사찰행정을 했다. 그 뿐이 아니다. 행사용 까운을 사택촌 부인들의 몬뻬(일본여성의 작업복, 전쟁 말기 한국여성에게도 착용을 강요했었다)용으로 배급되고, 기타의 소모품도 남용되었다.

1964년이면 해방이 된 지 20년이 채 되지 않은 시점이었고, 『연세대학교사』를 편찬할 때 감수위원이었던 백낙준, 최현배, 김윤경, 조의설 등은 모두 연희전문에 교수로 재직했던 인물이므로『연세대학교사』의 기록은 대체로 정확하다고 보아야 할 것이다. 이와 관련된 자료로 1945년 10월 15일 자『자유신문』의 기사 '육백만원을 배상하라'를 보기로 한다.

사학(私學)으로 많은 인재를 낸 연희전문학교는 최근 일본 제국주의의 탄압 교육행정에 희생이 되어 자유로운 학교의 문을 굳게 닫았을 뿐더러 그동안 네 사람의 일본인 교장이 갈려드는 바람에 학교의 모든 기구와 제도는 여지없는 파괴 유린을 당하고 만 것이다. 이에 대하여 학교 관계자들은 재산을 정리하는 동시 피해를 입은 것은 계산하여 약 육백만원을 그 전 학무당국에 청구하기로 되어 방금 군정청을 통하여 이를 요구하는 중에 있다. (중략) 그리고 언더우드 교장 이후 윤치호씨가 사임한 후 그 전 사범학교 교장 겸 총독부 시대 시학관으로 있던 도변호웅(渡邊虎雄)과 교학관 중도신일(中島信一) 경성제대 교수로 있던 신도효(辛島驍) 그 후 다시 교학관 근등영남(近藤英男)의 네 일인이 각각 이 학교의 재산을 사사로히 처단한 것은 이 학교를 위하여 애석한 일인데, 사복을 채운 일본인 교장들의 파괴한 시설을 다시 회복하여 완전한 자유학원을 건설할 이 학교의 앞날은 크게 기대되는 바가 있다고 하겠다.

『연세대학교사』에 의하면, 연희전문학교 접수위원회가 구성되어 경성공업경영전문학교장 곤도 히데오(이하 곤도)로부터 학교를 접수한 것은 9월 25일이었고, 접수사무는 10여 일 정도 걸렸다고 한다. 그리고 이 접수 결과에 따라 카라시마의 재산 유용이 밝혀진 것이다. 공식적으로 곤도 교장이 파면된 날짜는 10월 29일이지만, 접수위원회에서 유억겸을 교장에 호선한 것이 10월 6일이므로 『자유신문』의 이 기사는 접수위원회의 의견이라고 보면 될 것이다.

카라시마가 교장직을 사임한 것은 1944년 9월이고, 1944년 10월 신학기에 곤도가 부임했는데, 이때는 이미 학교의 교육 기능은 거의 상실했다고 보아야 한다.

카라시마가 교장으로 재직 중에 교명이 바뀌고 학교의 병영화가 가속화되는데, 이 시기에 주목해야할 가장 큰 일은 학생의 징집문제였다. 카라시마는 1964년 9월호 『文藝春秋』에 「朝鮮學徒兵の最後」라는 글을 썼다. 카라시마의 이 「조선학도병의 최후」라는 글은 연희전문 졸업생인 김상필(金尙弼, 창씨명 結成尙弼)을 중심으로 한 것이다. 김상필은 연희전문을 졸업한 후 바로 육군항공대에 지원 입대하여 가미카제 특공대의 일원이 되어 1945년 4월 오키나와에서 전사했다. 카라시마의 글은 김상필을 주인공으로 한 소설이나 희곡과 같은 인상을 준다. 이 글의 전체 내용이 당시의 상황을 객관적으로 서술한 것이라고 보기 어려운 면이 있기는 하나, 그가 쓴 내용에는 당시 연희전문의 여러 가지 상황이 잘 나타나 있으므로 「조선학도병의 최후」를 글의 순서대로 읽어나가면서 논의를 펼치기로 한다.

글의 시작은 학도병으로 출정하는 학생이 남겼다는 "사랑하고 싶다. 아름답고 싶다. 별이 되고 싶다"는 글이다. 이 글은 학도병으로 지원한 학생이 학교에 써낸 글인데, 학도병을 지원한 학생의 단상(斷想) 같은 것으로 보인다. 이와 같이 카라시마는 자신이 갖고 있는 자료를 인용하면서 글을 써나간다. 그 다음에 1944년 1월 20일의 상황을 적었다.

그날, 소화 19년 1월 20일, 조선 경성의 역두(驛頭)는 깃발의 파도에 묻혀 있었다. 늘어선 「祝 入營」이라는 기치. 낮아졌다 높아졌다 하는 만세와 군가를 부르는 소리. 이제 막 떠나려는 열차의 창으로는 흥분하고 긴장한 얼굴과 얼굴이 보였다. 이들 모두는 어제까지 경성 주변의 대학이나 전문학교에서 배우던 조선인 학생들이었다. 그것이 이제, 미드웨이에서 패하고, 솔로몬 제도에서 퇴각하는 전국(戰局), 차츰 걱정을 더해가는 일본의 위급함을 구하려고, 전장에 서려고 하고 있었다. 홍조 띤 뺨, 굳게 다문 입술, 그러나 그들의 가슴 속에 오가는 것은 무엇이었을까. 그들은 모두 조선인이었다. 「내선일체」라고는 말하지만, 피통치자가 통치자인 일본인을 위해 싸우는 것이므로, 그들의 마음 깊은 곳에는 여러 가지 복잡한 감정이 있었음에 틀림없다.

카라시마가 회상한 1944년 1월 20일의 모습은 같은 날짜『매일신보』의 기사 "출발지인 경성역두에 집합하였다. 입영을 축하하는 깃발의 장사진 그 뒤에 따른 부모형제의 대행진, 이날의 경성역두는 일대 군국을 상징하는 세기의 장엄한 극적 장면이다"와 흡사하다. 20년이라는 시간이 지난 후에도 연희전문의 교장으로 이 출정 행사에 참가한 카라시마에게는 선명하게 남아 있는 기억인 것으로 보인다.

1944년 1월 20일은 가장 큰 규모의 학도병 출정식이 있었다. 이 날의 상황을 그린 다음에 카라시마는 김상필의 얘기를 시작한다.

이러한 조선인 학도병 가운데 육군특공대의 일원으로 오키나와에서 산화한 결성상필(結成尙弼) 군이 있다. 그는 내가 교장을 하고 있던 연희전문학교의 졸업생이었다. 졸업과 동시에 육군항공대에 지원하여 쿠마모토(熊本)현의 타치아라이(太刀洗) 육군비행학교의 쿠마노쇼(隈庄)교육대에서 견습사관이 되었다. 휴가로 조선에 돌아왔을 때 모교를 방문하였는데, 나는 학생을 그라운드에 정렬시키고 그에게 말했다. "뭔가 말하고 싶은 것이 있으면 말해주게." 그러나 그는 학생 앞에 서서 많은 말을 하지 않고, "나를 따라오라."고 말하면서, 윗도리를 벗고 달렸다. 교정은 20만평의 넓이다. 언덕을 오르고 숲을 빠져나가며 계속 달렸다. 그는 묵묵히,

그러나 재학생에게 무언가 호소하는 것처럼 계속 달렸다. 약 한 시간, 낙오자는 없었다. 이것이 계기가 되어 교내에는 "하면 된다"는 기개가 넘쳐흘렀다. 사기는 크게 올랐다. 학생들은 그날 밤으로 배속장교를 통해서 일본도를 한 자루 사서 구해왔다. 다음날 아침 학생들의 발의로 증정식이 거행되었다. 결성 군은 이 일본도를 단단히 움켜잡고 오키나와의 하늘에서 산화했다.

김상필은 1941년 4월 연희전문 상과에 입학해서 1943년 9월 27일 연희전문을 졸업했다. 원래 3년이었던 수업연한이 전시라서 6개월 단축되어 2년 6개월 만에 졸업하게 된 것이다. 카라시마는 6월에 부임했으므로 두 사람이 연희 캠퍼스에서 만날 수 있던 시간은 세 달 정도이다. 카라시마는 김상필이 졸업과 동시에 군대에 지원했다고 했고, 또 총독부에서 지원병에 대한 지시를 받은 때를 10월이라고 했으므로, 김상필이 모교를 방문한 시기는 대체로 9월 말이나 10월 초 쯤이 되어야 한다. 그러나 9월 27일 졸업한 김상필이 이때에 휴가로 모교를 방문할 수는 없으므로, 이것은 무언가 잘못이다. 1944년 1월 20일의 선명한 기억과 비교해보면, 이런 착오가 일어났다는 것은 이상하다.[6]

김상필과 카라시마가 어떻게 서로 알게 되었는지에 대해서 카라시마는 언급하지 않았으므로 자세한 내용을 알 수 없으나, 김상필이 모교를 방문하자 교장이 학생들을 모아놓고 연설을 부탁한다던가, 그날 밤 김상필이 교장 사택에서 묵었다는 사실로 보아 둘 사이는 상당히 친밀했었음을 알 수 있다. 그러므로 김상필이 휴가 때 모교를 방문한 것은 우연히 온 것이라기보다는 카라시마와 미리 약속이 되어있었던 것으로 보인다. 카라시마가 학생들을 운동장에 정렬시키고 김상필에게 무언가 얘기를 해달라고 했을 때 카라시마가 김상필에게 기대한 것은, 조선인 학생의 징집에 대해서 무언가 긍정적인 얘기를 해주는 것이었음은 분명하다. 김상필이 자기를 따르라며 아무 말 없이 달리자 학생들이

---

6) 구마모토의 타치아라이 육군비행학교는 1940년 10월에 개소했는데, 이곳에서 육군 특별 조종견습사관의 교육을 시작한 것은 1943년 10월부터이다. 김상필은 제1기생으로 훈련을 받았다.

그 뒤를 따라 달렸다는 사실을, 카라시마는 김상필이 자신의 기대에 부응한 것이라고 생각했다. 김상필의 방문 후에 "교내에서는 '하면 된다'는 기개가 넘쳐흘렀다"는 카라시마의 말은, 자신이 만든 각본에 따라 배우들이 연기를 잘해주었다는 의미로 볼 수 있다.

결성 군의 내교(內校)는 연희의 학생에게 커다란 영향을 주었다. 이렇게 말하는 것은, 그 직후에 학원의 청년들에게 군대의 길이 열렸기 때문이다. 소화 18(1943)년 10월의 일이었다. 총독부에서 급히 출두하라는 전화를 받고 가보았더니, 각 전문학교의 교장이 모여 있었다. 조선군사령부에서도 간부 장교가 참가했다. 조선인의 징병 적령기에 있는 학생에 대해서 「지원병」으로 황군(皇軍)에 참가할 수 있게 되었으니 조치를 하라는 것이었다. 일본인 학도 출진(出陣)과 균형을 맞춘 조치였다. 이것을 「은명(恩命)」인 것처럼 통고했지만, 조선인 학생이 과연 이 「은전(恩典)」을 입었다고 받아들일 것인가. 특히 연희전문학교는 아메리카의 그리스도교 자본으로 창설된 학교였다. 일본의 예를 든다면, 전전(戰前)의 게이오(慶應)라고 할 수 있는데, 와세다(早稻田)에 해당하는 보성전문학교와 나란히 관립인 경성제대에 대응하는 조선 사학(私學)의 으뜸이었다. 일본과 미국의 전쟁이 일어나면서 조선총독부에 접수되어, 이 해 6월부터 경성제국대학 교수인 내가 교장을 겸하였다. 당시에 문과, 이과, 상과, 동아과(東亞科)에 교수(거의 조선인) 약 20명, 학생(전원 조선인) 500명으로 경성 서쪽 교외에 당당한 위용을 자랑하고 있었다.

김상필의 모교 방문 날짜에 대해서는 카라시마의 기억이 정확하지 않은 것 같은데, 총독부에서 각 전문학교에 지원병에 대한 지시를 하달한 시기는 정확하다. 그리고 "이것을 「은명(恩命)」인 것처럼 통고했지만, 조선인 학생이 과연 이 「은전(恩典)」을 입었다고 받아들일 것인가"라는 의문이 1943년의 생각인지, 그렇지 않으면 1964년의 생각인지는 분명히 밝히지 않았다.

카라시마가 어떻게 연희전문의 교장으로 부임했는지를 알려주는 자료는 없다. 그러나 그가 적극적으로 연희전문 교장 자리를 원하지 않았다면, 총독부에서 그를 연희전문의 교장으로 임명하지는 않았을 것이다. 왜냐하면 연희전문이 적산(敵産)으로 총독부 관리에 들어가면서 부임한 네 명의 교장 가운데 카라시마를 제외하고는 모두 총독부 관료였기 때문이다. 그는 총독부에서 전문학교 교장을 소집했을 때, "회의를 마친 후, 특별히 단독으로 고이소(小磯) 총독과 회견해서, 어디까지나 「지원」이라는 것을 분명히 하고 학교에 돌아왔다"고 했다. 이 말은 카라시마가 조선에서 어떤 위치였나 하는 점을 보여주는 것인데, 필요하다면 총독에게 면담을 요청해서 단독으로 만날 수도 있는 인물이었다는 것을 은연중에 내비친 것이다.

학생들의 지원에 대해서 카라시마는 다음과 같이 말했다.

> 학생을 모아 사태를 설명하고 11월 20일이 원서의 마감이라는 것을 알려주며, 어쨌든 천천히 생각해볼 것을 권하고 사무실로 돌아왔다. 얼마 안 되어 세 명의 학생이 왔다. 문과 3학년의 M군, 상과 2학년의 M군, 이과 3학년의 K군이었다. 세 명은 내 책상 앞에 나란히 직립부동의 자세로 "지원하겠습니다."라고 했다. 이렇게 빨리 지원하는 학생이 있을 것이라고는 생각하지도 못했다. 그러나 이때에 교내에는, 전국(戰局)이 절박한 것도 있었고, 「결성(結成)을 따르자」라는 기분이 자연히 고조되고 있었다. 나는 "고맙다."라고 말했는데, 감동하여 눈물이 나서 다음의 말을 잇지 못했다. 시간도 충분히 있으니 부모님과도 잘 상의해보라고 말했는데, "괜찮습니다. 집안에 반대할 사람은 없습니다."라고 딱 잘라 말했다. M군 같은 학생은 아버지가 경찰관으로 평상시에 가정에서 이러한 교육을 받고 있었던 것이다. 당시 조선에 우리가 놀랄 정도로 강고한 천황폐하만세조(天皇陛下萬歲組)가 있었다는 것은 사실이다. 이 세 명의 학생이 계기가 되어 지원자 숫자가 매일 늘어났다.

『연세대학교사』에 학병 지원 문제에 대해서, "그 해(1943년) 11월부터는 학생에게 지원병제를 공포하여 재학생까지도 학도병으로 징발(몇 학생이 지원병으로 자진해서 일제의 선전에 좋은 구실을 주기도 했다)하고자 했으나 여의치 못하자, 졸업반에게만 강제적으로 학병에 동원시키려한 것이다"라고 했고, "대부분의 학생들은 정신적으로 마비당하였고, 그 중의 일부는 일제의 간계에 빠져서 이성을 잃은 채 지극한 친일적 행동을 하기도 했다"고 기록했다. 이런 기록을 보면, 카라시마가 얘기하는 내용은 대체로 당시의 상황을 있는 그대로 나타내었다고 볼 수 있다.

차차 학생들이 「지원」을 신청했는데, 「어디까지나 지원」이라고 했던 처음에는 아직 어딘가에 기댈 곳이 있었다. 그러나 11월에 들어서자, 각 전문학교 교장은 다시 총독부에 불려가서 「지원이라고 하지만, 적격자 전원을 지원시키도록」하라는 결정적인 통고를 받았다. 이날부터 미지원자에 대해서는 경찰이나 지방 사무소가 적극적으로 나서 지원하지 않은 이유를 엄중히 추궁했다. 이렇게 되면 이제는 강제와 다름없다. 게다가 도리어 감정적으로 좋을 것이 없다. 이것을 설득하는 교수들의 고뇌와 마음은 헤아리기 어려웠다. 조선인 학생들이 출발하기 전에 내게 써준 글을 지금도 나는 귀중하게 보관하고 있다. 연희전문학교 장행회(壯行會)에서 쓴 것인데, 이 글에는 교수들이 출진 학생에게 준 말도 첨부되어 있다. 김봉집(金鳳集) 교수는 「지성(至誠)」, 동원인섭(東原寅燮) 교수는 「무언실행(無言實行)」, 「성(誠)」은 이양하(李敭河) 교수. 이밖에 「성실(誠實)」 「질실강건(質實剛健)」 「삼성(三省)」. 모두 마음을 잡는 방법을 가르치고 있는 글자뿐이지, 용장(勇壯)한 말은 없다. 이것처럼 조선인 교수의 괴로운 심경과 진실을 적확하게 나타낸 것은 없을 것이다.

카라시마는 김상필의 모교 방문에서 연희전문 학생들이 상당히 고무되어 학도병 지원도 순조롭게 진척된 것으로 기술했다. 그러나 군데군데 조선인 학생과 교수들의 괴로운 심경을 자신이 잘 이해하고 있었다는 식의 감상적인 내용을 덧붙여 놓았다. 「조선학도병의 최후」라는 글의 시작이 연희전문 학생이 카라시마에게 써준 글의 내용으로 시작하는데, 카라시마는 학생들이 써준 글이나 편지를 적절히 이용해서 이 글을 이어나가고 있다. 특히 학생들이 쓴 글에 첨부된 교수들의 글까지 공개함으로써, 학도병 지원은 괴롭고 힘든 일이었지만, 연희전문의 구성원 모두가 이 일에 참여하고 있었다는 논리를 펴고 있다.

카라시마는 지원한 학생들의 집을 교수들이 방문하게 하면서, 자신은 신의주에 있는 김상필의 집을 찾아갔던 일도 자세히 썼다.[7] 그리고 김상필이 모교를 방문한 날 교장 사택에서 자고 간 일이며, 그날 이후로 자신의 자녀들과 김상필이 주고받은 편지 얘기, 그리고 김상필이 가미가제 특공대로 출전하여 죽기 전날 썼다는 편지의 내용을 공개했다.[8]

카라시마의 이 글이 발표된 후 1964년 9월 23일『경향신문』1면의「餘滴」이라는 칼럼 난에 다음과 같은 내용이 실렸다. 칼럼의 앞 부분을 보기로 한다.

『辛島驍』하면「아 그 者!」하고 아직도 생생하게 기억하고 있을 사람이 많을 것이다. 그는 일제가 전쟁 말기에 연전을 접수했을 때 교장이라고 앉아서 학병을 강요한 사이비 학자였다. 辛島에 대해선 오늘까지 평이 매우 좋지 않다. 일인 교수 중에도 양심파가 많았다고 일인 교수를 변호하는 인사들도 辛島만은 악질중의 악질이었다고 그를 비난하고 있다. 접수한 연전의 교장으로 왔을 정도니까 위인됨은 불문가지이다. 그런데 생사를 모르던 辛島가 홀연 일본의 모 잡지에『조선학도병의 최후』라는 글을 썼다. 辛島 말대로 20년만에 처음으로 대하는 글이다. 그러나 과거의 참회는커녕 총독정치의 잠꼬대를 늘어놓았다. 그는『깜짝 놀랄 천황폐하 萬歲組』가 많았다고 전제하면서『황국』을 위해서『自進』출정한 조선학도병 이야기를 장황하게 늘어놓았다. 그는 참회의 심정에서 이런 글을 썼다고 말할는지 모른다.

---

7) 김상필의 형수인 여태순은『그날 오키나와 하늘에서』(뿌리, 1996)라는 책을 냈다. 여태순은 이 책에서 카라시마가 신의주 집을 방문한 일이 없다고 했다. 김상필은 1943년 9월 27일, 졸업식장에서 조선군 사령부 헌병대의 오토바이에 실려서 바로 입영했다고 말했다.

8) 김상필이 출격 전날 카라시마에게 보냈다는 편지에 대해서, 여태순은 이 편지를 카라시마가 조작한 것이라고 보았다. 그리고 어떤 일본인에게 남긴 김상필이 쓴 유서를 공개했다. 김상필이 카라시마에게 보냈다는 유서의 내용에 대해서 의문을 제기한 글도 있다. 裵淵弘,『朝鮮人特攻隊』, 東京 : 新潮社, 2009.

그러나 참회한 흔적은 찾을 길이 없다. 한국학도병의 『황국화』만을 「클로즈 업」 시키고 왕인의 비석 옆에다 그들의 충혼탑 하나 세우지 못했음을 후회하였다. 그는 이 땅에서 총독정치의 앞잡이로 가지가지 죄를 범하고서도 비석 한 개면 속죄가 된다고 생각하는가. 그날 서울을 떠난 학생 중에는 돌아오지 못한 학생이 있었을 것이라고 했다. 그렇게 수많은 청춘을 짓밟아놓고서도 「있었을 것이다」가 무슨 말인가. 가증스러운 말씨이다.

카라시마는 연희전문의 학생이나 교수, 그리고 식민지 말기에 그를 알고 있던 사람들로부터 좋지 않은 평가를 받았다. 니카이도나 마츠모토와 달리 카라시마에 대한 평판은 좋지 않다. 김성칠은 이명선에 대해서 얘기하면서, "이명선 씨란, 우리가 학교에 다닐 때 중국문학과 연구실에 있어서 일인 중에서도 악질이던 신도(辛島)의 조수라기보다도 심부름꾼처럼 보아왔"다고 하여, 카라시마에 대해서는 역시 '악질'이라는 평을 했다.

카라시마는 1944년 9월까지 교장으로 재직했던 것으로 보인다. 그는 "특별 명령을 받고 동경으로 옮겼다"고 했는데, 무슨 명령이었고, 도쿄에서 무슨 일을 했는지는 알려지지 않았다. 연희전문이 관립학교가 되면서 교장으로 부임한 총독부 관리들에게 기대할 일이란 애초에 아무 것도 없었을 것이다. 그러나 경성제국대학의 교수로 학문의 길을 걷는 것처럼 보였던 카라시마가 네 명의 교장 가운데 가장 악질적인 인물로 남았다는 것은 참으로 얄궂은 일이다.


## 5. 맺음말 : 어떤 연희전문 학생의 회상

1915년 조선이 일본의 식민지였던 시기에 서양인 선교사의 손에 의해 세워진 연희전문학교는, 1941년 일본이 미국과 전쟁을 벌이면서 적산(敵産)으로 관립학교가 되고, 1944년에는 명칭도 경성공업경영전문학교로 바뀌었다. 이 시기에 연희전문에서 가르친 일본인 교수 두 명과 총독부에서 임명한 교장 한 사람을 통해, 어려운 시기의 연희전문 모습을 보았다. 세 사람이 연희전문에서 가르친 일본인을 대표하는 것은 아니고, 또 이 글에서 다룬 문제가 이들의 전 생애에서 가장 중요한 것도 아니다. 그러나 이 글에서 다룬 자료는 식민지 말기의 상황을 이해하는 데 약간의 도움이 될지도 모른다.

글을 쓰는 동안 이런저런 자료를 통해 새로 알게 된 사실도 많았고, 또 그동안 필자가 이해하고 있던 내용에 대해서 생각을 다시 해보게 된 것도 있다. 그 중에 하나가 식민지 조선에서 지식인으로 살 수밖에 없었던 조선인의 어려움이다. 그리고 그 어려움이 식민지시기에 국한된 것이 아니라, 그 이후에 계속되었다는 점이다. 식민지시기에 어떤 선택을 했건, 이 땅에서 지식인의 삶을 사는 것은 너무나도 힘든 일이다. 그리고 이런 생각도 해보았다. 일본인 교수인 니카이도나 마츠모토는 자신이 얘기한 '일본적 기독교'라는 말을 전후에도 계속했을까? 그렇지 않으면 그들도 그저 시국에 맞는 얘기를 한 것인가? 카라시마는 왜 전쟁이 끝난 지 20년이 다 되어가는 시점에서 「조선학도병의 최후」라는 글을 썼을까? 등등의 간단히 대답할 수 없는 너무나 많은 질문이 끝없이 이어진다.

이 글을 쓰기 위해 자료를 찾던 중, 우연히 인터넷에서 연희전문 졸업생이 쓴 글을 발견했다. 「나의 신촌 이야기」라는 글로, 1944년에 입학해서 1948년에 연희전문을 졸업한 박정호 씨가 쓴 글인데, 그의 자제가 운영하는 블로그에 올려놓은 것이다. 필자가 이 글에서 다룬 인물 가운데 몇 사람에 대한 언급이 있어서, 「나의 신촌 이야기」의 몇 대목을 보기로 한다.

1944년 4월. 내가 신촌에 입학한 해다. 경의선 신촌역을 나와 철로 굴다리를 지나 오른쪽으로 산기슭의 조그마한 주택 여남은 채가 있는 마을을 보며 걸어가노라면 길 양편의 은포푸라나무 길에 들어서게 되고, 길 오른쪽은 낙락장송 소나무 숲이었으며 그 너머 능이 하나 있었다. 왼쪽은 전쟁말기 일제의 스포츠 중지

정책에 따라 쓸모가 없어져서 잡초가 무성한 축구장과 농구장 등이 교정 입구까지 뻗쳐 있었다.

그가 기억하는 1944년의 학교 모습이다. 그리고 교명이 바뀌는 시점에서 학교를 다녔기 때문에 학교 이름이 바뀌고 카라시마가 교장으로 있었다는 사실을 적어놓았다.

일본 총독부는 연희전문학교의 교명을 경성공업경영전문학교(京城工業經營專門學校)로 고치고 학교 재단 이사회와 교수진을 대폭 일본인으로 갈아치웠으며, 교복은 일본 전시체제하의 국방색 국민복으로 하고 교모는 일본군 전투모로 하였다. 교장은 일본의 조선총독부 장학관이던 일본인 카라시마(辛島驍)라는 사람으로 엄격하게 일본제국주의 사상을 주장하던 사람이었다. 학생 중에는 처음으로 일본인 학생 한사람이 입학하였다. 신입생은 전원 기숙사에 집어넣고 외박은 허가제로 하여 마치 병영과 같은 규율이었다. 1학년 신입생 100여명 전원을 수용할 기숙사로는 원래의 본관 뒷산의 기숙사 외에 숲속의 교수사택 3채를 징발하여 원래의 기숙사를 제1료(寮)로 하고 숲속의 교수사택 3채를 제2료(寮) 제3료(寮) 제4료(寮)로 하여 신입생을 연령별로 4개 그룹으로 구분하여 입사(入舍)시켰다.

또 학교 근처에 일본군이 주둔하고 있었다는 사실과 소나무를 벌목한 일에 대해서도 다음과 같이 썼다.

연전과 이전 양쪽 모두 한때는 일본군이 학교 근처에 주둔하여 학교 주위의 노송들을 선박 건조 재료로 한다고 벌목하여 간 일이 있었는데, 일본군이 학교 주위에 보초를 세워 경계하고 야간에는 학교입구의 은포푸라나무 가로수 뒤에 숨어 외출에서 귀사하는 학생들에게 갑자기 튀어나와 착검한 총을 들이대고 누구냐고 수하(誰何)를 하여 놀라게 하는 일도 있었다.

이와 같이 병영 같은 학교생활이었지만 나름대로 대학생의 생활이 있었다고 했다.

　학교 규율이 군대식으로 엄격했지만 젊은 학생들을 통제할 수는 없었다. 교복으로 일본 전시 국민복과 정모로 일본군 전투모를 정해 두었지만 방과 후에는 각자가 당시 전문 대학생이 쓰던 사각모에 옛 연희전문학교 모표인 연전(延專)이라고 된 원래 모표를 달고 감색 또는 까만색의 학생복을 입고 서울 시내로 외출을 하곤 했다.

그리고 보성전문과 농구시합이라든가, 이화여전 학생들에 대한 호기심 등에 관한 내용이 있다. 또 1945년 4월부터 학도근로동원에 따라 평양 육군항공대에서 작업한 일이며, 일본의 패전으로 8월 20일의 징집을 피하게 된 사연 등을 적었다. 그리고 해방 후 성북경찰서 사건 이후 자신이 연희전문 학도대 대장을 맡게 된 사정이며 조선학도대에서 연희전문 학도대가 탈퇴하게 된 과정에 대해서도 언급했다.

마지막으로 학교에 돌아온 후의 기억을 썼는데, 필자가 인상 깊게 본 대목 몇 군데를 소개한다.

　해방 전 인상 깊은 선생님 중에 강단에는 서시지 못하시고 회계를 담당하고 계시던 최순주 선생님은 항상 검은 털 방한모를 쓰시고 말씀 한마디 없이 묵묵히 교정을 걸어다니시던 철학자 같은 모습과 수학의 장기원 선생님은 꼿꼿하신 자세를 항상 유지하셨고 서무의 김치각 선생님은 항상 인자하신 웃는 얼굴로 교내를 자주 순회하셨다.

　9월 20일 전후로 생각되는데, 학교에 가니 학교 관계자들과 선후배 몇 사람이 교내 이곳 저곳의 정리 작업도 하고, 또 학교 교정 본관 앞 뚝 위에 심어져있던 벚꽃나무를 캐어내고 무궁화나무를 대신 그 자리에 심었다. 그때 마침 그 자리를 지나던 일본인 제2대 교장 곤도(近藤英男)가 아까운 나무를 왜 캐내느냐고 하였다.

이날 우리 학생들 20명가량이 이 역사적인 학교 인수식에 참석하였다. 인수식은 본관 2층 강당에서 있었으며 단상에 각 대표분들이 올라가 계셨으며, 인수식의 우리 측 대표는 유억겸 선생이셨다. 백낙준 선생님은 연설 도중 감격이 넘쳐 눈물을 흘리시고 말씀을 제대로 잇지 못하였다.

미국과 일본의 전쟁이 시작되면서 연희전문에서 서양인이 모두 물러나고 일본인이 학교를 장악한 동안 조선인은 학교의 경영에서 아무런 역할을 하지 못했다. 연세대학교 홈페이지에 이 시기 일본인 교장의 이름을 쓰지 않은 것은, 이 지우고 싶은 역사를 드러내고 싶지 않기 때문일 것이다. 이런 괴로운 갈등은 시간이 갈수록 치유되는 것이 아니라 더욱 첨예화된다. 2005년 민주노동당 연세대 학생위원회는 백낙준, 유억겸, 윤치호, 오긍선, 이묘묵, 정인섭, 갈홍기 등 식민지시기 연희전문과 세브란스의전에서 교장이나 교수를 지낸 인사 7인을 친일인사로 발표했다. 그리고 2009년 친일인명사전편찬위원회는 친일 인물 4776명의 명단을 발표했는데, 이 명단에는 학생들이 친일파로 지목한 인사들이 모두 포함되었다. 그러나 유동식 교수는 윤치호를 친일파라고 매도하는 것은 잘못이라고 강조했고, 박정호 씨는 해방 후 학교 인수식에 참석했을 때 본 유억겸과 백낙준의 모습을 감격적으로 그리고 있다. 혼란스럽지만 현실은 이렇다. 식민지시기를 직시하면서 정치한 분석을 해낼 수 있을 때 비로소 이 혼란을 극복할 수 있을 것이다.

268

# 우리나라 근대과학의
# 동서화충(東西和衷)과 연희전문학교

## 1. 머리말

연희전문학교가 설립된 1915년, 일제 식민지 상태의 우리나라는 국가 정체성을 잃어버린 채, 나라의 발전과 존립의 기초가 되는 과학의 교육과 연구가 거의 전무한 상황이었다. 그러나 당시의 서양과학은 17세기 뉴턴(Isaac Newton, 1642~1727)에 의해 완성되었던 고전역학을 뛰어 넘어 양자 역학과 상대성이론, 그리고 빅뱅 우주론으로 대표되는 혁명적 변혁기를 겪고 있었던 시기였다. 1900년 독일의 물리학자 플랑크(Max Planck, 1858~1947)에 의해 처음으로 양자 가설이 제기되었으며, 이후 1920년대 말에 이르기까지 보어(Niels Bohr, 1885~1962), 하이젠베르그(Werner Heisenberg, 1901~1976), 파울리(Wolfgang Pauli, 1900~1958) 등을 비롯한 당대 수많은 천재 과학자들에 의해 양자 역학의 혁명이 진행되었다. 또한 1905년 아인슈타인(Albert Einstein, 1879~1955)은 시간과 공간에 관한 새로운 관점, 즉 상대성이론을 제창해서 20세기 현대 물리학의 새로운 모습을 출현시켰으며, 1916년에는 일반 상대성 이론을 발표하여 물리학의 과학 혁명을 주도하였다. 1926년 허블(Edwin P. Hubble, 1889~1953)은 우주가 팽창한다는 사실을 관측적으로 증명하여 현대 빅뱅 우주론의 기초를 확립하였다.

한편 우리나라에 근대 서양과학이 도입된 것은 17세기 전반, 즉 1603년

명나라에 사신으로 갔던 이광정(李光靖)이 마테오 리치(Matteo Ricci)의 세계지도를 가지고 들어오면서부터 본격적으로 시작된 것으로 알려져 있다. 이후 17~18세기 조선의 관상감을 중심으로 북경의 천주교 선교사들과의 접촉을 통해 서양과학 문물들이 지속적으로 도입되었으며, 정약용(丁若鏞), 최한기(崔漢綺) 등에 의해 서양과학의 도입을 통한 동도서기(東道西器) 사상이 확대되어 19세기 말 서양과학 기술 수용의 배경을 이루게 되었다. 1890년대에 들어 조선에는 처음으로 과학이 독립된 교육 분야로 되어 이상설(李相卨, 1871~1917)에 의한 산술신서 및 중등교과산술신서 등의 교과서 번역 편찬이 시작되었다. 또한 같은 시기에 외국 유학생의 파견을 통한 대학 수준의 교육을 받은 조선인 배출이 시작되었는데, 변수(邊燧, 1861~1891)는 1891년 메릴랜드주립농과대학에서 이학사를 취득하여 한국인 최초의 미국대학 졸업생이자 한국 역사상 최초의 자연과학계통 대학 졸업자가 되었다. 또한 1892년 서재필(徐載弼, 1864~1951)은 컬럼비아 대학에서 세균학 전공으로 첫 의학 학사학위를 받았다. 그러나 19세기 후반 우리나라는 국내외 격동기를 맞게 되며, 열강들의 침략, 쇄국과 통상 개화의 극심한 정치적 혼돈에 빠져들어 결국 1910년 일제에 의해 나라를 잃어버리게 된다. 비록 이러한 상황 속에서도 개인적으로 과학에 관심을 가진 지식인들은 지속적으로 등장하게 되나, 이들의 대부분은 당시의 정치적 상황에 의해 과학 자체에 대한 탐구와 교육 활동을 펴기보다는 사회 개혁 운동의 지도자로 방향을 전환하게 되었으며, 국운의 쇠퇴와 더불어 우리나라는 새로운 과학적 역량을 갖춘 국제적 안목을 지닌 지식인들을 체계적으로 양성하지 못하였다.

우리나라 역사의 과학적 암흑기로 볼 수 있는 이 시기에, 1915년 연희전문학교의 설립과 더불어 시작된 서양 선교사들의 과학 교육과 새로운 과학 지식인 배출의 역사는, 서양의 근대과학이 혁명적으로 발전하던 20세기 초 당시의 시대적 배경에서 동서화충(東西和衷)의 개념을 기반으로 하는 우리나라 근대과학의 형성에 실로 지대한 역할을 했다고 할 수 있으며, 이는 세계적 수준의 과학적 역량을 갖춘 현재 연세대학교의 자연과학 연구 및 교육 분야의 뿌리임은 자명한 일이다. 이 연구 보고서는 나일성(2004)과 전찬미(2009 ; 2010)의 연구 결과와『연세대학교 백년사』(1985)를 주요 참고로 하고, 김근배(2005), 나일성(1985, 1990), 박성래(2009), 박형우(2002), 안세희(2005), 윤세원 등(1999), 이희철(1999) 등의 연구 결과 또는 기사를 종합하여,[1] 당시의 정치적 상황을 최대한 배제한 채로 연희전문학교 수물과의 교육 체계가 세워져 가는 과정으로부터 근대 서양과학의 도입과 전문적 과학 지식을 갖춘 인재 양성 과정을 살펴봄으로써, 연세대학교 자연과학 분야에 있어서의 동서화충(東西和衷)의 학풍 형성의 역사와 그 의미를 고찰하고자 한다.

## 2. 연희전문학교의 근대과학 교육체계 도입

우리나라에서 서양 근대과학 교육은 연희전문의 설립자인 언더우드(Horace Grant Underwood, 1859~1916)에 의하여 연세대학교 역사가 시작된 광혜원에서 처음으로 도입된 것으로 여겨지며, 이는 "언더우드 목사는 1885년 서울에 도착하여 곧 광혜원에서 운영하는 의학교에서 화학과 물리학을 가르쳤다"는 클라크(Allen DeGray Clark)의 저서 *Avison of Korea*(Yonsei Univerisity Press, 1978,

1) 김근배,『한국 근대 과학기술 인력의 출현』, 문학과지성사, 2005 ; 나일성,「알비온에서 온 두 과학자」,『동방학지』46, 1985 ; 나일성,「이원철론」,『진리자유(계간 연세)』, 1990년 봄 ; 나일성,『서양과학의 도입과 연희전문학교』, 연세대학교 출판부, 2004 ; 박성래,「연희전문 수물과를 생각한다」, 연세대학교 박물관 <연세자연과학의 뿌리를 찾아서>전시회 기념 특별 강연, 2009 ; 박형우,『제중원』, 몸과 마음, 2002 ; 안세희,「근대과학을 도입한 수물과」,『연세의 발전과 한국사회』, 연세대학교 출판부, 2005 ; 연세대학교 이과대학,「연세과학기술 100년사 편찬사업 1차년도 보고서」, 2011 ; 윤세원·정중현·안세희,「한국의 물리학자(1) 최규남」,『물리학과 첨단기술』1999년 9월 ; 이희철,「나의 아버지, 이춘호 선생을 기리며」,『진리자유』35, 1999 ; 전찬미,「식민지시기 연희전문학교 수물과의 설치와 정착 : 조선총독부와 선교사의 상호작용을 중심으로」, 서울대학교 협동과정 과학사및과학철학전공 석사학위논문, 2009 ; 전찬미,「식민지시기 연희전문학교 수물과의 설립과 과학교육」,『한국과학사학회지』, 32-1, 2010.

20~23쪽)에 근거한다. 언더우드는 아펜젤러(Henry Gerhard Appenzeller, 1858~1902)와 함께 우리나라 최초의 개신교 복음 선교사로서 1885년 4월 5일 제물포항에 첫발을 내딛었다. 언더우드는 1881년 뉴욕 대학에서 문학사학위를 받고 화란개혁신학교에서 수학하여 1884년 목사안수를 받았으며, 이 과정에서 과학을 전공하지는 않았으나 학부에서 물리학과 화학을 수강하였고 또한 우리나라에 오기 전 선교를 위한 의학 수련을 1년간 받은 것으로 알려져 있어, 의학교에서의 화학 및 물리학 강의가 가능했을 것으로 여겨진다. 한편, 1893년 언더우드의 요청으로 의료선교를 위하여 우리나라에 온 에비슨(Oliver R. Avison, 1860~1956)은 제중원에서 의학은 물론 화학(유기화학, 무기화학)을 가르친 것으로 알려져 있다.

1800년대 말 제중원에서 의학 교육의 일환으로 물리학, 화학 등의 근대 서양과학에 대한 강의가 처음으로 이루어지고 1900년대 초 숭실학교에서 중등 수준의 과학 및 기술교육이 실시되기는 하였으나, 우리나라의 근대 고등과학 교육과 연구의 체계적인 시작은 1915년 사립 교육기관으로서의 연희전문학교 수물과 설립과 더불어, 수학, 물리학, 화학, 생물학, 지질학, 천문학, 기상학, 그리고 공학 등의 교육 체계가 도입된 것이 그 시초임은 일반적으로 알려진 사실이다. 한편 관립 교육기관으로서 경성제국대학은 1924년 예과의 설립과 함께 시작하였으며, 문과와 이과를 분리하여 모집하였다. 1926년부터 학부 진학이 시작되었으나, 예과의 이과 수료자는 전원 의학부로 진학하였다. 1938년에 이공학부의 설치가 확정되었고, 1943년에 이르러서야 이공학부가 개설되어 물리학, 화학, 토목공학, 기계공학, 전기공학, 응용화학, 채광야금 등의 학과가 개설되었다. 따라서 해방 이전까지 우리나라에서 근대 서양과학의 대학 수준 고등 교육체계를 갖춘 곳은 연희전문학교가 유일하였다. 이 절에서는 연희전문학교 개교 이후 1940년대에 이르기까지, 연희전문학교 수물과를 통한 근대 서양과학 교육체계의 도입 과정을 살펴보기로 한다.

1912년 미국의 선교 본부(American Board of Commissioners for Foreign Missions)는

우리나라의 서울에 연합대학을 설립하도록 결정하였다. 당시 장로교파 선교사들은 이 결정과는 다르게 평양의 숭실학당을 중심으로 선교 교육체계를 만들어 갔으며, 감리교 선교사들은 우리나라 고등 교육기관으로서의 종합 대학 설립을 주장하였던 북장로교파 선교사 언더우드를 중심으로 본격적인 대학 설립을 추진하였다. 당시 설립을 주도한 선교사는 언더우드를 비롯하여 빌링스(Bliss. W. Billings, 1881~1969), 루퍼스(Will Carl Rufus, 1876~1946), 베커(Authur Lynn Becker, 1879~1979), 밀러(Edward Hughes Miller, 1873~1966) 등 다섯 명이었으며, 베커가 이끄는 배재학당 임시대학예과와 언더우드와 밀러가 이끄는 경신학교 임시대학부를 개편 확장하여 1915년 연희전문학교의 전신인 조선 기독교 대학, 즉 Chosen Christian College라는 명칭의 대학을 개설하였다. 특이한 점은 대학 설립을 주도한 이들 중 세 명이 과학을 전공한 미국 선교사라는 것인데, 베커는 알비온 대학에서 물리학을 전공하였고, 밀러는 옥시덴탈 대학에서 화학과 지질학을 전공하였으며, 루퍼스는 알비온 대학에서 수학과 천문학을 전공하고 미시간 대학에서 천문학으로 박사학위를 하였다. 이들은 순수과학 교육을 전담하는 고등 수준의 대학교육기관을 구상하였으며, 이들에 의해 우리나라 근대 서양과학의 교육과 연구체계가 처음으로 갖추어진 연희전문 수물과가 창설되었다.

과학을 전공한 연희전문 설립 선교사들은 1917년 4월 7일 사립 연희전문학교가 정식 설립인가를 받는 과정에서 수물과의 개설과 교육 과정에 노력을 집중하였다. 이들은 순수과학 교육이야말로 당시 우리나라의 교육 현실을 개선하고, 사회 발전에 기여할 수 있는 인재 양성의 핵심적인 방법이며, 세계 시민으로 양성할 수 있는 적절한 수단이라는 개인적인 신념을 가졌다. 1915년 4월 연희전문 인가를 위하여 제출하였던 학적등록 보고서에서 수물과 교수였던 루퍼스, 베커, 밀러 등은 순수과학 교육을 위한 고등 교육기관으로서 예과 2년 및 본과 4년의 체계를 계획하였으며, 수물과의 교육 체계로는 물리학, 화학, 수학 등의 순수과학 과목 및 측량, 건축학 등의 실업과목을 포함할 계획이었다. 그러나 당시의 정책적 이유로 인해 1916년 3월에 연희전문 설립자들은 4년제 전문학교로서 인가 지원서를 새로이 작성하여 제출하였는데, 수물과와 더불어 기술능력 계발의 기회를 제공하기 위한 실업교육으로서의 기계공학, 전기공학, 건축학, 토목학 등의 교육을 제안하였고, 또한 베커와 밀러는 응용화학과 개설을 제안하였다. 이에 따라 결국 수물과를 존속시키면서 수학, 물리학, 화학 등의 순수과학 분야에 대한 교육체계를 유지하였고, 더불어 실업 교육을 전담할 3년제 응용화학과를 새로이 설치하였다. 이때 루퍼스, 밀러, 베커에 의해 작성된 수물과 및 응용화학과의 교과 과정은 <표 1>과 <표 2>와 같다.

〈표 1〉 1916년 연희전문학교 수물과 교과

| 과목 | 1학년 | 2학년 | 3학년 | 4학년 |
|---|---|---|---|---|
| 수신 | 1 | 1 | 1 | 1 |
| 국어(일본어) | 5 | 5 | 5 | 5 |
| 영어 | 5 | 5 | 5 | 5 |
| 일본사 | 2 | - | - | - |
| 일본지리 | 1 | - | - | - |
| 수학 | 대수 1 삼각 2 | 해석기하 5 | 미적분 5 | 미분방정식 2 |
| 물리 | 5 | 5 | - | - |
| 화학 | 3 | - | - | - |
| 물리화학 | - | 2 | - | - |
| 천문학 | - | - | - | 3 |
| 분석화학 | - | 3 | - | - |
| 측량 | - | - | 2 | - |
| 정역학 | - | - | 3 | - |
| 전기공학 | - | - | 5 | 7 |
| 동역학 | - | - | - | 3 |
| 건축 | - | - | 2 | - |
| 공장기계 | - | - | - | 2 |

## 〈표 2〉 1916년 연희전문학교 응용화학과 교과

| 과목 | | 1학년 | 2학년 | 3학년 |
|---|---|---|---|---|
| 수신 | | 1 | 1 | 1 |
| 국어 | | 2 | 2 | 2 |
| 영어 | 영어 | 5 | 5 | 5 |
| | 과학영어 | 3 | 3 | 3 |
| 수학 | 삼각 | 3 | - | - |
| | 대수 | 3 | - | - |
| 물리학 | 강의 및 실험 | 3 | - | - |
| 무기화학 | 무기화학 강의 | 3 | - | - |
| | 무기화학 실험 | 2 | - | - |
| 물리화학 | 강의 | - | 2 | - |
| 분석화학 | 정성분석 | 2 | - | - |
| | 정량분석 | - | 3 | - |
| 유기화학 | 유기화학 강의 | - | 3 | - |
| | 유기화학 실험 | - | 3 | - |
| 공예화학 | 강의 | - | - | 5 |
| 전기화학 | 강의 | - | - | 2 |
| 지질학 및 광물학 | 지질학 | - | 2 | - |
| | 광물학 | - | 4 | - |
| 화학실습 | 실험 및 실습 | - | - | 10 |
| 체조 | 체조, 교련 | 1 | 1 | 1 |
| 합계 | | 28 | 29 | 29 |

　　1916년 수물과 교과 과정의 특징은 1, 2학년의 경우는 수학, 물리학, 화학 등 순수 기초과목을 중심으로 편성되어 있으며, 3, 4학년의 경우는 전기 공학, 건축, 공장 기계 등의 응용 실업과목을 중심으로 편성되어 있다. 특이한 점은 4학년 교과목에 천문학이 포함되어 있는 점이다. 한편 응용화학과의 교과 과정은 수학 및 물리학의 기초 순수과학 교육 과정을 포함하여, 무기·유기·분석·물리화학 등의 화학 기초과목과 공예, 전기화학 분야 등 응용화학 교과 과정으로 편성하였다. 또한 강의에 실험과목을 병행하여 이론과 이에 대한 예증을 익히게 하였으며, 특별히 2학년 교과목에 지질학 및 광물학을 포함하였다.

생물학 과목은 수물과 및 응용화학과 대신에 농업과에 편성되었다. 이로써 1917년 4월 7일 정식으로 설립인가를 받은 사립 연희전문학교는, 수학, 물리학, 화학, 천문학, 지질학, 생물학 등의 순수 기초과학 전반의 교과목은 물론, 공학 분야 교과목을 포함한 체계적인 서양 근대과학 교육체계를 비로소 갖추게 된 것이다.

연희전문학교에서 처음으로 개설된 수물과 및 응용화학과의 정원은 학칙상 각각 50명과 30명이었으나, 확인되는 1회 졸업생은 수물과의 4명(김술근, 이원철, 임용필, 장세운)에 불과하였으며, 또한 전임 교원은 루퍼스가 1917년 미시간 대학으로 영구 귀국하게 되어 수물과의 밀러와 베커 단 두 명에 불과하였다. 이와 같은 이유로 4년제로 개설된 수물과는 두 개 학년밖에 운영을 할 수 없었으며, 응용화학과는 운영차체가 불가능한 상황이었다. 3·1운동 이후 1920년 2월 새롭게 발표된 「개정 사립학교규칙」에는 성서 교육을 제외한 교과목 편성 및 교원 임용의 자유가 보장되었는데, 이에 따라 연희전문학교는 당시 유일한 수물과의 전임교수였던 밀러의 주도로 수물과의 교육 과정을 개편하였다. 한편, 베커는 1919년부터 안식년을 얻어 미시간 대학에서 물리학 전공 박사과정을 이수 중에 있었다. 이때 결정된 수물과의 교과목 편성은 <표 3>과 같다.

〈표 3〉 1921년 연희전문학교 수물과 교과

| 과목 | | 1학년 | 2학년 | 3학년 | 4학년 |
|---|---|---|---|---|---|
| 수신 | | 1 | 1 | 1 | 1 |
| 국어 | | 2 | 2 | 2 | 2 |
| 영어 | 영어 | 5 | 5 | 5 | 5 |
| | 과학영어 | 3 | 3 | 3 | 3 |
| 수학 | 입체기하 | 1 | - | - | - |
| | 대수 | 3 | - | - | - |
| | 삼각 | 3 | - | - | - |
| | 해석기하 | - | 5 | - | - |

| 과목 | 세부과목 | | | | |
| --- | --- | --- | --- | --- | --- |
| | 미적분 | - | - | 5 | - |
| | 미분방정식 | - | - | - | 2 |
| 물리학 | 물리학 강의 | 3 | 3 | - | - |
| | 물리학 실험 | 3 | 3 | - | - |
| 화학 | 강의 및 실험 | 4 | - | - | - |
| | 물리화학 | - | 2 | - | - |
| | 분석화학 | - | 3 | - | - |
| | 전기화학 | - | - | - | 2 |
| 역학 | 정역학 | - | - | 3 | - |
| | 동역학 | - | - | - | 3 |
| 측량법 및 기계제도 | 기계제도 | - | 2 | - | - |
| | 측량법 | - | - | 3 | - |
| 전기공학 | | - | - | 5 | 6 |
| 건축학 및 공장기계 | 건축학 | - | - | 2 | - |
| | 공장기계 | - | - | - | 2 |
| 천문학 및 지질학 | 지질학 | 2 | - | - | - |
| | 천문학 | - | - | - | 3 |
| 교육학 | | - | - | - | 2 |
| 체조 | | 1 | 1 | 1 | 1 |
| 합계 | | 31 | 30 | 30 | 32 |

1921년 수물과의 새로운 교과 과정 역시, 1, 2학년에는 수학, 물리학, 화학 등의 순수 기초과목을 중심으로 편성되었고, 3, 4학년에 측량, 기계, 전기, 건축 등의 공학 과목과 역학, 천문학, 지질학 등의 과학 교과목이 편성되었다. 특이한 점은 순수 기초과목에 대해서는 이론적 수업에 대한 실험을 추가하였으며, 과학영어 과목을 도입하고, 1학년 수학 과목의 시수가 7시간으로 크게 늘어났다. 또한 기독교계 사학에 진출할 교원을 양성할 목적으로 당시 문과 소속의 교육학 전임교수 피셔(J. E. Fisher)의 주도하에 연희전문학교 전 과정에 도입되었던 교육학 과목이 수물과의 4학년 교육 과정에 포함되었다.

<표 4>는 1923년 3월에 종교교육의 자유 및 사학의 자율권이 확대된 개정조선교육령에 따라 또다시 새롭게 개편된 연희전문학교 수물과의 교과과정이다.

수학, 물리학 및 화학 관련 과목수 및 시수가 대폭 증가하고, 물리 및 화학 과목들에 대하여는 대부분 강의 및 실험을 병행하여 구성하였다. 수학 과목으로 고등대수학, 기하학, 삼각, 해석학, 미적분, 미분방정식 등으로 구성되어 있으며, 물리학 과목으로 일반 물리학과 더불어 열 및 음향학, 광학, 역학, 동역학, 전자기학 등이 포함되었고, 화학과목으로는 일반 화학과 분석·물리·전기화학으로 구성되어 있다. 더불어 지질학 및 광물학, 천문학, 생물학 등 과학 과목들과, 측량 및 기계 제도 등 공학 과목, 그리고 교육학 및 사회 경제학이 포함되었다. 이때 종교 교육이 공식적으로 인정되어 성서 과목이 필수 교과로 채택되었다. 기상학 과목은 농과에 편성되었으며, 이 당시 실질적으로 운영이 되지 않던 응용화학과는 폐과되었다.

1930년대 들어 연희전문학교 수물과의 교과목은 필수과목과 선택과목으로 구분되면서 수학, 물리학, 화학, 생물학, 지질학, 천문학 등 순수 기초과학 과목 체계에 있어 당시 서양 정규 대학들의 정규 교과 과정과 비교해도 손색이 없는, 거의 완벽한 근대과학 교육체계를 갖추게 되었다(표 5). 한편 수물과에서 공과를 지망하는 학생들을 위한 선택과목으로 토목공학, 건축학, 설계, 측량 등의 교과목이 개설되었다.

〈표 4〉 1923년 연희전문학교 수물과 교과

| 과목 | | 1학년 | 2학년 | 3학년 | 4학년 |
|---|---|---|---|---|---|
| 수신 | | 1 | 1 | 1 | 1 |
| 성서 | | 2 | 2 | 2 | 2 |
| 국어 | | 2 | - | - | - |
| 영어 | 영어 | 5 | - | - | - |
| | 과학영어 | 3 | - | - | - |
| 수학 | 고등대수 | 3 | - | - | - |
| | 기하 | 3 | - | - | - |
| | 삼각 | - | 3 | - | - |
| | 해석기하 | - | 3 | - | - |
| | 미적분 | - | - | 5 | - |

| 분류 | 과목 | | | | |
|---|---|---|---|---|---|
| | 미분방정식 | - | - | - | 3 |
| 물리학 | 물리학 강의 | 3 | - | - | - |
| | 물리학 실험 | 3 | - | - | - |
| | 열 및 음향학 강의 | - | 3 | - | - |
| | 열 및 음향학 실험 | - | 2 | - | - |
| | 광학 강의 | - | - | 3 | - |
| | 광학 실험 | - | - | 2 | - |
| | 역학 | - | - | 3 | - |
| | 동역학 강의 | - | - | - | 4 |
| | 동역학 실험 | - | - | - | 2 |
| | 전자기학 강의 | - | - | - | 3 |
| | 전자기학 실험 | - | - | - | 2 |
| 화학 | 화학 강의 | 3 | - | - | - |
| | 화학 실험 | 2 | - | - | - |
| | 분석화학 강의 | - | 2 | - | - |
| | 분석화학 실험 | - | 2 | - | - |
| | 물리화학 강의 | - | - | 2 | - |
| | 물리화학 실험 | - | - | 2 | - |
| | 전기화학 강의 | - | - | - | 2 |
| | 전기화학 실험 | - | - | - | 1 |
| 지질학 및 광물학 | | - | 3 | - | - |
| 측량법 및 기계제도 | 기계제도 | - | 2 | - | - |
| | 측량법 | - | 3 | - | - |
| 전기공학 | | - | - | 5 | - |
| 공장기계 | | - | - | 2 | 2 |
| 천문학 | | - | - | - | 4 |
| 생물학 | | - | - | 3 | - |
| 교육학 | | - | - | - | 3 |
| 사회 경제학 | | - | 3 | - | - |
| 체조 | | 1 | 1 | 1 | 1 |
| 합계 | | 31 | 30 | 31 | 30 |

〈표 5〉 1930년대 연희전문학교 수물과 교과

| REQUIRED COURSES | | | | |
|---|---|---|---|---|
| | Fr. | So. | Jr. | Sr. |
| MORALS | 1 | 1 | 1 | 1 |
| BIBLE | 2 | 2 | 2 | 2 |

| | | | | | |
|---|---|---|---|---|---|
| JAPANESE | | 2 | - | - | - |
| ENGLISH | Grammar | 3 | - | - | - |
| | Science English | 3 | - | - | - |
| | Reading | - | 3 | 3 | - |
| MATHEMATICS | College Algebra | 3 | - | - | - |
| | Trigonometry, Plane and Spherical | 1 | 2 | - | - |
| | Modern Geometry | - | - | - | 3 |
| | Analytical Geometry | 3 | 2 | - | - |
| | Differential and Integral Calculus | - | 3 | 2 | - |
| | Differential Equations | - | - | 3 | - |
| | Analytical Mechanics | - | - | - | 3 |
| PHYSICS | General Physics I. Mechanics, Heat, Sound | 4 | - | - | - |
| | G.P II. Light Electricity and Magnetism | - | 4 | - | - |
| | Vector Analysis | - | - | 1 | - |
| | Thermodynamics | - | - | 2 | - |
| | Theory of Electricity and Magnetism | - | - | - | 2 |
| | Physical Optics | - | - | 2 | - |
| | Atomic Structure and Quanta | - | - | - | 2 |
| | Mechanics | - | - | 2 | - |
| | Laboratory | 2 | 2 | 2 | 2 |
| CHEMISTRY | General Inorganic Chemistry (lec.) | 3 | - | - | - |
| | General Inorganic Chemistry (lab.) | 3 | - | - | - |
| | Organic Chemistry (lec.) | - | 2 | - | - |
| | Organic Chemistry (lab.) | - | 1 | - | - |
| | Analytic Chemistry (lec.) | - | 2 | - | - |
| | Analytic Chemistry (lab.) | - | 2 | - | - |
| | Physical and Electro Chemistry (lec.) | - | - | 3 | - |
| | Physical and Electro Chemistry (lab.) | - | - | 1 | - |
| | Applied Chemistry (lec.) | - | - | - | 3 |
| | Applied Chemistry (lab.) | - | - | - | 1 |
| ELECTRICAL ENGINEERING | | - | - | - | 3 |
| GEOLOGY AND MINERALOGY | | - | 2 | - | - |
| DRAWING | | 2 | - | - | - |
| EDUCATION | | - | - | 2 | - |
| SURVEYING | | - | 3 | - | - |
| PHYSICAL EDUCATION | | 1 | 1 | 1 | 1 |
| ELECTIVES | | - | - | 7 | 6 |

| | | | | |
|---|---|---|---|---|
| TOTAL | 33 | 32 | 32 | 31 |
| ELECTIVE COURSES (GROUP A) | | | | |
| Astronomy | - | - | 3 | - |
| Vacuum Tube Phenomena | - | - | 2 | - |
| Spectroscopy | - | - | 2 | - |
| Chemical Engineering | - | - | - | 2 |
| Theroy of Relativity | - | - | - | 1 |
| Advanced Calculus | - | - | - | 2 |
| TOTAL | - | - | 7 | 5 |
| ELECTIVE COURSES (GROUP B) | | | | |
| Civil Engineering | - | - | 3 | 3 |
| Architecture | - | - | 2 | 2 |
| Drawing | - | - | 2 | 1 |
| Surveying | - | - | 1 | 1 |
| TOTAL | - | - | 8 | 7 |

이때 수물과에서 개설된 물리학 과목으로서 전자기학, 고전 역학 과목과 더불어 원자 물리학 및 양자 역학, 그리고 상대성 이론 등이 돋보이는데, 이는 1900년대 초 당시 과학 혁명 시기의 최신 현대 물리학 이론을 적극 수용하여 우리나라에 처음으로 전달한 중요한 의미가 있다. 1930년대 이후 연희전문학교 수물과의 입학생은 매년 20명을 웃돌았으며 이에 따라 졸업생의 수도 급격히 증가하게 되고, 1940년대에는 수물과를 이과로 개칭하는 등 내적 외적 발전을 지속하게 되었다.

한편 1927년에 이르기까지 연희전문학교 수물과 졸업생들은 보통학교 교원 자격이 주어지지 않았고, 이학사 인정을 받는 것 외에는 아무런 자격을 인정받지 못하였다. 이후 1928년 수물과 졸업생에 대한 사립 고등보통학교, 여자고등보통 학교, 실업학교의 교원 무시험 자격을 지정받고, 이후 1933년에 이르러 수물과 졸업생들은 사립 및 관립 고등보통학교 교원자격을 부여받게 되는 등 전문학교 졸업생으로 부여받을 수 있는 최고의 학력을 인정받게 되었다. 이에 따라 수물과 졸업생들의 사회 진출이 활발해지면서, 연희전문학교 수물과는 우리나라 과학 분야의 교원 및 관료를 배출하는 주요 경로 중 하나로 정착되었다. <표 6>은 1919년부터 1944년까지 연희전문 수물과 졸업생의 수를 나타낸 것이다. 이러한 과정을 통하여 연희전문학교는 우리나라 인재에 의한 우리나라 미래 인재 양성을 위한 교육기관으로서의 인식을 갖게 되었으며, 해방 이전까지 우리나라 최고 학력의 사립전문학교로 자리매김을 하게 되었다.

〈표 6〉 연희전문학교 수물과 졸업생 통계

| 졸업회수 | 졸업연도 | 학생 수 | 졸업회수 | 졸업연도 | 학생 수 | 졸업회수 | 졸업연도 | 학생 수 |
|---|---|---|---|---|---|---|---|---|
| 1 | 1919 | 4 | 10 | 1928 | 12 | 19 | 1937 | 13 |
| 2 | 1920 | 0 | 11 | 1929 | 12 | 20 | 1938 | 17 |
| 3 | 1921 | 3 | 12 | 1930 | 9 | 21 | 1939 | 15 |
| 4 | 1922 | 0 | 13 | 1931 | 5 | 22 | 1940 | 18 |
| 5 | 1923 | 0 | 14 | 1932 | 9 | 23 | 1941.3 | 17 |
| 6 | 1924 | 3 | 15 | 1933 | 5 | 24 | 1941.12 | 18 |
| 7 | 1925 | 3 | 16 | 1934 | 8 | 25 | 1942 | 13 |
| 8 | 1926 | 6 | 17 | 1935 | 14 | 26 | 1943 | 24 |
| 9 | 1927 | 0 | 18 | 1936 | 10 | 27 | 1944 | 28 |

## 3. 근대과학을 전달한 연희전문학교의 서양 과학선교사

연희전문학교 수물과를 창설하여 초기 근대과학 교육체계를 세운 서양 선교사는 베커, 밀러, 그리고 루퍼스 등 세 명이었다. 이들은 모두 과학을 전공한 선교사들로서 처음부터 기독교 복음 전파만을 위한 것이 아니라 자연과학 분야의 교사로 우리나라에 파견된 선교사들이었다. 이들은 순수과학 교육이 진리를 탐구하는 지적 능력 계발에 기여한다는 신념을 가지고, 교수로서 연희전문학교의 과학 교육에 헌신하면서, 전 세계의 첨단과학 정보를 우리나라 학생들에게 전달하였다. 근대과학에 대한 고등교육기관이 전무했던 당시의 우리나라 상황을 견주어 볼 때, 연희전문학교 수물과에서 이루어진 이 세 명의 선교사에 의한 과학 교육이 세계로부터 우리나라를 향한 유일의 근대과학 통로의 역할을 한 것은 자명한 일이다. 이 절에서는 연희전문학교를 통한 우리나라 근대 서양과학의 전달자인 세 명의 과학 선교사에 대한 경력을 정리하였다.

베커는 1879년 미국 인디아나주에서 농부의 4남매 중 맏아들로 태어났으며, 1899년 미시간 주 알비온 대학에 입학하여 1903년에 졸업하였다. 대학을 졸업하기 직전 뉴욕시에 있는 YMCA 본부와 미국재단(American Board)에 선교사 지원서를 보내면서 비록 전도사 자격증은 없지만 파견지에서 신학 교육을 받아 획득할 수 있다는 의견과 함께 현대과학이 가장 절실하게 요청되는 곳에 가고 싶다는 뜻을 밝혔다. 한때 중국 광동 기독대학에 갈 결심을 하였지만, 결국 북감리교 선교부가 파송하는 선교사로서 과학 교육을 위해 우리나라에 갈 것을 결정하였다.

알비온 대학을 조기 졸업한 24세의 젊은 청년 베커는 1903년 4월 우리나라에 도착하였다. 약 2개월간 서울에서 생활한 후, 평양으로 옮겨 한국어를 배우고 감리교 교회학교에서 영어와 산수 등을 가르치기 시작하였다.

1905년 6월부터 본격적으로 숭실학당에서 수학, 화학, 물리학, 삼각법, 실습 등을 맡아 강의하였다. 1910년, 첫 번째 안식년을 맞아 미국 미시간 대학 대학원에서 화학을 전공하여 석사학위를 받은 그는 숭실전문학교로 돌아왔다. 언더우드와 함께 연희전문학교를 개교하기 위해 1914년 서울로 옮겨와, 교수로 재직하면서 학감 및 수물과장을 역임하였다. 수물과에서는 수학을 포함하여 열역학, 광학, 원자 및 양자역학 등의 당시 세계 최첨단 물리학 과목을 주로 강의하였으며, 제도 측량, 건축학 등의 공과 과목을 수물과 교과 과정에 포함하는 노력을 시도하였을 뿐만 아니라, 『연희』와『과학』잡지의 발행인 역할도 기꺼이 수행하였다. 1919년 수물과 첫 졸업생을 배출한 이후, 베커는 안식년을 얻어 미국으로 돌아가 스파크 스펙트럼(Spark Spectrum)에 관한 연구로 1921년 미시간 대학에서 물리학으로 박사학위를 받았는데, 이로써 그는 우리나라에 과학을 전파한 최초의 물리학 박사가 되었다. 연희전문학교의 학생들은 박사학

베커 교수의 역학강좌(1929)

위를 받고 돌아온 베커를 열렬히 환영하였다고 한다. 1940년 우리나라를 떠나기까지 베커는 연희전문학교 수물과를 통하여 서양의 근대과학 체계를 우리나라에 적극적으로 도입하고 헌신적인 교육과 연구를 통하여 수많은 과학 인재를 양성하여 장차 우리나라 과학 발전을 위한 든든한 초석을 쌓았다.

밀러는 1873년 미국 펜실베이니아 주에서 출생하였고, 1898년 로스앤젤레스 옥시덴탈 대학을 졸업하였다. 그는 샌프란시스코 신학교 재학 중(1898~1901) 빈톤 선교사의 강연을 듣고 우리나라 선교사를 자원하였으며, 신학교 과정을 모두 마치지도 않은 채 1901년 9월 북장로교의 선교 및 교육 선교사로서 우리나라에 파송되었다. 서울에 도착한 이후 14년간에 걸쳐 게일 목사와 함께 경신학교, 합성중학교 등에 재직하였으며, 경신학당의 제7대 교장(1912~1913)을 역임하였다.

1914년 4월에는 언더우드 등과 함께 연희전문학교의 설립을 추진하였고, 수물과의 교수로서 주로 화학 과목을 강의하였다. 1915년에 미국으로 돌아가 1년 반 가량 있는 동안 캘리포니아 대학 대학원에서 화학과 지질학을 전공하였으며, 이어서 안식년을 받아 샌프란시스코 신학교에서 신학사 학위를 받았다.

밀러는 순수과학으로서의 화학뿐만 아니라, 화학공정 등 실용 학문에 대한 교육을 위하여 1917년 연희전문학교 내에 응용화학과를 개설하였고, 자신이 전공한 지질학을 응용화학과 교과 과정에 포함하기도 하였다. 또한 지금도 연세의 역사와 정신이 살아 숨 쉬는 백양로를 계획하고 여러 교직원들과 학생들이 합심하여 조성하였다. 그는 두 번째 안식년 기간 동안(1925~1927) 뉴욕 컬

밀러(1927)

럼비아 대학 대학원에서 화학을 전공하여 석사학위 및 박사학위를 받고 연희전문학교 수물과 교수로 다시 돌아왔다. 이때 박사학위논문 제목은 *The Influence of Hydrogen Ion Activity upon the Stability of Vitamin A*이다. 화학 분야에서 박사학위를 취득한 밀러는 물리학 분야에서 박사학위를 한 베커와 함께 당시 첨단 서양과학의 교육체계와 연구 분야를 연희전문학교를 통해 우리나라에 도입하는 데 크게 기여했음은 너무나도 자명한 일이다. 밀러는 1941년 12월 미국의 간첩이라는 누명으로 체포되어 투옥되었다가 1942년 5월 26일 석방된 후, 그해 6월 1일 강제로 추방되어 미국으로 돌아갔다. 1953년 7월 당시 연희대학교는 장기근속 교직원 표창 행사를 가졌는데, 이때 밀러는 26개년 근속으로 표창을 받았다. 이후 밀러는 1966년 미국으로 영구 귀국하였고 93세를 일기로 민스트 가든에서 별세하였다.

루퍼스는 1876년 캐나다 온타리오 주에서 미국 시민의 아들로 출생하였다. 루퍼스는 1902년 26세의 나이로 미시간 주 알비온 대학에서 수학과 과학을 전공하여 졸업하였으며, 이때 같은 학교를 다니고 있던 베커와 같은 집에서 하숙을 하였다고 한다. 이후 1년간 천문학을 공부하여 석사학위를 취득하였고,

동시에 신학도 공부하여 목사로서 사역하기도 하였다. 루퍼스는 이미 1903년에 우리나라에 와서 학생들을 교육하고 있던 베커에게 과학교재들과 장학금을 마련하여 보내기도 하는 등, 물심양면의 지원을 하였다. 1907년, 그는 북감리교 선교부에 우리나라 교육 선교사로 갈 것을 지원하였고, 그해 9월에 우리나라로 들어와 평양의 숭실학당 교사로 재직하면서, 베커와 함께 수학, 물리학, 천문학 등의 강의를 담당하였다. 이 당시 루퍼스는 천문학자로서 조선 초기 석각천문도 인 「천상열차분야지도」에 대한 연구논문을 발표하였으며("The Celestial Planisphere of King Yi Tai Jo", *Transactions of Korea Branch of the Royal Asiatic Society*, 1913), 이 내용을 가다듬어 1915년 미국 학계에 소개하기도 하였다 ("Korea's Cherished Astronomical Chart", *Popular Astronomy* vol. 23, 1915). 평양에서 활동하던 루퍼스는 1912년 감리교 선교부의 결정에 따라 서울로 임지를 옮기고, 서울에서 새로운 대학을 만드는 일에 헌신하던 중 안식년을 맞아 미국으로 귀국하여 1915년 미시간 대학 대학원에서 천문학으로 박사학위를 수여받았다. 한때 선교본부의 재정 문제와 캔사스 대학에서 교수직을 제안 받는 등의 문제로 우리나라로 다시 들어오는 시기가 다소 늦추어지다가, 1915년 가을학기 복귀가 결정되어 연희전문학교 수물과 교수로 재직하면서 수학, 천문학 등을 강의하였다. 그러나 연희전문학교의 설립 인가 과정에서 드러난 당시 교육 정책의 문제점과 수물과의 존립 여부에 대한 선교본부의 소극적인 지원 방침 때문에, 이상적인 순수과학 교육을 충분히 실현할 수 없다고 판단한 루퍼스는 연희전문학교 수물과에 재직한 지 2년만인 1917년 미국으로 귀국하여 미시간 대학 천문학과 교수와 천문대장을 맡아 연구와 교육을 수행하였다. 루퍼스는 미국으로의 귀국 이후에도 친구인 베커를 지속적으로 후원하였다. 또한 그는 천문학자로서 맥동성 및 항성진화에 관한 연구에 매진하였고, 1922년에는 연희전문학교 수물과 1회 졸업생 이원철을 유학 대학원생으로 받아들이고 박사학위논문을 지도하였다. 이로써 이원철은 우리나라 사람으로서는 최초로 이학 박사학위를 수여받았고, 루퍼스는 우리나라 사람에게 최초로 자연과학 분야의 박사학위논문을 지도한 서양과학자가 되어, 우리나라 근대 자연과학의 진정한 동서화충(東西和衷)의 사례를 만들었다. 1935년에 안식년을 얻어 1년간 우리나라에 와 있으면서 연희전문학교 수물과에서 천문학을 강의하는 한편, 한국천문학사를 정리하였고("Korean Astronomy", *Transactions of the Korean Branch*, Royal Asiatic Society, 1936), 이후 우리나라 고대 천문 관측 기록 및 천문도등에 대한 연구 결과를 미국 및 캐나다 천문학회 논문집에 발표하는 등 우리나라의 천문학을 서양에 알리는 전달자의 역할을 수행하였다. 다시 미국으로 돌아간 루퍼스는 미시간 대학 천문학과 과장서리를 역임하다가 1946년 별세하였다.

## 4. 근대과학을 도입한 연희전문학교의 우리나라 과학교수

연희전문학교 설립 초기의 수물과의 교수진은 주로 외국인 선교사들이었으나, 우리나라 졸업생들이 배출되면서 이들이 졸업 후 직접 교수진에 포함되거나 외국 유학 후 교수로 임용되는 경우가 점차 늘어나게 되었다. 그리고 연희전문학교를 거치지 않고 미국과 일본 등 외국에서 유학한 우리나라 과학전공자들의 교수 임용도 점차 증가하게 되었다. 여기서는 우리나라에 근대과학을 처음으로 도입한 선구자들로서 연희전문학교 수물과에서 활약한 우리나라 교수들의 경력을 정리하였다.

연희전문학교 수물과의 첫 한국인 교수는 1회 졸업생 앨범에서 나타나는 이노익이다. 이노익의 인적사항은 구체적으로 알 수 있는 문헌들이 거의 없으나, 김근배에 의하면 "이노익은 네브라스카 웨슬리안 대학에서 1914년 학사학위를 받은 것으로 알려져 있으나 확인된 사실은 아니다"라는 소개도 있다. 독립운동에 참여했다는 기록도 있으며, 1922년 하와이에서 한인교회 부목사 겸 교사로 활동했다고도 알려진다. 한편 수물과 교수 베커는 1919년 수물과 첫 졸업생

3명(이원철, 임용필, 장세운)에게 졸업과 동시에 assistant teacher의 직책으로 교수진에 포함시켰다. 수물과 졸업생들은 1927년에 이르기까지 보통학교 교원 자격이 주어지지 않아 취업의 어려움을 겪게 되었는데, 연희전문학교 측에서는 이와 같은 졸업생의 취업 문제와 교수 부족 문제를 해결하기 위하여 졸업생들 중 우수한 인재들을 적극적으로 교원으로 임용하였다. 이들 중 이원철(1919년 졸업)은 미시간 대학에서 천문학으로 박사학위를 받고 1926년부터 교원으로 임용되었으며, 신영묵(1924년 졸업)은 일본에서 수학으로 이학사를 받고 1927년에 교편을 잡았고, 신제린(1924년 졸업)은 물리학실험 조교수, 김영성(1929년 졸업)은 화학실험 조교수로 활동하였다. 한편 1927년 당시 연희전문학교 수물과에는 총 12명의 교수가 재직하고 있었는데, 위 4인의 연희전문학교 졸업생과 더불어 외국에서 수학한 4명의 우리나라 교수들이 포함되어 있다. 오하이오 주립대학에서 석사학위를 취득하고 박사과정을 이수한 이춘호가 수학을 강의하였고, 도쿄제국대학을 졸업한 윤병섭과 덴버 대학 및 컬럼비아 대학에서 학사와 석사를 취득한 이명혁이 생물학을, 와세다대학에서 학사와 석사를 취득한 김봉집이 물리학을 강의하였다.

연희전문학교의 명성이 점점 높아지던 1930년대에 들어 수물과에는 우리나라 교수가 지속적으로 충원되었는데, 연희전문학교 졸업생 중 일본 도호쿠제국대학을 최우수생으로 졸업한 장기원(1924년 졸업)은 수학을 강의하였고, 미국 미시간 대학에서 박사학위를 받은 최규남(1926년 졸업)은 물리학을, 일본 도호쿠대학에서 이학사를 받은 한인석(1932년 졸업)은 물리학, 수학, 천문학 등을 강의하였다. 한편 김창조(1926년 졸업)는 오하이오 웨슬리안 대학을 졸업하고 뉴멕시코 대학에서 수학으로 석사학위를 취득한 후 1932년 수물과에 취임하였으나 이듬해 별세하였고, 이만학(1929년 졸업), 심재원(1931년 졸업), 정귀화 (1940년 졸업) 등은 수물과 조수로 활동하였으며, 윤홍기(1939년 졸업)는 일본 교토제국대학에서 공업화학과를 마치고 1942년부터 그 다음해까지 화학을 강의하였다. 박정기(1940년 졸업)는 일본 도호쿠대학 이학부를 졸업하고 연희전문학교 교수를 거쳐 이후 경북대학 총장으로 퇴임하였다. 1930년대 이후 연희전문학교를 졸업하지 않았으나 수물과에 재직한 경우는 일본 와세다대학에서 화학을 전공한 류한상, 미국 루이스 공과대학과 미네소타 대학에서 기계 및 건축공학을 전공한 박인준, 오하이오 주립대학 공학박사학위를 취득한 최황, 일본 교토제국대학 공학부를 졸업한 이효순, 같은 대학 이학부를 졸업한 김지성 등도 있었다. 또한 연희전문학교 수물과 출신 졸업생으로는 기상학을 전공하고 이후 중앙관상대 대장을 지낸 국채표(1929년 졸업), 일본 교토제국대학에서 물리학 박사학위를 하고 서울대학교 교수 및 우리나라 초대 원자력연구소장을 지낸 박철재(1930년 졸업), 남캘리포니아 대학에서 응용화학을 전공한 김용우(1934년 졸업), 일본 도호쿠제국대학에서 물리학을 전공한 문제근(1942년 졸업) 등이 있다.

당시 우리나라 유일의 고등 교육기관이었던 연희전문학교 수물과에서 교수로 활약한 이들은 우리나라 사람으로서 우리 사회의 발전을 위한 과학 인재 양성이라는 교수 고유의 역할을 수행하였을 뿐만 아니라 서양의 근대과학을 처음으로 도입하며 토착화 및 체계화하여, 우리나라 현대 자연과학 연구 및 교육의 선구자적 역할을 담당하였다는 매우 중요한 역사적 의미를 갖는다. 연희전문학교의 설립 이후 일제 말기 1944년 폐교되어 경성공업경영전문학교로 개편될 때까지 수물과 또는 이과의 과장으로 활동한 사람은 베커, 이춘호, 이원철, 최규남, 김봉집 등 5명인데, 3절에서 소개한 베커를 제외하고 나머지 4명의 경력을 좀 더 상세히 살펴보기로 한다.

이춘호(李春昊, 1893~1950)는 1893년 3월 6일 전의(全義) 이씨 27세손으로, 5남매 중 4남이자 막내로 출생하였다. 어린시절 교회 주일학교에서 교육을 받으며 신문명에 눈을 뜨고, 선교사의 권유로 1912년 미국 선교사들에 의해 설립된 한영서원에 입학하여 2년 과정인 고등과를 1914년 2월에 졸업하였다. 이후 부산의 초량여학교 교사로 활동하다가, 1914년 7월 윤치호의 장남인 친구 윤영선(대한민국 초대 농림부 장관), 임병직(대한민국 초대 외무부 장관)과

이춘호(1933)

함께 중국을 거쳐 미국으로 망명하였다. 1916년 미국 메사추세츠 마운틴호몬 고등학교를 졸업한 후, 이어서 오하이오 웨슬리언 대학 수학과에 진학하여 졸업하였고, 1920년 9월부터 1921년 6월까지 오하이오 주립대학 대학원에서 수학을 전공하여 *Algebra and Analytical Geometry of Finite Field*라는 제목의 논문으로 우리나라 최초의 수학 분야 석사학위를 받았다. 이후 박사학위 과정을 이수하던 중, 연희전문학교의 수학 담당 교수에 초빙되어 박사학위 과정을 중단하고 1924년 8월에 귀국하여 그해 9월 1일부터 연희전문학교에서 수학을 강의하였다. 연희전문학교 수물과의 우수한 학생이었던 장기원, 최규남, 국채표, 박철재 등은 모두 그에게서 교육을 직접 받은 제자들이다. 1926년 4월에는 베커에 이어 수물과 과장을 맡았으며, 1935년에 수물과 과장 겸 학감을 역임하는 등, 연희전문학교와 수물과의 교육 체계 정착과 발전에 헌신을 다하였다. 안식년(1930.3~1931.2) 기간 동안 미국을 방문하여 연구는 물론 연희전문학교의 발전을 위한 기금 모금에도 열정을 다하여, 이후 여러 해 동안 미국으로부터의 기부금이 연희전문학교에 전달되었다. 그러나 1938년 흥업구락부 사건으로 검거되어 투옥되었고, 연희전문학교에서 해임되었다. 해방 이후 연희대학의 재단이사장을 맡아 학교의 재건에 힘썼으며, 1947년 10월부터 1948년 5월까지 서울대학교 2대 총장을 역임하였다. 서울대학교의 초대 총장은 미국 군인 안스티드(Harry B. Ansteed)였으며, 따라서 이춘호는 첫 한국인 총장이었다. 그러나 한국전쟁 중에 납치되어 1950년 7월 26일 평양 감옥에서 58세의 나이로 병사하였다.

이원철(李源喆, 1896~1963)은 1896년 서울에서 출생하였고, 보성고등보통학교와 선린상업학교에서 중등교육을 받고 1915년 연희전문학교 수물과에 제1회로 입학하였다. 연희전문 학생 당시 수리 방면에 단연 두각을 나타내었고, 3학년이 되면서 학생의 신분으로 상과의 통계학을 강의하는 학생 시간 강사로 활약할 정도였다. 연희전문학교는 1919년 3월 첫 졸업생

이원철(1935)

22명을 배출하였는데, 이때 수물과의 학생은 4명이었고 이원철은 그 중 하나였다. 졸업 후에도 전임강사로 활동하던 이원철은 1921년 베커의 후원과 루퍼스의 주선으로 알비온 대학으로 유학을 떠나 1년 만에 이학사 학위를 받은 후, 연희전문학교 수물과 교수였던 루퍼스가 근무하는 미시간 대학 대학원으로 옮겼다. 천문학 전공을 선택한 이원철은 루퍼스의 지도를 받았고, 학위 과정의 연구 주제로서 당시 세계 천문학계의 중요 문제였던 맥동 변광성(주기적으로 커졌다 작아졌다를 반복하며 밝기가 변하는 별)의 기원에 관한 관측 연구를 수행하여 1923년에 이학 석사학위를 취득하였고, 드디어 1926년 "Motions in the Atmosphere of Eta Aquilae"(독수리자리 에타별의 항성대기 운동)이라는 제목의 논문을 제출하여 박사학위를 받았는데, 이는 우리나라 사람으로서는 최초로 받은 이학 박사학위이다. 이 논문은 약간의 수정을 거쳐 6년 후인 1932년 *Publication of the Michigan University Observatory*(미시간 대학 천문대 논총) 제4집에 게재되었다. 이는 연희전문학교의 과학 선교사들을 통하여 우리나라에 처음 체계적으로 도입된 서양의 근대과학이 불과 10여년 만에 우리나라 사람에 의해 세계 수준의 연구 성과로 나타난 놀라운 사실로서, 과학 분야에 있어서 동서화충(東西和衷)의 첫 결실이라고 할 수 있다. 이원철이 연구한 독수리자리 에타별은 이후 우리나라 사람들에게 "원철성"으로 불리었

다. 박사학위 취득 직후인 1926년, 일반 학생들에게 비상한 환영을 받으며 연희전문학교로 돌아온 이원철은 당시 동문 출신의 유일한 교수였다. 그는 천문학, 수학, 그리고 물리학 등의 수물과 교과목은 물론 영어 과목을 강의하였고, 수물과 과장 및 학감을 역임하는 등, 연희전문학교를 통하여 우리나라 과학 인재를 양성하는 일에 주력하였다. 그러나 1938년 수양동우회 사건과 흥업구락부 사건에 연루되어 교수직에서 해임되었고, 1941년에 직원으로 복직하였으나 이듬해 조선어학회 사건으로 다시 해임되었다. 해방 이후 연희대학 교수로 복직하여 이학원장직을 맡으며 학교의 재건에 일익을 잠시 담당하였으며, 1961년에 이르기까지 16년 동안 국립 관상대의 대장직을 맡아 우리나라의 기상 및 천문학 업무를 총 관장하였다. 1954년에는 인하공과대학의 설립을 주도하고 초대 학장직을 역임하였다. 1961년부터 1963년 작고할 때까지는 연세대학교 재단이사장의 중책을 수행하며 연세의 발전을 이끌었다.

최규남(1935)

최규남(崔奎南, 1898~1992)은 1898년 개성에서 출생하였고, 선교사들에 의해 세워진 기독교 학교인 한영서원 보통과에 1908년 입학하여 1913년에 졸업하였다. 이어 송도고등보통학교를 1918년에 졸업한 후, 1922년까지 송도보통학교와 고등보통학교의 훈도와 체육교사로 각각 2년씩 근무하였다. 1922년 연희전문학교 수물과로 진학하였으며, 학업성적이 우수하여 특대생으로 선발되기도 하였고 학생운동에도 활발히 참여하였다. 1926년에 연희전문학교를 졸업한 이후, 1년 동안 송도고등보통학교 수학교사로 잠시 근무하면서 유학을 준비하였다. 이듬해인 1927년 베커의 추천으로 미국으로 유학하여, 먼저 마운트유니언 대학에서 연수 과정을 마친 후, 오하이오 웨슬리안 대학에 편입하여 1929년 학사학위를 받았으며, 곧 대학원에 진학하여 1930년에 석사학위를 받았다. 이미 석사학위 과정 중에 세계적 저명 물리학 잡지인 *Physical Review*에 "Infrared Absorption Spectrum of HCN"이라는 논문을 발표하는 등, 당시 우리나라 선도 과학자로서의 뛰어난 능력을 발휘하였다. 이어 미시간 대학 대학원에 진학하여 수학 및 물리학을 전공하면서 재학 중에 *Physical Review* 1931년 4월호에 "Infrared Absorption Spectrum of CO2"를 발표하고, 1932년 *Momentum of Inertia of the HCN Molecule*이라는 제목의 학위논문을 제출하여 이학 박사학위를 받았다. 이로써 최규남은 물리학 분야에서 최초로 박사학위를 받은 우리나라 과학자가 되었을 뿐만 아니라, 이원철과 함께 연희전문학교 출신으로서 우리나라의 서양 근대과학을 개척한 자랑스러운 선구자가 되었다. 1933년에 귀국하여 연희전문학교 수물과 교수로 부임하여 물리학 및 수학 과목을 강의하였고, 1939년부터 1942년까지 수물과 과장을 역임하는 등 우리나라 근대 서양과학의 도입과 인재 양성에 힘을 쏟았다. 해방 이후, 1952년 10월에 한국물리학회를 창립하고 초대회장으로 취임하여 1965년까지 회장직을 역임하면서, 우리나라 과학의 든든한 기초를 닦는데 큰 역할을 감당하였다. 한편 1951년 9월에 5대 서울대학교 총장에 취임하였고, 1956년부터 1957년까지 문교부 장관직을 수행하였으며, 1966년 KIST 창립 준비위원장을 역임하는 등 우리나라의 과학 분야 뿐만 아니라 여러 분야의 발전에 크게 기여하였고, 1992년 94세의 나이로 별세하였다.

김봉집(金鳳集)의 이력은 연희전문학교에서의 경력 외에는 잘 알려져 있지 않다. 1924년 와세다대학 이과를 졸업하고, 1927년 와세다대학 대학원에서 석사학위를 받았다. 전기공학을 전공한 김봉집은 1927년 연희전문학교 수물과 교수로 취임하여 물리학 교과목과 더불어 전기공학 과목 등을 강의하면서 실업 교과목인 공학과목의 교육을 담당하였고, 1942년 수물과의 명칭이 이과로 바뀌면서 이과과장을 역임하였다. 김봉집은 오랜 기간 동안 연희전문학교 수물과 교수로 근무하면서 많은 인재를 양성하는 공을 세웠으나, 안타깝게도 한국전쟁 이후 행적이 알려져 있지 않다.

## 5. 연희전문의 과학 학술 및 연구 활동

연희전문학교의 설립 이후 학교의 체계가 점점 자리잡아가면서, 당시 설립자들은 연희전문학교를 동양에서 가장 완전한 이상적인 대학으로 만들기 위해 노력하였다. 서양 대학의 교육 체계를 구축함과 더불어, 대학의 고유 기능으로서의 학술 및 연구 활동이 시작되었다. 수물과의 경우도 예외가 아니었으며, 연구 체계 구축, 실험실 운영, 연구 모임 결성, 그리고 잡지 발간 등을 통한 과학 연구 활동이 이루어졌다. 이러한 과정을 통하여 대학원에 해당하는 연구과가 설립되고, 서양 대학 수준의 실험실이 운영되며, 연구 성과가 발표되는 등, 본격적인 종합대학의 면모를 갖추어 갔다. 이 절에서는 연희전문학교에서의 과학 학술 및 연구 활동을 기술한다.

연희전문학교는 본교 졸업자로서 다시 여러 개의 학과목을 연구하고자 하는 자를 위하여 별도의 연구과를 두었다. 연구과의 수업연한은 2년 이내로 하였으며, 연구과생은 1년 또는 2년이 끝나면 논문을 작성하여 지도교수에게 제출하고 연구과 수업증서를 교부받았다. 이 연구과는 오늘날의 대학원에 해당되는 과정으로 볼 수 있다. 수물과 졸업생으로 박철재, 이만학, 심재원 등이 연구과에 재학한 기록들을 확인할 수 있으나, 연구과 과정을 마친 졸업생의 수는 정확하게 파악되지 않고 있다.

1930년대 연희전문학교 보고서에 따르면 수물과에서도 연구실을 설치하였는데, 이로써 수물과의 연구 활동 현황을 다소 파악할 수 있다. 수물과 연구실은 과학의 연구를 지도하며 매주 1차씩 보고 강연회를 행하고, 자연과학에 대한 제반 도서 및 각종 자료를 모집 보관하여 교수와 학생의 연구에 기여하였다. 1932년 당시 수물과 연구실의 소장 자료는 도서 586책, 매월 구독 잡지 13종, 매월 기증 받는 자료 1종 등이었으며, 1937년에는 수장 도서가 증가하여 도서 총 수 911책, 동양문 632책, 서양문 278책등을 구비하였다.

연희전문학교 수물과에 속한 실험실은 물리학실험실, 화학실험실, 생물학실험실, 광물학실험실 등 모두 4개였다. 실험기기의 대부분은 뉴욕 브룩클린의 맥켄지의 기부금으로 베커가 일본의 시마즈 학기기제작소에서 직접 구입한 것이라고 한다. 1937년 이 실험실들이 구비하고 있던 실험기구는 물리학실험실 1271점, 화학실험실 4035점, 생물학실험실 125점 등이었다. 그리고 표본실에는 자연과학 표본과 괘도, 각종 실험 및 측량기구가 비치되어 있었으며, 1937년 당시 동물, 광물, 기타 표본과 괘도 1926점, 측량 및 수학 기구 표본 98점, 식물표본 3350점 등을 갖고 있었다. 식물표본은 선교사로서 당시 학교의 교의였던 스미스(Roy Smith) 부인이 기증한 것이었다. 한편 광물학실험실은 1935년 공업분석실로 명칭이 바뀌었으며, 각종 광석의 분석을 행하여 연구함과 동시에 광물학의 실험적 지식을 학생들에게 전달하였다. 수물과는 1924년 3월에 준공된 아펜젤러과학관을 사용하였는데, 당시 1층은 주로 화학실험실, 2층은 물리실험실, 그리고 3층은 과학박물관이었다. 그리고 언더우드관 옥상에 굴절망원경이 설치되어 있었는데, 이는 연구와 교육을 위하여 우리나라에 최초로 도입된 것이었다.

연희전문학교 당시의 우리나라에는 순수과학 학술연구지가 없었기 때문에 수물과 교수들의 연구논문은 각종 신문, 잡지 혹은 교내 간행물『연희』,『과학』등을 통해 발표되었다.『연희』는 1922년 창간되었는데, 초기 발행인은 베커 교수이며 편집은 연희학생회 지육부에서 담당하였다.『연희』는 교내 모든 학과를 대상으로 하는 간행물로서 1년에 한번 또는 두번 출판되었으며, 현재 제8호까지 보관되어 있다.『연희』에서는 1932년까지 발표된 총 14편의 과학 관련 기사를 확인할 수 있다. 한편 연희전문학교 졸업앨범에서 1927년도부터 1929년까지 수물과 수리연구회의 단체 사진을 확인할 수 있는데, 1929년 연희수리연구회의 기관지『과학』이 창간되었다. 이 간행물의 발행인은 베커였으며, 편집은 수물과 학생들이 담당하였으나 현재 1929년 발행한 창간호 한권만이 남아있는 상태이다. 1931년 2월 27일에는 연희전문학교 수물과 재학생을 정회원으로 하고 16명의 집행위원을 두는 조직으로서 연희이학연구회가 결성되어 이학에 관한 학술의 토의와 연구, 과학 강연회 강습회, 도서 발행 등의 사업을 시행하였다. 1936년 졸업앨범에서는 10여명의 18회 수물과 졸업생을 포함한 60여명의 수물과 학생과 교직원으로 구성된 연희이학연구회의 단체 사진을 확인할 수 있다.

## 6. 맺음말

서양의 근대과학이 혁명적으로 발전하던 20세기 초 우리나라는 국가의 정체성을 상실한 채, 대학 수준의 체계를 가진 국가 차원의 고등과학 교육 및 연구 환경이 전무하였다. 이 시기에 기독교 사립 교육기관으로서 1915년 연희전문학교가 설립되고, 수물과 및 응용화학과 그리고 농과를 통하여 서양의 근대과학이 전달되면서 대학 수준의 과학 교육 및 연구체계가 세워진 것은 우리나라의 과학 역사에 있어서 매우 중요한 의미를 갖는다. 과학을 전공한 베커, 밀러, 루퍼스 등 서양 선교사들은 연희전문학교 수물과 및 응용화학과를 통하여 순수과학 전 분야 및 응용공학에 대한 세계적 수준의 대학 교육과 연구 체계를 세우고자 헌신하였다. 체계적이고 충실한 근대과학 교육을 이수한 연희전문학교 수물과 졸업생들은 우리나라 과학 분야의 교원 및 관료 등 사회 지도자로 진출하여 국가 발전에 크게 이바지하였다. 특히 이원철, 최규남 등은 연희전문학교 수물과 졸업 후 미국에서 우리나라 최초로 천문학 및 물리학 분야에서 박사학위를 받고 귀국하여 연희전문학교 수물과 과장으로서 활약하였고, 이춘호를 비롯한 연희전문학교 수물과에서 활약한 많은 교수들은 우리나라 사람으로서 서양 근대과학을 도입하는 선구자 역할을 충실히 수행하였다.

연희전문학교 상황보고서에 나타나는 연희전문학교의 교육방침은 "기독교주의 아래 동서고금 사상의 화충으로 문학, 신학, 농학, 상업학, 수학 및 물리학,

응용화학에 관한 전문교육을 실시하고 종교적인 정신의 함양으로 인격의 도야를 기하여 독실한 학구적 성취를 기도하되 학문의 정통에 의한 실용의 능력을 겸비한 인재를 양성함으로써 우리민족의 지도자를 배출"하는 것이었다. 학문의 동서화충이라는 기본정신에 가장 충실하였던 연희전문학교 수물과는 우리나라 과학 역사에 있어서 서양의 근대학문이 우리나라로 전달되어 토착화되고 발전된 우리나라 현대과학의 근원지로 남아있다. 세계적 수준의 현대과학 교육과 수월적 연구를 당당히 수행하고 있는 오늘날의 연세대학교 자연과학 및 공학 분야 학풍은 연희전문학교의 선구자적 과학 역사의 맥을 잇고 있는 것이다.

# 찾아보기

## 필자 소개 가나다순


### 연구 및 편집 책임

김도형　연세대학교 사학과, 한국근대사


### 필　자

김도형　연세대학교 사학과, 한국근대사

도현철　연세대학교 사학과, 한국중세사

방연상　연세대학교 신학과, 선교신학

백영서　연세대학교 사학과, 중국현대사

손영종　연세대학교 천문우주학과, 관측천문학

여인석　연세대학교 의사학과, 의학사

윤혜준　연세대학교 영어영문학과, 근대영국문학

이윤석　연세대학교 국어국문학과, 한국고전문학

최재건　연세대학교 한국기독교문화연구소, 한국교회사

허경진　연세대학교 국어국문학과, 한국한문학


### 실　무

이원규　연세대학교 박물관 학예실

이현희　연세대학교 박물관 학예실